法学论丛

国家社会科学基金后期资助项目
"乡村治理法治化中党的领导制度研究"（21FKSB030）阶段性研究成果

法律文化与教育

余 俊◎著

安徽师范大学出版社
ANHUI NORMAL UNIVERSITY PRESS

·芜湖·

图书在版编目（CIP）数据

法律文化与教育 / 余俊著. -- 芜湖 : 安徽师范大学出版社, 2024.12
ISBN 978-7-5676-6787-7

Ⅰ.①法… Ⅱ.①余… Ⅲ.①法律—文化研究—中国②法制教育—研究—中国 Ⅳ.①D909.2②D920.4

中国国家版本馆 CIP 数据核字(2024)第 103509 号

法律文化与教育

余　俊◎著

FALÜ WENHUA YU JIAOYU

策划编辑 : 陈贻云
责任编辑 : 夏珊珊
责任校对 : 陈贻云
装帧设计 : 张　玲　张德宝
责任印制 : 桑国磊
出版发行 : 安徽师范大学出版社
　　　　　芜湖市北京中路2号安徽师范大学赭山校区　　　邮政编码 : 241000
网　　　址 : http://www.ahnupress.com
发 行 部 : 0553-3883578　5910327　5910310(传真)
印　　　刷 : 苏州市古得堡数码印刷有限公司
版　　　次 : 2024年12月第1版
印　　　次 : 2024年12月第1次印刷
规　　　格 : 700 mm × 1000 mm　1/16
印　　　张 : 15.5
字　　　数 : 223千字
书　　　号 : 978-7-5676-6787-7
定　　　价 : 59.80元

凡发现图书有质量问题,请与我社联系(联系电话0553-5910315)

目　　录

导　言

　　党的二十大报告擘画了全面建设社会主义现代化国家、以中国式现代化全面推进中华民族伟大复兴的宏伟蓝图，并首次用专章部署全面依法治国工作。2023年，中共中央办公厅、国务院办公厅印发了《关于加强新时代法学教育和法学理论研究的意见》，提出坚持把马克思主义法治理论同中国具体实际相结合、同中华优秀传统法律文化相结合，总结中国特色社会主义法治实践规律，汲取世界法治文明有益成果，推动法学教育和法学理论研究高质量发展。

　　教育是国之大计、党之大计。党的十七大报告指出："深入开展法制宣传教育，弘扬法治精神，形成自觉学法守法用法的社会氛围。"党的十八大报告指出："深入开展法制宣传教育，弘扬社会主义法治精神，树立社会主义法治理念，增强全社会学法遵法守法用法意识。"党的十八届四中全会首次明确提出"把法治教育纳入国民教育体系"。2020年，教育部发布《关于进一步加强高等学校法治工作的意见》，提出："制定学校普法规划，推进国家普法规划和教育系统普法规划贯彻实施。发挥课堂主渠道作用，在思政课等课程中全面融入宪法精神。深入开展校园法治文化建设，探索参与式、实践式教育，加强与法律实务部门协同，提升法治教育的传播力、引导力、影响力。"党的二十大报告以"实施科教兴国战略，强化现代化建设人才支撑"，"坚持全面依法治国，推进法治中国建设"为题，将科教兴国和法治建设单独论述，更有着特别的深意。党的二十大报告指出："加快建设法治社会。法治社会是构筑法治国家的基础。弘扬社会主义法治精神，传承中华优秀传统法律文化，引导全体人民做社会主义法治的忠实崇尚者、自觉遵守者、坚定捍卫者。"这一重要论述，为我们推动中华优秀传统法律文化创造性转化、创新性发展，加强法治人才培养和法律文化教育，建设中国特色法学学科体系、学术体系、话语体系提供了根本遵循。

法律实现的决定因素是什么，法律文化在其中发挥了什么作用？张文显认为："法律文化是法律现象的精神部分，即由社会的经济基础和政治结构决定的、在历史进程中积累下来并不断创新的有关法和法律生活的群体性认知、评价、心态和行为模式的总汇。"①法律不仅是"白纸黑字"的法律条文，还是"行动中的法"。文化是由大众心理、习惯等因素形成的综合体，它决定了法律的边界，决定了法律存在的"前见"。对这种"前见"的尊重是对法律进行宏观意义的理解和解释的开端。法律文化是人们观念与法律条文之间的纽带，影响着法律规范的实现。

在法律文化的构成中，法律理念和法治精神是对法律的本质及其发展规律的整体性阐释。它们不仅具有认识论功能，而且具有方法论功能，有助于人们认识法律制度背后的思想和精神，更周延地审察法律问题，科学地指导立法、司法、执法和守法等工作。因此，在中国法律现代化进程中，既要弄清当代法律制度的构成及功能，又必须历史地审查中国法律现代化演进历程中的嬗变情况，准确地把握中华法系的生成机理及其现代化的基本取向，构筑与现代社会相适应的法律理念准则，为法律制定和实施的现代化提供精神导引。②

文化与教育相伴而生，文化给教育以社会价值和存在意义，教育给文化以生存依据和生机活力。美国学者杜威说："教育所以不可少的缘

---

① 张文显：《法律文化的释义》，《法学研究》1992年第5期。
② 李双元、蒋新苗、蒋茂凝：《中国法律理念的现代化》，《法学研究》1996年第3期。

故，就是因为'生'与'死'两件事。人类当生下来的时候，不能独立，必须倚靠他人，所以有赖于教育；死去的时候，把生前的一切经验和知识都丢了，后世子孙倘要再去从头研究，岂非太不经济，甚至文化或可因此断绝，所以因为人类有死的一件事，也非有教育把他的经验和知识传之子孙不可。"①法律作为文化，与学校教育、社会教育、家庭教育和职业教育紧密相关，形成了专门的法学教育和不同流派的法学思想。不同法治人物的法律文化观点的形成，与其人生经历、教育背景和时代需求密切相关。钱穆先生在《从整个国家教育之革新来谈中等教育》中说："教育即文化之一部分，今既剿截数千年传统文化，只许就目前当今以为教，是则教育脱离文化而成为无文化之教育，故其教育之收效也特难。"②他注重社会的教育文化，认为社会风气与氛围会影响和推动教育制度的不断变化，即"教育制度建立在上，而社会风气则鼓荡在下"，"社会重心，文化命脉，在下不在上，一皆寄托于此"，"论教育事业，注重制度，更该注重人物。制度可以坏而复修，人物则不可坏"。③

　　笔者认为法律文化即法律人化。本书将不同国家不同时代的法治人物放在不同时代的教育和社会背景中进行思考，重点对大学在法律文化传承与创新方面的功能进行阐释，试图探究法治教育与教育法治之间的互动对不同国家、民族和地区法律文化的生成、发展和传承的影响。目前，大学法学教育中学校教育与社会实践教育存在一定程度的脱节，对大学生法治精神的培育产生了一些障碍。如此一来，法治教育的评价导向该如何设定？法律文化教育可以为法学教育和教育法治实践提供新的阐释视角，这彰显了法律文化突出的人文价值关怀特

---

① 吕达、刘立德、邹海燕主编：《杜威教育文集（第3卷）》，北京：人民教育出版社，2005年版，第78页。

② 钱穆：《文化与教育》，北京：生活·读书·新知三联书店，2021年版，第90页。

③ 钱穆：《中国教育制度与教育思想》，《中华文化复兴月刊》1970年第4、5期。

点，提醒我们重视运用"循证教育理论"打造内在法律文化和外在法律文化的合力发展生态圈，建成法治教育与教育法治的"双层循环"行动框架。

第一章 总 论

什么是法律文化？它与教育有什么关系？开设"法律文化与教育"课程的目的是什么呢？这些都是本书研究的问题。本书不仅讲解法律文化与教育之间相对确定的关系的知识体系，还思考如何解决法律文化与教育之间产生的时代性问题。

第一节 作为文化的法律

要理解法律文化，首先需要厘清"文化"的定义。文化包括广义文化与狭义文化。广义文化是指人类活动所创造的一切成果，涵盖三个层次：外层是物的部分，即物质文化；中层是心物结合部分，包括政治和法律文化；核心层是心的部分，即文化心理状态。狭义文化是指广义文化的核心层，即人类为了改造自然和社会而进行的精神活动及其成果。[①]法律不应被视为单纯的制度，而应被视为一种文化，它不仅存在于现行的法律制度和公众对法律的认知、预期和评价之中，还存在于历史长河之中，是一个国家、一个民族、一定区域范围的群体和个人对法律的认知、评价、态度等的体现，具有与文学、历史、政治等知识体系相通的人文属性。

---

① 庞朴：《文化结构与近代中国》，《中国社会科学》1986年第5期。

一、法律文化释义

法律文化在广义上可理解为一种宏观的法学思维；在狭义上则可理解为一种法律意识形态。对于法律文化的理解，主要存在以下三种观点。

（一）综合说

综合说认为法律文化是广义文化的一种具体形态。法律作为文化，包含了历史发展过程中人类社会积累起来的关于法律理论、观念和制度、技术的总和，反映了社会成员法律意识的发展水平。综合说界定法律文化，是将法律文化同文学、艺术、科学、道德一样，作为文化的一种类型来看待的。综合说认为，法律文化指一个民族、一个国家在长期的共同生活过程中所形成的，相对稳定的与法和法律现象有关的制度、意识和传统学说的总和。法律文化包括法律意识、法律制度、法律实践，涵盖法的制定、法的实施、法律教育和法学研究等方面。

（二）交叉说

交叉说将法律概念和狭义文化概念分开理解。从狭义理解，法律概念倾向于指法律制度，而文化概念倾向于指人的主观意识，法律文化则强调的是一种法律意识。美国法学家劳伦斯·弗里德曼认为，法律文化制约法律制度并且决定法律制度在整个社会文化中的地位和价值，表现为公众对法律制度的了解、态度和举动模式。如人们是否认为法院是公正的？他们认为法律的哪些部分是合理的？他们对法律有多大程度的了解？答案因人而异。当我们谈论一个国家或集团的法律文化时，实际上是从法律文化的概念角度把它与其他国家或集团的法律制度区分开来。在一个国家或集团的法律文化构成中，法律专业人员的法律文化，即律师、法官和其他在法律制度中活跃的工作者的价值观念、思想意识和原则是非常重要的。①从弗里德曼关于法律文化的概念界定可以看出，他认为一个处于运作状态的法律制度通常包含三个要素：其一是结构要素。这包括法院的数量和组成，宪法的存在与否，联邦主义或多元主义的存在与否，法官、立法者、总督、国王、法学家、行政官员之间的权力划分，不同机构中的程序模型以及其他类似的情况。其二是实体性要素。这是指具体的法律制度，例如规划、学说、法规及政令等。其三是文化要素。这包括人们对法律制度的态度、观念和评价等。法律文化作为法律意识，对一个国家而言，是指一个民族、一个国家在长期的共同生活过程中所认同的，相对稳定的与法和法律现象有关的法的精神、意识和传统学说的总体；对个体而言，不同地域、不同阶层的人对法律及司法机构、法律职业家等的态度和评价，对于解决冲突方式的选择等是不一样的。所以，法律文化既体现了社会大众对法律的认知和态度，又反映了个体对立法、执法、司法过程的理解和评价。

（三）精华说

精华说认为法律文化是指在历史发展过程中积累起来的，关于法律调整的理论、观念和有关法的制定、法的适用等方面的法律技术的总和，是人们运用法律调整社会关系的智慧、知识和经验的结晶，反映出法律调整所达到的水平。每个国家每个民族及其不同阶段的法律发展形式都是不一样的。如果说文化是一定时期、一定地区的较为普遍的智慧、知识和技术，那么法律文化就是一个民族、一个国家传承下来的法律智慧、知识和技术的精华。

综上所述，关于法律文化的概念主要有三类观点：第一类将法律文化视为法律现象的综合体现和产物；第二类将法律文化视为法律现象的主观方面，主要指法律意识形态和观念形态；第三类则认为法律文化是

---

① 弗里德曼：《法律制度：从社会科学角度观察》，李琼英、林欣译，北京：中国政法大学出版社，1994年版，第226—227页。

法律意识中非意识形态的部分，即人类智慧、知识、经验等的结晶。这三种观点都认为法律文化是文化的一个分支。笔者认为，法律文化也有它自己侧重的方面，是一个民族、一个国家在长期的实践经验中总结提炼出来的一种制度文化。

二、法律文化课程与一般法律课程的关系

习近平总书记明确指出，"要注意研究我国古代法制传统和成败得失，挖掘和传承中华法律文化精华，汲取营养、择善而用"①。"自古以来，我国形成了世界法制史上独树一帜的中华法系，积淀了深厚的法律文化"②。法律作为一种文化，可从法律制度、法治精神、法制史和法理学等多个领域理解，因而法律文化课程可以将这些法学课程打通。

（一）法律文化课程与部门法课程的关系

虽然法律文化作为一个法学概念比较抽象，但其实践价值却很大。虽然部门法学主要是实践法学，但对法律文化的研究和教学意义重大。例如在刑法学中，文化是影响违法有责判断的重要因素。2016年发生在山东聊城的4·14辱母杀人案，法院最终将此案认定为防卫过当，在一定程度上就是考虑了中华孝文化的因素。民法中有公序良俗原则，这在某种程度上也是法律文化的体现。例如，5·15冷冻胚胎继承纠纷案就涉及中华传统文化中婚姻家庭观念。法律制度的实施不能脱离这种文化背景，公序良俗原则在民法实施中的功能体现实际上也是一种法律文化的表征。

（二）法律文化课程与中外法制史课程的关系

通过传统文化来阐明法律，需要研究很多关于法制史的知识。我们

① 习近平：《论坚持全面依法治国》，北京：中央文献出版社，2020年版，第111页。
② 习近平：《坚定不移走中国特色社会主义法治道路为全面建设社会主义现代化国家提供有力法治保障》，《求是》2021年第5期。

可以从中西方法律制度溯源性研究的角度来理解法律文化。学习中外法制史时，不能仅仅学习法律制度的演变，还要学习优秀法律文化的传承。从这一点来看，法律文化课程是中外法制史课程的精神所在。法律文化是法律发展史的理念提炼，这一过程也是法律进化的过程，所以研究法律文化必将对当下和未来的法律发展大有裨益。

通过溯源性的法制史研究我们发现，世界各国法律文化之间既有差异性，又有相似性，这构成了法律文化分类的前提。法系是西方法学中一个常见的概念。一般认为，凡是在内容和形式上具有某些共同特征，形成一种传统或派系的各国法律，属于同一个法系，如中华法系、英美法系、大陆法系等。以死刑存废为例，由于中西方法律文化背景不同，公众态度也呈现出不一致，西方文化受基督教的复活和灵魂审判观念的影响，主张废除死刑，而中国则有"杀人偿命"的说法。所以，对传统法律文化，我们需要批判性地继承。

习近平总书记从民族复兴的高度提出要传承中华优秀传统法律文化，认为这对全面建设社会主义现代化国家具有重大意义。他说："中华法系是在我国特定历史条件下形成的，显示了中华民族的伟大创造力和中华法制文明的深厚底蕴。中华法系凝聚了中华民族的精神和智慧，有很多优秀的思想和理念值得我们传承。""历史和现实告诉我们，只有传承中华优秀传统法律文化，从我国革命、建设、改革的实践中探索适合自己的法治道路，同时借鉴国外法治有益成果，才能为全面建设社会主义现代化国家、实现中华民族伟大复兴夯实法治基础。"[1]

（三）法律文化课程与法理学课程的关系

法律文化作为一种文化类型，深受社会经济基础和政治结构的影响，并对社会经济具有依附性，反映了一定的政治社会的要求。所以，法理

① 习近平：《坚定不移走中国特色社会主义法治道路为全面建设社会主义现代化国家提供有力法治保障》，《求是》2021年第5期。

学课程通常将法律作为相对于政治、经济的文化现象来观察。部分法学基本理论著作或教材甚至专门设立章或节来探讨法律文化。

以法理为中心的法理学，不可避免地关注法律文化。如西方决斗的正当程序法理在中国是无法想象的。如果将中国古代的法律实践比如包公断案，放到现代的法律制度中来评价，一些案例可能违背了程序合法性要求，但当时的人们却认为是合法的，这实际上体现了法理的差异。一般人的法律认知常常影响法律制度的实施，但一般人的法律认知是不是与法理相符，或者法官的裁判是否符合天理人情，这些法律文化问题都需要法理学来思考和提出解决方案。学习法律文化旨在帮助我们更好地理解现代社会，建设法治社会，寻求实现天理、人情与国法的有机结合。

与文化的溯源性特征不同，法理更多是现代社会的产物。法律制度的制定和实施受到不同的时间、空间和天理人情等文化背景的影响。因而，法律文化课程又不同于法理学课程，不仅在处理生活中遇到的各种各样的法律问题时需要考虑天理、人情，还要发挥德润人心的作用，让法律制度扎根于人们的心中，使人们能够自觉接受并认同。

三、将法律作为文化的价值

"推动高质量发展，文化是重要支点；满足人民日益增长的美好生活需要，文化是重要因素；战胜前进道路上各种风险挑战，文化是重要力量源泉……"①习近平总书记多次强调了文化对于中华民族伟大复兴的重要作用。作为文化的法律，存在于社会的方方面面，与人们的生活和工作息息相关。将法律作为文化的一部分是通过更广阔的文化视野来理解法律。

钱穆先生说："一切问题，由文化问题产生。一切问题，由文化问题

---

① 习近平：《在教育文化卫生体育领域专家代表座谈会上的讲话》，北京：人民出版社，2020年版，第5页。

解决。"①理解和认识文化的概念，是将法律制度研究纳入文化视野的前提。当我们将法律作为一种文化时，就可以从文学、艺术、哲学等多个视角来探讨法律的制定和适用，而不仅仅局限于法律制度本身。我国文化学者司马云杰先生认为，文化作为一种复杂的社会现象，有不同的定义。有的人把文化定义为观念之流；有的人把文化定义为不同人类群体的生活方式。不同的角度，有不同的文化定义。②钱穆先生偏重从群体生活方式和行为模式的角度来理解文化，他说："盖论文化首当重二义：一者文化当为群众所有，二则文化必具绵历性。"③而陈独秀则认为，文化是相对于军事、政治、产业而言的，新文化是相对旧文化而言的。旧文化主要包括儒释道，而新文化则融入了科学、政治哲学、道德、文学等新元素。④

法律作为文化，在与其他文化的交融中，会碰撞出独特的火花。法律文化课程和刑法、民法、法制史、法理学等课程是不一样的，它不是单纯的案例分析、法律行为要件及犯罪构成的探讨等，而应该是偏向于人文风格的一门课程，可以与其他人文学科进行对话。英国哲学家培根说："读史使人明智，读诗使人灵秀，数学使人精确，科学使人深刻，伦理学使人庄重，逻辑修辞使人善辩。"⑤由此可见，从政治、历史、文学艺术作品中学习法律制度，是将法律作为文化进行研究和教学的重要体现。

① 钱穆：《文化学大义》，北京：九州出版社，2018年版，第2页。

② 司马云杰：《文化社会学》，济南：山东人民出版社，1987年版，第3页。

③ 钱穆：《文化与教育》，北京：生活·读书·新知三联书店，2021年版，第4页。

④ 陈独秀：《新文化运动是什么？》，《新青年》1920年4月第7卷第5号。

⑤ 弗朗西斯·培根：《培根随笔》，吴昱荣译，北京：中国华侨出版社，2013年版，第52页。

第二节　法律文化的内化人心功能

每一个国家和时代的法律制度的制定、实施和历史演变都离不开人的参与。法律文化与法律制度的不同之处在于：法律制度是一套"死"的规则体系，法律文化是"活"的精神，法律文化正是法律制度的人性化的体现。

一、东西方传统法律文化特色

法律文化作为法律人化的概念，意味着关注点从静态的法律制度转向动态的法律主体。中国历史上的法家以法治为核心思想，经过管仲、子产、李悝、商鞅、韩非等人的发展，逐渐形成一个学派。要了解中国法的概念，需要了解皋陶、管仲等历史人物；而要了解西方法的概念，也需要了解正义女神、西塞罗等人物。中西方对法的概念认知不同，这也是一种法律文化现象。

（一）中国传统法文化的特色

在中华传统法律文化中，法，从"水"，表示法律、法度公平如水；从"廌"，即解廌，是神话传说中的一种能辨别曲直的神兽。传说皋陶在审理案件时，它能用角去触理曲的人。皋陶被史学界和司法界认为是中国司法鼻祖。《尚书·大禹谟》记载舜盛赞皋陶："汝作士，明于五刑，以弼五教，期于予治。"

中国传统的法的观念以"刑"为核心，使得人们往往将法与刑法等同视之。《法经》是中国历史上第一部比较系统的封建成文法典，它的制定者是战国时期著名的改革家李悝，但该书已失传。据《晋书·刑法志》记载，《法经》分为《盗》《贼》《囚》《捕》《杂》《具》六篇。多年之后，商鞅入秦变法，携带的法典蓝本正是《法经》。

公元前359年，商鞅以《法经》为蓝本，制定《秦律》六篇，历史上称为"改法为律"。商鞅，姬姓，公孙氏，名鞅，卫国人。秦孝公登基后，为了增强国力，招募天下英才，商鞅听闻此事来到了秦国。秦孝公接见了商鞅，商鞅通过自己的才能，得到秦孝公的重用。商鞅变法是战国时期最为成功的一次社会变革。法律原本被称为"刑"或"法"，而商鞅将其改为"律"是有其目的的。"律"字原意指乐器竹笛，后来引申为音乐的旋律、节拍，主要含义是稳定。由此，商鞅用"律"字代替了"法"字，制定了田律等许多现在归为民事法律规范的内容。这一变化体现了法律文化的不断演进和人文化的趋向。

法家的"法"或"律"对人的行为的调整范围是有限的，尤其在婚姻家庭、教育等方面，更多是通过"礼"来调整。荀子在《礼论》中阐述了"礼"的起源和社会作用，其主张的"法治"是以"礼治"为理论依据的。荀子说："隆礼尊贤而王，重法爱民而霸。"[①]韩非子是荀子的学生，最后成为法家的重要代表，他在法家商鞅的法治理论基础上，进一步提出了"以法为本"的法、术、势相结合的观点。韩非子还继承了道家老子等的观点。在《韩非子·解老》中，韩非子在谈到宇宙、天道的本质、规律以及社会应该遵循的原则时说道："道者，万物之所然也，万理之所稽也。理者，成物之文也；道者，万物之所以成也。""缘道理以从事者，无不能成。无不能成者，大能成天子之势尊，而小易得卿相将军之赏禄。"

秦朝时期，以法家理论作为司法的指导原则，司法上奉行"一断于法"[②]。但由于司法过于严苛，导致了矫枉过正的现象。汉武帝罢黜百家、独尊儒术，儒学进入了鼎盛期。刑起于兵而终于礼，儒家"德主刑辅"的思想成为新的治国理念。汉武帝之所以推崇儒术，与董仲舒有关。当时，"朝廷每有政议，数遣廷尉张汤亲至陋巷，问其得失，于是

---

① 《荀子·大略》。

② 《史记·太史公自序》。

作春秋决狱二百三十二事，动以经对言之详矣"[①]。不难看出，董仲舒之策其实就是荀子礼法并施思想的延续。所以，在中华法文化背景下解释法的概念，不能忽视"礼"这一重要行为规范。

（二）西方传统法文化的特色

西方的"法学"是围绕正义而展开的，它具有浓厚的技术色彩，涵盖社会地位的确立、权利义务的分配、社会结构的筹划、运作方式的选择等。古罗马的法律思想是在古希腊斯多葛哲学自然法思想的基础上发展而成的，是古希腊自然法思想的罗马化。罗马法是建立在简单商品生产基础之上的最完备的法律体系，对交易、借贷等契约关系及财产关系进行了详细规定。

公元前3世纪中叶以前，罗马法律的适用范围仅限于罗马公民，外籍居民无法享受同样的法律保护，因而被称为公民法或市民法。公元前6世纪的塞尔维·图里阿改革，将贵族、平民一律按财产多少分为五个等级，财产少于第五等级的为贫民，不列入等级，这就为罗马共和国市民法的兴起奠定了经济基础。对于许多古代民族而言，土地只归君主或者共同体所有，他们以特定年限或永久的方式让私人耕种利用土地，这一观念构建了封建体制，是许多古代东方政权的政治组织基础。但是这一观念却不被罗马人认同，罗马市民对其所有的土地拥有完全的、排他的所有权，这种所有权被称为"市民法所有权"。在行政管理方面，罗马设有"百人团"制度。因为第一等级的人经济实力较强，负责80个"重装步兵团"和18个昂贵的"骑兵百人团"的武器装备和其他供应，因此在国家事务中具有决定权。

罗马共和国末期，整个国家处于激烈动荡之中，随着土地的大量私有化，土地占有权的转移速度日益加快。罗马帝国建立后，原本严重的土地兼并问题愈发突出，大地产开始兴起。为了对罗马帝国进行有效统

[①]《后汉书·应劭传》。

治，执政者非常重视法律的制定。随着罗马帝国的扩大，罗马的社会政治和经济都发生了变化，市民法不足以解决帝国疆域内出现的各种复杂的问题。于是，出现了与市民法相对称的万民法。

罗马帝国时期，律师、裁判官等法律职业发达，许多著名的法学家从法理上对市民法和万民法进行了详细的论述，促使罗马法实现了从市民法到万民法的转变。罗马是城邦结构的市民社会，职业开始分化，有执政官、祭司、骑士、律师、教师、表演师等。由于当事人在诉讼中，特别是在法庭进行辩论时，需要熟悉法律的人协助，辩护人和雄辩术课程应运而生。西塞罗是罗马共和国晚期的律师、雄辩家。他出生于骑士阶级的一个富裕家庭，青年时期便投身法律和政治，还曾游学雅典，学习斯多葛派哲学，接受了其自然法思想，还担任过罗马共和国的执政官。他按照罗马国家统治的需要，系统地阐述了万民法与自然法的关系，并将自然法引入罗马市民法和万民法之中，极大地推动了罗马市民法和万民法的发展。

二、法律文化就是让法律内化于人心

文化是以文化人。2014年5月，习近平总书记在北京大学和师生座谈时谈道："中国古代历来讲格物致知、诚意正心、修身齐家、治国平天下。"[1]成人与成才的关系，在《大学》里也早有论述。《大学》提出成人与成才的八大要素分别为：格物、致知、诚意、正心、修身、齐家、治国、平天下。其中前面两要素指科学，"格物"即认识和研究客观世界，"致知"即打通天理与人情；中间三要素"诚意、正心、修身"关乎个人品德修养；后面三要素"齐家、治国、平天下"则是对成人与成才关系的探讨。

法律是一个民族精神的体现，法学是治国平天下的学问。中国传统文化中常常认为"天人合一"就是天理和人情的统一，这是以格物致知

---

[1] 《十八大以来重要文献选编》（中），北京：中央文献出版社，2016年版，第3页。

的角度建构法律制度。所谓"格物致知",源于《大学》:"欲治其国者先齐其家,欲齐其家者先修其身,欲修其身者先正其心,欲正其心者先诚其意,欲诚其意者先致其知,致知在格物。"因此,"格物致知"是指辨明事物的轻重、先后、因果、善恶等,以指导自己的言行。"格物致知"方法论的产生,应该源于儒家"天人合一"思想,而"天人合一"思想的产生,则源于老子、庄子"道法自然"观念。老子曰:"人法地,地法天,天法道,道法自然。"①《庄子·达生》曰:"天地者,万物之父母也。"对孔子感悟最深的可能是老子说的"上善若水"。孔子伫立黄河之滨,叹曰:"逝者如斯夫,不舍昼夜!黄河之水奔腾不息,人之年华流逝不止,河水不知何处去,人生不知何处归?"②老子道:"人生天地之间,乃与天地一体也。天地,自然之物也;人生,亦自然之物;人有幼、少、壮、老之变化,犹如天地有春、夏、秋、冬之交替,有何悲乎?生于自然,死于自然,任其自然,则本性不乱;不任自然,奔忙于仁义之间,则本性羁绊。功名存于心,则焦虑之情生;利欲留于心,则烦恼之情增。"所以,在老子、庄子阐述的"道法自然"中,是"无为而治",尤其是庄子,更是反对法令滋彰。而孔子从人的"群体意识",呼唤人们之间的"仁爱",从人的外在的行为方式,倡导"仁"与"礼",追求"仁"与"礼"的完美融合。

虽然孔子和孟子未明确提出"天人合一"和"格物致知"这两个重要概念,但他们的论述中不乏类似的言论。孔子说:"吾十有五而志于学,三十而立,四十而不惑,五十而知天命,六十而耳顺,七十而从心所欲,不逾矩。"③朱熹的理学、王阳明的心学解释了儒家"天人合一"与"格物致知"之间的关系。朱熹阐述"格物致知"时说:"所谓格物,

---

① 《道德经·第二十五章》。

② 《论语·子罕》

③ 《论语·为政》。

便是要就这形而下之器，穷得那形而上之道理而已。"①他认为对天文、地理、生物、农业、气象等万事万物都应该有所研究。"格物者，穷理之谓也"，突出了"理"作为超验道德本体的普遍有效性与绝对强制性。而王守仁则认为"格物致知"应该理解为"致良知"，强调具体的道德主体的自我意愿在道德行为中的作用。《现代汉语词典》将"格物致知"与辩证唯物主义的实事求是方法联系起来，将其解释为推究事物的原理法则而总结为理性知识。

与中国传统法律文化中"格物致知"的直觉与顿悟相对，西方法学理性色彩很强，注重形式逻辑性和先验于人心之外的知识追求。如苏格拉底认为知识就是美德，教育就是通过人的"自我意识"唤醒人的"反思"，从人的内心的理性思维去求得对世界的认识。柏拉图继承了这一思想，立足理性来探寻知识。在柏拉图的《理想国》里，"理念"的意义就是"心灵的眼睛看到的东西"或"理性所认识的东西"。柏拉图将灵魂与肉体、精神与现实区分开来，认为理念世界是真实而完美的存在，现实世界只是人类感官对这个完美世界的不完美的折射。他运用洞穴比喻对理念作了生动的说明。在《理想国》中，他将知觉世界比喻成洞穴，将理念的世界比喻成洞穴上面的世界，知识的探寻过程就是从知觉世界上升到理念的世界的过程。柏拉图提出："我们建立了这个国家，就要让最优秀的灵魂达到我们前面说的最高的知识高度，看得见善，并由此上升至善的高度。就算他们已经攀到了那般高度，我们也不容许他们像现在这样做。"②在《理想国》中，柏拉图讨论的是精英教育，认为教育、学习的目标在于引导理想国的治理者重新发现永恒且真实存在的理念。柏拉图晚年创作的《法律篇》，则主要讨论的是大众教育。他认为教育是"吸引并带领公民走向法律宣布为正确的道理"，追求"完整的、全面的德性"，教育的目的在于苦乐上的正确训练，因此，一个人

---

① 《朱子语类·卷六十二》。
② 柏拉图：《理想国》，王铮译，重庆：重庆出版社，2016年版，第223—225页。

能痛恨始终应该痛恨的东西，并热爱应该热爱的东西。①相较于《理想国》，《法律篇》中对公民的德性教育更符合社会与自然现实。《法律篇》指出立法不仅是为了规范人的行为，更是为了培养人的德性。而对于立法者而言，教育者仍然是《理想国》中的哲学王，法学教育意味着唤醒他们与生俱来的、关于法理念的详细的规定，引导他们从偶然、特别的事情走向理念，走向一般的事物，从而制定德性的法律。

亚里士多德提出了"四因说"，即"形式因""质料因""动力因""目的因"，以此来解释知识和法治。他反对柏拉图的"理念论"，否定知识的先验存在性，创设了"三段论"的法律推理理论。亚里士多德认为，知识源于经验和常识，寻求的知识应该是关于普遍本质属性的知识，而这种建立在观察和实践之上获取知识的方法，就是我们今天常用的三段论演绎方法。他认为，人之所以为人，关键在于人具有理性。人只有充分运用和发展理性，才能真正实现自我。因此，人的教育应当以充分发展人的理性为根本目的。与柏拉图认为"理念才是真正存在的"不同，亚里士多德认为只有实体是真实存在的，属性和种的概念则是相对存在的。他从独立实体的洞见转向对共相和本质的洞见，然后利用这个洞见做有效的逻辑推理，获得其他真命题。与柏拉图主张哲学王的统治不同，亚里士多德主张法治，他认为，法律适用过程就是"三段论"的推理过程。所以，亚里士多德的"三段论"实际上是对柏拉图"理念论"的一种扬弃。

由于中西方传统法文化中的法治理念、法治观念存在差异，法学教育应该重视法律文化的教育，而不能局限于法律制度的学习。党的十七大报告把"加强公民意识教育，树立社会主义民主法治、自由平等、公平正义理念"确定为发展社会主义民主政治的一项重大任务。为认真贯彻落实党的十七大关于"树立社会主义法治理念"的战略部署，中共中

① 柏拉图:《法律篇》,张智仁、何勤华译,上海:上海人民出版社,2001年版,第37—38页。

央政法委员会会同中央组织部、中央宣传部、中央政策研究室、中央文献研究室、教育部等单位，组织编写了《社会主义法治理念读本》（以下简称《读本》），并要求各类高等学校将社会主义法治理念的本质内涵和基本要求，纳入《思想道德修养和法律基础》教材；政法院校（系）要以《读本》为基础，开设社会主义法治理念教育必修课；政法院校以外的高等学校要开设社会主义法治理念选修课，努力培养造就具有坚定正确政治方向的社会主义事业建设者和接班人。党的十八大报告中强调："弘扬社会主义法治精神，树立社会主义法治理念，增强全社会学法尊法守法用法意识。"党的二十大报告提出："努力使尊法学法守法用法在全社会蔚然成风。"这更进一步明确了法律文化教育与法律制度教育的关系。

三、中华法系具有让法律内化于人心的优势

法者，治之端也。法律是治理国家的开端，法治不仅包括单纯的制度建设，还包括法律文化建设和法治精神的塑造。治人者、法也；守法者，人也。法律人化意味着将外在的法律转变为个人的内在自觉规范，从而使天理、人情、国法统一起来。西方法律文化强调法律是神法或理性的命令，缺少人性的关怀。康德在《实践理性批判》中指出："有两样东西，人们越是经常持久地对之凝神思索，它们就越是使内心充满常新而日增的惊奇和敬畏：我头上的星空和我心中的道德律。"[1]在康德的哲学中，外在的法律要受心中崇高的道德法则的支配和指示，但这种道德律令是先验存在的。

在中华传统法律文化发展中，与"法治"相对应的是"仁者爱人"的教育理念。天理与人情是相通的，国法的执行要与天理、人情相衔接。先秦儒家的礼乐教育思想提倡以"亲亲之爱"为起点，在人与人之

---

[1] 康德：《实践理性批判》，邓晓芒译，杨祖陶校，北京：人民出版社，2003年版，第220页。

间架起一座相互关心、相互帮助的"仁爱"桥梁，向人们描绘了一幅"老有所终，壮有所用，幼有所长，鳏寡孤独废疾者皆有所养"①的大同社会理想。所以，学习法律文化有利于提高自我素质修养，塑造健康人格。反之，一旦法律脱离文化基础，被外在的利益左右，就会失去其整体性的力量。

任何民族的法律制度都深深扎根于其特定的文化土壤中，并在具体的民族区域和环境中发展。建设社会主义法治国家，需要我们对中华优秀传统文化进行传承与研究，从而将法律知识转化为公民的法律意识和法治精神，使公民能够自觉地遵法守法，理解法治理念。由此可见，将法律融入文化有助于增强民众的心理认同。要让法律落到实处，建设与现代法治精神相一致的法治文化不可或缺；如果缺乏信法守法的深厚土壤，法律就会如无源之水、无本之木。中华法文化蕴涵着儒家重视人性教化的教育观念，强调"明德慎罚"，以道德教化为主。对比西方强调理性崇拜和功利色彩的法律文化，我国文化重视礼乐并行，展现了人性的美好。

法律人化是指将法律浸润到社会各界的过程，通过法律教育深刻影响人们的交往行为、交往方式、实践活动、认识活动和思维方式，让法律成为衡量人类行为的标准。因此，法律文化即法律人化，旨在培育公民践行法治精神。公民法治精神的形成，可以促进科学立法、严格执法、公正司法、全民守法的法治体系的良性运作，可以促进立法、执法过程中权力行使者与普通公民的互动。法律是人们思想的产物，具有文化特征，然而在实际生活中，法律常被视为一种工具。从文化角度看，中国的法治建设还存在一些问题。法律人化可以破解价值信念教育的困境，将法治教育融入日常生活，从而使法治精神的生长、发育和成熟更具有过程性和立体感。法治教育不仅是学习刚性的法条，还需深入理解柔性的立法精神及其背后的伦理道德。人们的众多法律行为都是在一定

①《礼记·礼运》。

法律意识的引导下产生的，让法律成为文化意味着提升公民的法治素养，增强他们践行法治的积极性和主动性。

第三节 法律文化与教育的关系

让法律成为文化，实际上是教育问题，是指将法律通过教育达到深入人心的效果。从个体而言，法律文化与人的成长教育是相辅相成的，法律文化促进法律人的发展。从国家而言，法律文化对一个国家民族精神的发展具有重要作用。在中国式现代化进程中，随着国家法治化进程的不断深入，法治体系逐渐完善，但公民法治精神的形成是一个长期的过程。只有通过法治教育和教育法治的互相支持，将法律文化嵌入国民教育体系，才能促进中华优秀传统法律文化的传承和当代法治精神的塑造。

一、中华法律文化发展过程中教育与法律的关系

在中华法律文化发展过程中，道德教育是法治的基础，教育主要受礼乐的规范，而非仅仅依赖"法治"。道德的概念可追溯到先秦思想家老子所著的《道德经》，他指出："道生之，德畜之，物形之，势成之。是以万物莫不尊道而贵德。道之尊，德之贵，夫莫之命而常自然。"由此可见，无论是"道"还是"德"，都不可或缺。老子认为"尊道贵德"就是"复归于朴""无为""不争"。孔子曾"问道"于老子，选择了教化大众的"为人之道"。孔子承认人性与人欲，认为"富与贵，是人之所欲也……贫与贱，是人之所恶也"[1]，"性相近也、习相远也"[2]，所以，人就需要教育。在教育与法律的关系方面，他主张"道之以政，齐

①《论语·里仁》。

②《论语·阳货》。

之以刑，民免而无耻；道之以德，齐之以礼，有耻且格"①。

孟子是孔子学说的主要继承人。在教育与法律的关系方面，他继承了孔子的道德教育思想，把仁、义、礼、智作为基本的道德规范，其中"礼"为"辞让之心"，是人的德行之一。同时，他还强调了法的作用以及法律与教育之间的关系，认为"徒善不足以为政，徒法不能以自行"②。他与孔子一样，力图将儒家的政治理论和治国理念转化为具体的国家治理主张，并推行于天下。在这样的社会背景下，孟子开始周游列国，游说各国君主，推广他的王道仁政主张。孟子晚年回到故乡，专心从事教育和著述。他说："父母俱存，兄弟无故，一乐也；仰不愧于天，俯不怍于人，二乐也；得天下英才而教育之，三乐也。"③

"道德"二字连用始于荀子《劝学》，其中有云："故学至乎礼而止矣，夫是之谓道德之极。"《劝学》是《荀子》一书的首篇，分别从学习的重要性、学习的态度以及学习的内容和方法等方面，全面而深刻地论述了有关学习的问题，较为系统地体现了荀子的教育思想。荀子非常推崇孔子的思想，认为那是最好的治国理念。他以孔子的继承人自居，并从知识论的角度批判性地总结和吸收了诸子百家的理论，提出了隆礼重法的治国思想。荀子非常看重"礼"，并论证了"礼"与"法"的起源、社会作用及其相互关系。他说："礼者……贵贱有等，长幼有差，贫富轻重，皆有称者也。"④为了确保公共秩序的正常运转，礼的遵循不可避免地需要强制性，由此，礼最终会转化为法。荀子思想体系的形成，受到了稷下学宫的重大影响。稷下学宫是世界上最早的官办高等学府，始建于齐桓公田午时期。司马迁的《史记·孟子荀卿列传》记录了荀子的生平，提到他在襄王时代的稷下学宫"最为老师""三为祭酒"。

---

① 《论语·为政》。
② 《孟子·离娄上》。
③ 《孟子·尽心上》。
④ 《荀子·礼论》。

董仲舒是一位思想家、政治家、教育家，也是唯心主义哲学家和经学大师。汉武帝采纳了董仲舒"天人三策""兴太学，置明师，以养天下之士"的建议，于京师长安设立太学，还设立了专门传授儒家经学的学官——博士，涵盖"诗、书、礼、易、春秋"五经。董仲舒任太学博士，讲授《公羊春秋》。他为汉王朝培养了一批人才，其中一些学生后来成为诸侯王国的国相或长吏。董仲舒"推明孔氏、抑黜百家"的主张也为汉武帝所采纳。汉武帝时期的酷吏张汤经常向董仲舒请教如何审理案件。董仲舒援引《春秋》中的语句，对案件进行梳理分析，使张汤十分信服。随着时间的推移，董仲舒积累了丰富的案例，并将其编纂成书，使"春秋决狱"的方法广为流传。汉武帝采纳董仲舒的建议，实行"罢黜百家、独尊儒术"的文教政策和"春秋折狱"的司法方法，儒家思想被封建帝王定为一尊，变成重要的社会统治资源。由此，以传递儒家文化为己任的私塾在社会上站住了脚跟，虽历经战乱而绵延不绝。

秦汉以后，随着儒法合流，礼法统一制度形态和儒家的教育思想逐渐占据了统治地位。如果说董仲舒继承了荀况的衣钵，那么韩愈就是决心要做孟子之后的"道统"继承者。贞元十八年（802年）春，韩愈被任命为国子监四门博士。贞元十九年（803年），韩愈因论事而被贬至阳山，后又担任都官员外郎、史馆修撰、中书舍人等职。元和十二年（817年），他出任宰相裴度的行军司马，参与讨平"淮西之乱"。元和十四年（819年），因谏迎佛骨一事又被贬至潮州。元和十五年（820年），任国子监祭酒。国子监作为中国古代最高学府和教育管理机构，其历史可追溯至晋代，晋武帝司马炎始设国子学，至隋炀帝时更名为国子监。唐朝时期，国子监统辖着国子学、太学、四门学等，各学皆立博士，并设祭酒一人负责管理。韩愈借助国子监这个平台进行文坛改革，振兴儒家教育。

朱熹是宋朝著名的理学家、思想家、哲学家、教育家、诗人，也是闽学派的代表人物，更是理学集大成者。他是程颢、程颐的三传弟子李侗的学生，朱熹将"自然"视为"理"的属性，这是对程颐自然观的进一步发展。程颐思想中的"理"和"自然"都是根本性的概念，两者并无先后之分。然而朱熹认为"自然"并不指向"无为"，而是包括符合"理"的标准的行为。朱熹十分重视教育在治国理政中的作用，在担任江西南康、福建漳州知府和浙东巡抚时，他大力推动书院建设。书院在中国有着悠久的历史，源于唐，盛于宋，是私学发展到高级阶段的产物。北宋的四大书院，以经过朱熹重修、先后订立教规的白鹿洞书院和岳麓书院最为著名。朱熹著述甚多，其中《四书章句集注》成为钦定的教科书。他长期从事讲学，培养了众多人才。他认为教育的作用在于"变化气质"，使气质之性接近"天命之性"，即"大抵讲学只要理会义理非人所能为，乃天理也。天理自然，各有定体"①。朱熹将小学教育和大学教育看作统一的教育过程中相互衔接的两个阶段，主张学校教育的目的在于"明人伦"。可以看出，中国古代书院和西方中世纪大学的产生环境是截然不同的，书院兴起于远离世俗的名山大川，颇具隐士之风，而西方中世纪大学则兴于商业城市，更多的是和生产力的发展相关。此外，中国书院以伦理为基础，旨在培养圣贤人格，而中世纪大学则更偏重职业训练和专门人才的培养。

在明朝，随着商品经济对市民生活的渗透，朱熹客观唯心主义的"理学"教育观受到了王守仁主观唯心主义的"心学"教育观的挑战。明代哲学家王守仁先后修建了龙冈书院、濂溪书院、稽山书院、敷文书院等，并在文明书院、岳麓书院、白鹿洞书院讲学。他赞同朱熹的"存天理、灭人欲"，但他将"理"解释为"心之条理"，认为只要此"心"无私欲之蔽、"纯乎天理"，"理"便会自然而然地显现。他强调，"心"之所以能产生"理"，是因为"心"中有"良知"。他以"是非之心"来定义良知，认为"良知"是"自然明觉""真诚恻怛"的，并提出"知

---

① 朱熹撰，朱杰人、严佐之、刘永翔主编：《朱子全书（第 22 册）》，上海：上海古籍出版社，2002 年版，第 1733 页。

是行的主意，行是知的工夫。知是行之始，行是知之成"，"知而不行，只是未知"。这是一种实践主义的思想。

宋明理学倡导"存天理、灭人欲"，而当时社会上流行的却是宣扬人欲的通俗文学。在长江中下游一带，明代文学以小说的艺术成就最高，涌现出大量以历史、神怪、公案、言情和市民日常生活为题材的长篇章回小说和短篇的话本、拟话本。一些文人加工改写了宋元话本，并创作了拟话本。冯梦龙的"三言""二拍"就是这种话本和拟话本的代表作。而李贽则更肯定"人欲"的价值，他曾评点《水浒传》《西厢记》《浣纱记》《拜月亭》等作品，认为理想的"至人之治"应当"因乎人者也"，顺应自然和世俗民情。他承认个人私欲的存在，指出"私者，人之心也，人必有私而后其心乃见"①。

道德教育与法治相辅相成，外儒内法，构成了中华法律文化特征的一个重要方面，也使其呈现出一种与西方教育法治发展不同的路径。如科举制度作为封建社会的人才选拔形式，从制度上深刻影响着教育法治的形成，使士大夫主导了中国社会的价值观、主流文化和主流思想。特别是在唐宋时期，科举制度显示出强烈的进步性，促进了中国古代文化的发展，士大夫的理学精神对中国文化产生了深远影响。然而，明代以后，科举考试内容转为八股文和试帖诗，其内容和形式严重束缚了人们的思想活力。随着西方法律文化的引入，中国开始废科举、兴学校，开启了教育制度的变革，中国的教育逐步迈向现代化。在现代社会，联合国教科文组织提倡教育应该是一项集体事业，立德树人是一项宏大的工程，需要学校、社会和家庭的协同努力。尤其在法治教育方面，学校教育应该发挥主导作用，家庭也应成为教育的重要主体，政府应为教育提供保障，广泛调动全社会的参与，才能实现立德树人的教育目标。

---

①《藏书·德业儒臣后论》。

二、西方法律文化发展过程中教育与法律的关系

在西方法律文化发展过程中，法律是理性的命令，道德则是公序良俗，通过教育，理性得以成熟，道德得以养成。正是因为教育的作用，道德与法律才能更好地结合，实现良法善治。当然，在不同时期，教育与法律呈现不同的样态。在古希腊和古罗马时期，市民法盛行，道德教育并不受重视。在政教合一的时代，有神法（宗教法）与人法的区分，教育属于神法或宗教的范畴，规制人的灵魂，而人法规制人的肉体。在资本主义社会政教分离之后，虽然道德与法律作为规范体系得以分离，但法学教育始终离不开道德与法律、自然法与实在法、法学理论与法律实践之间的关系探讨。

在西方古希腊和古罗马的法律文化中，"道德"一词源于拉丁语"Mores"，意为风俗和习惯。在没有养成习惯之前，做一个道德的人并不容易，这就需要教育。苏格拉底认为人类应当尊重智德，而通过教育获得知识就是美德的养成。亚里士多德认为，世上一切学问（知识）和技术，其终极目的各有一善；政治学术本来是一切学术中最重要的学术，其终极目的正是为大家所最重视的善德，也就是人间的至善。政治学上的善就是"正义"，正义以公共利益为依归。治理城邦的良好标准应在于已成立的法律能够获得普遍的遵守，而这些法律本身也应是良好的法律。[1] 这种理念被罗马人化为行动和制度。法是善良和公正的艺术，对于罗马人来说，"法学是关于神和人的事物的知识；是关于正义和非正义的科学"[2]。所以，在西方法律文化中，理性和道德完善是统一的。斯多葛学派更是将"自然"置于其思想体系的核心，认为自然不仅是事物的秩序，也是人的理性。自然法就是理性法，理性作为一种遍及宇宙

---

① 亚里士多德：《政治学》，郭仲德译，西安：西北大学出版社，2016年版，第106页。

② 查士丁尼：《法学总论：法学阶梯》，张企泰译，北京：商务印书馆，1996年版，第5页。

的普世力量，是法律和正义的基础①。西塞罗与斯多葛学派的观点相似，认为自然和理性是等同的，并认为正义是自然所固有的，而相信一个国家的法律和习俗中的内容全是正义的则是"最愚蠢的想法"②。所以，判断一个人行为的善恶应根据自然法而不是实在法或习俗。个人的行为起源于欲望，而非理性。理性只能分辨对错，而不引发任何行动；欲望正好相反，它能够促使行动，却不能分辨对错。

法学教育很受古罗马青少年的欢迎，这是因为古罗马社会是一个简单商品经济社会，对法律职业人才的需求很旺盛。在古罗马时期，帝国为培养法律人才设立了拉丁语雄辩术学校。昆体良是古代罗马教育家、演说家，公元70年被任命为一所国立拉丁语修辞学校的校长。公元78年，罗马帝国设立由国家支付薪金的雄辩术讲座，他成了该讲座的第一位教师，也是皇室委任的第一位修辞学教授。在担任教师的同时，昆体良还从事律师业务，这使他积累了丰富的实践经验，从而充实了教学内容，实现了理论与实践的紧密结合。昆体良继承了西塞罗雄辩家教育理论，其著作《雄辩术原理》是西方第一本专门论述教育问题的系统性著作，在教育史上占有重要地位。昆体良认为雄辩教育的目的是培养善良又精于雄辩的人，雄辩家应该是一位真正的公民并能履行其职责。他主张学校教育优于家庭教育，认为学校应将道德原理作为主要课程，让学生从中学习正义、善良、节制、刚毅等品质。他指出，学校教育可以激励孩子的思维，培养孩子适应公共生活及参与社会政治活动的能力等。昆体良认为，由于每个人的禀赋不同，教育的方法也应不同，应根据学生的倾向和才能进行教学，即因材施教。在教育中，应遵循年龄的特

---

① 博登海默：《法理学：法律哲学与法律方法》，邓正来译，北京：中国政法大学出版社，2004年版，第13页。

② 博登海默：《法理学：法律哲学与法律方法》，邓正来译，北京：中国政法大学出版社，2004年版，第15页。

点，为学生分配适当的学习任务，使学生的才能得到充分的发挥。①

随着罗马帝国的建立，政体和社会各方面条件的重大转变导致罗马教育发生了巨大变化。罗马出现了一批职业学校，如法律学校、哲学学校等。政府加强了对初级学校的视察和监督，将部分私立文法学校和修辞学校改为国立学校，实行官师合一制度。教师成为国家官僚体系的重要组成部分，在教师的选派上以国立学校为主。这些法律学校的教师虽然不是国家官吏，但常被聘为最高裁判官的顾问或协助当事人进行诉讼，他们所解释的法律观点对最高裁判官法的形成发挥了重要作用。公元426年颁布并在东、西罗马帝国同样生效的《引证法》，正式承认盖尤斯、保罗、乌尔比安、帕比尼安和莫迪斯蒂努斯五大法学家的解答具有法律效力。②

帕比尼安，著名法学家，曾担任申诉官、帝国高级法院院长和近卫都督，行使军事和司法大权。君士坦丁皇帝曾命令下属整理他的学说，并在《学说引证法》中明确规定，在五大法学家的意见相左时，以帕比尼安的学说为准。盖尤斯是法学教师，他的著作《法学阶梯》是唯一一部流传至今的古代罗马法学家的文献，成为查士丁尼编纂同名法典的范本。乌尔比安是公认的古代罗马最伟大的法学家之一，是罗马法学的集大成者，查士丁尼的《学说汇纂》中摘录的法学家的著述中，以乌尔比安的著作占多数。③

为什么西方法律文化重视为权利而斗争？这不仅与古希腊、古罗马的论辩教育有关，还与西方中世纪骑士文化有密切关系。西方中世纪是指从5世纪末至14世纪文艺复兴运动之前的封建社会时期，这一时期西方的教育主要有两大类：一类是教会教育，一类是骑士教育。中世纪的

---

① 昆体良：《昆体良教育论著选》，任钟印选译，北京：人民教育出版社，1989年版，第7、21页。

② 何勤华：《西方法学史读本》，上海：上海交通大学出版社，2010年版，第4—5页。

③ 何勤华：《法学群星闪耀时：50位外国法学家的故事》，北京：中国法制出版社，2020年版，第26—36页。

学校教育几乎由教会垄断，"七艺"被公认为学校的课程。"七艺"是教会学校的教学内容，有七门课程，包含"三科""四学"。"三科"指文法、修辞、辩证法，"四学"指算术、几何、天文、音乐。而骑士教育是一种特殊形式的贵族家庭教育，其主要目标是培养忠君敬主、勇猛豪爽的骑士。在骑士教育中，0—8岁为家庭教育阶段，由母亲教育，主要学习宗教知识、道德知识和身体的养护与锻炼；8—14岁为礼文教育阶段，贵族之家会将儿子送入更高一级贵族的家中充当侍童，侍奉主人和贵妇；14—21岁为侍从教育阶段，重点学习"骑士七技"（骑马、游泳、投枪、击剑、打猎、弈棋、吟诗）。骑士制度中有骑士不得与平民交手的规则，即看重身份，注意修养，恪守诺言，尊重法规，体现的是一种社会有序的文化精神。

西方骑士精神在一定程度上体现了在家庭教育基础上经过宗教的包装形成的法治理念与法治精神。完整的骑士制度到公元11世纪才逐渐成型。从严格意义上来说，骑士是一个阶层。骑士原本是隶属于贵族的士兵，有义务为王国作战，而作为报酬，他们管辖部分农地并收取农租。这样在贵族和骑士之间就形成了一种契约式的雇佣关系。从中世纪盛行的骑士文学中，我们还能发现骑士具备很多令人称颂的美德，他们忠诚、谦恭、纯洁、富有同情心。骑士是正义和力量的化身，是荣耀和浪漫的象征，骑士精神深刻影响了人们的观念和行为。

到了近代，文艺复兴和宗教改革促进了西方宗教与教育的分离。塞万提斯的《堂·吉诃德》尖锐而全面地批判了中世纪的骑士阶级。伴随着启蒙时代中自我观念的兴起，宗教改革家马丁·路德、加尔文拓展了宗教的内涵，将其变成一种个人内在的、具有超验指向的东西。传统的宗教则被视为一种外在的制度化、体系化、实体化的概念。同时，受到启蒙运动的影响，教育开始重视自然，比如夸美纽斯、卢梭等人推崇自然主义教育观。而这种自然主义的教育观又与理性主义相辅相成，孕育出众多现代意义上的教育思想，如英国的绅士教育思想、法国的自然主义教育思想、德国的理性主义教育思想、美国的实用主义教育思想等。这些思想塑造了各国不同的教育法治体系，使宗教与教育逐渐分离开来，但教育与国家法律的关系则更加紧密，教育事业逐渐被纳入到主权国家法治的框架之中。

三、教育学的专门化对法律文化发展的影响

教育是一种在文化传承过程中进行的对话交流，是通过心灵与心灵的沟通实现对人心灵的净化和知识的获取。杜威认为，教育即生活，儿童若无学习则难以生存；而成人总要面临死亡，若没有教育，文明成果将随之消逝。所以，教育成了传承文明的重要手段。[1]将法律和教育连接起来，法律才能成为文化。

英国学者培根在《论科学的价值和发展》中提出把教育学作为一门独立的科学。[2]捷克教育家夸美纽斯是人类教育史上里程碑式的人物。1632年，他出版了《大教学论》，这本书被认为是教育学成为一门独立学科的标志。该书全面论述了人的价值、教育的目的与作用、学制、教学法、学校管理等，将教育学从哲学、心理学等学科体系中独立出来，提出了教育适应自然的原则。这是教育学形成规范学科的开始，也为夸美纽斯赢得了"教育学之父"的美誉。

教育学的专门化引发了人们对教育学是科学还是文化艺术学的思考。如果将法律仅仅理解为理性的命令，教育目的是使人的理性成熟，那么法律教育就与自然科学一样。然而，自然科学可以无国界，而法律、政治、经济、文化、历史和艺术等学科则不能无国界。对于这些领域的人才，求其能真切爱护国家民族，求其能真切为国家民族服务，则必以国

---

[1] 吕达、刘立德、邹海燕主编：《杜威教育文集（第4卷）》，胡适译，北京：人民教育出版社，2008年版，第5—6页。

[2] 哈尔拉莫夫：《教育学教程》，丁酉成、曲程、王悦祖等译，北京：教育科学出版社，1983年版，第6页。

家民族自本自根之传统文化为陶冶①。法律文化教育需要回答教什么、谁来教、教谁、怎么教的问题，所以，法律文化教育不仅是科学，也是文化艺术学。法律文化教育必定涉及知识和技能的"传授者"与"接受者"，如社会、学校、教师、专业律师等是知识与技能的"传授者"，而学生、实习律师等则是知识与技能的"接受者"。"传授者"的教育与"接受者"的学习不仅是知识传授的过程，更是心灵互动的过程。

作为法律的教育者，应将法律作为文化进行讲授，而不只是进行案例分析的技能传授。换句话说，只有将法学与文学、社会学、教育学等学科结合起来，才能使法律成为被社会大众了解与认可的文化，才能将法律作为文化的意蕴和价值进一步深化。法律绝不是一些生硬的法条，传授法律知识也绝不能用教条化的方式，而需要教育者与受教育者进行沟通与交流。作为法律的受教育者，要时刻保持学习法律的主动性，让其内化于心、外化于行。将法律视为文化，受教育者便不会将其视为外在的强制要求，而是作为个人成长的需要。

西方法律文化历史上首次明确将教育学与法学联系起来的是德国古典哲学家康德，最早将教育学作为一门课程在大学里讲授的也是他。康德认为，人是唯一需要教育的动物，教育的最终目的是使人成为一个自由之人。那么，何为自由之人？即通过教育由"自然人"转变为"社会人"，成为一个有能力行使权利，确保自我尊严的人；一个既能仰望浩瀚星空、顺应自然法则，亦能探寻身为人的崇高理性并为自己立下道德法则的人。康德在《纯粹理性批判》之结语中总结出他其实围绕着三个核心问题展开：人能够知道什么？人应当做什么？人可以希望什么？这三个问题都与教育有关。康德在《康德论教育》中明确指出，教育的方法必须成为一种科学，否则就不是一种系统的学问。

在康德之后，他的继承者赫尔巴特完成了让教育学成为独立科学的

① 钱穆：《文化与教育》，载《钱宾四先生全集》，台北：台北联经出版事业公司，1998年版，第262页。

任务，从而将教育学与法学区分开来。赫尔巴特是19世纪德国的哲学家、心理学家，也是科学教育学的奠基人。他出版了《普通教育学》一书，被认为是教育学作为一门规范、独立的学科正式诞生的标志。赫尔巴特明确提出，教育学应该以伦理学和心理学为理论基础，应该充分运用心理学去论证教育学上的各种实际问题，这使得教育学开始走上科学的道路。他对准确性的执着使他完成了夸美纽斯向往的目标，将教育从初级的某种思想与实践制度发展成一门学术性学科。①

斯普朗格是德国文化教育学派的主要代表人物，也是德国现代教育学的开创者。他从文化视角将教育学与法学衔接起来。1909年，他发表了《威廉·洪堡其人及人文思想》一文，倡导歌德、裴斯泰洛齐、狄尔泰、洪堡等的新人文主义教育思想。斯普朗格从狄尔泰的精神科学思想出发，将文化分为团体精神、客观精神、规范精神和人格精神等。属于规范精神的法律规则和政治秩序等与人格精神之间的关系，是斯普朗格教育学的核心问题。他反对康德以先验哲学的思维方式为个体的存在预设一个认识论的前提，主张以精神科学或精神哲学的思维方式来规定心理学的研究对象，研究心理学的问题。他将精神科学的心理学与伦理学对人格问题的研究紧密地结合在一起，研究人的个性的培养和人格的塑造。他认为教育的最终目的不是传授已有的知识，而是要激发人的创造力量，唤醒生命感、价值感。文化教育学认为，人是一种文化的存在，人类历史是一种文化的历史，教育过程是一种历史文化过程；教育的目的在于促使社会历史的客观文化向个体的主观文化转变，并将个体的主观世界引导向博大的客观文化世界，培养完整的人格；培养完整的人格的主要途径是"陶冶"与"内在性的觉醒"，并建构对话的师生关系。②

① 张卉：《哲学与教育学互动关系视下赫尔巴特教育理论体系研究》，华东师范大学博士学位论文，2021年。
② 崔录、李玢：《现代教育思想精粹》，北京：光明日报出版社，1987年版，第166—175页。

文化教育学的发展，深刻影响了20世纪德国乃至世界的教育学发展，在教育的本质等问题上给人许多启发。

四、法律文化对教育的规范作用

不同的法律文化背景规范着教育活动的开展，从而形成了不同类型的教育法律制度和教育法学理论。在《民主主义与教育》中，杜威全面阐述了他的实用主义教育理论，将民主法治的思想引入教育，并就教育的本质、目的、内容、方法、教材等问题提出了独特的见解。他提出学校应该以最大的胆略和责任参与决定未来社会秩序的活动。杜威说："有国民教育，而后方成为法治国。"[①]"对于组织学校教育行政的人，都应该有学者的态度。"[②]

法律文化不仅规范和影响着教育活动，还构成了教育知识体系的内容。现代学校的各种学科知识体系虽然具有一定的相对自主性和形式自治性，但一般都具有结构同源性的文化资源。法律文化作为现代社会的一种文化资源，必然渗透到各种教育场域之中，教育者与被教育者之间的互动关系需要在一定的文化场域中才能得到理解和诠释。法律文化不仅通过制度来规范教育活动，还通过知识体系或话语体系来影响教育。文化的作用是以社会规范来"化"人，不同的法律文化背景下会产生不同的教育规范体系。例如西方宗教观念较重，便容易形成符合西方思想观念和宗教教义的法律文化；而在中国，我们的传统文化中蕴含着丰富的礼治思想，除了法律外，人们还受道德约束。

近代以来，欧洲经历了从神权到人权的重大转变。自然法学不再像古代那样依附于自然哲学而生存，也不再像中世纪神学自然法学那样从

---

① 杜威：《国民教育与国家之关系》，载吕达、刘立德、邹海燕主编：《杜威教育文集（第4卷）》，北京：人民教育出版社，2005年版，第247页。

② 杜威：《教育行政之目的》，载吕达、刘立德、邹海燕主编：《杜威教育文集（第4卷）》，北京：人民教育出版社，2005年版，第332页。

"上帝的启示"中去阐释自然法，而是从人的理性出发，从人性教育视角探讨一种人文主义的自然法。这一转变将道德教育与法治教育紧密联系起来。美国新自然法学派代表人物之一富勒认为，法律是使人的行为符合一定规则治理的事业①。笔者认为，富勒的法律定义比较恰当地概括了教育法的内涵，即教育法是使教育符合规则治理的事业。但是，西方自然法学派将理性、道德视为先验的理念或绝对精神，是不符合辩证唯物主义教育观点的。马克思和恩格斯从生产力与生产关系、经济基础与上层建筑及人的自然性与社会性的辩证关系等角度，论证教育是一种社会现象，其发展受到物质资料生产方式的制约，它的性质是由占统治地位的社会关系决定的。所谓教育公平，在资本主义社会只是法律形式上的，实质的教育公平是不可能实现的。马克思在《哥达纲领批判》中指出，在资本主义社会，根本不可能实现普遍的和人人平等的国民教育。资产阶级在任何时候都不会把自己子女的教育水平降低到雇佣工人和农民子女的教育水平。马克思指出，在资本主义社会提出实行免费教育，只不过是从总税收中替上层阶级支付教育费用，给劳动人民增加经济负担，实质上只有利于资产阶级而不利于劳动人民。②马克思和恩格斯都很关心和重视无产阶级夺取政权后的教育及其发展。恩格斯指出，过去的资产阶级革命向大学要求的多是为资本主义政治服务的律师，而为了工人阶级的解放，还需要培养"脑力劳动无产阶级"，需要培养"医生、工程师、化学家、农艺师及其他专门人才，因为问题在于不仅要掌管政治机器，而且要掌管全部社会生产，而在这里需要的决不是响亮的词句，而是扎实的知识"。③

19世纪80年代后，随着西学的传播和洋务运动的发展，中国传统法律文化和教育制度逐渐发生了改变。五四新文化运动中，西方民主国家

---

① 富勒:《法律的道德性》，郑戈译，北京:商务印书馆，2005年版，第116页。
②《马克思恩格斯选集（第三卷）》，北京:人民出版社，2012年版，第375页。
③《马克思恩格斯文集（第四卷）》，北京:人民出版社，2009年版，第446页。

的一些新教育制度被引入中国，废科举、兴学校，中国进入了现代化教育变革时期。20世纪以来，中国教育法治逐步走向现代化。1949年后，特别是改革开放以来，我国建立了现代化教育考试制度和完善的教育体系。在借鉴外来优秀法律文化的同时，如何传承发展中华优秀传统法律文化，也成为教育法治和法治教育都应关注的时代问题。

同时，我们应该认识到，没有法律文化的现代化，就没有教育现代化，教育的发展离不开法治的保障。1995年3月18日，第八届全国人民代表大会第三次会议通过《中华人民共和国教育法》（简称《教育法》），这是新中国成立以来我国制定的第一部教育基本法。这是我国教育史上具有里程碑意义的大事，标志着我国开始进入全面依法治教的新时期。《中华人民共和国教育法》经过2009年、2015年、2021年三次修正，规定了学校及其他教育机构、教师、受教育者的权利、义务与法律责任，以及教育基本制度、教育投入与条件保障、教育对外交流与合作等方面的内容。

当代中国已经进入了新时代，经济稳步发展，人民生活水平稳步提升，科技文化水平快速发展，现代化建设使社会结构和人们的观念发生着巨大的变化。这些变化要求并决定着当代中国法律文化建设和教育必须与时俱进，适应新的时代需求，这也是中国法律文化教育面临的一个重要现实问题。目前，我国正积极推进建设法治中国，加快建成中国特色社会主义法治社会。党的二十大报告首次将教育、科技、人才放在了同一个部分去讨论，体现了党和国家运用这三大战略共同服务于创新型国家建设的战略意图。党的二十大报告强调"在法治轨道上全面建设社会主义现代化国家"，既凸显了法治建设在国家发展中的根本战略地位，又明确了法治建设服务并保障党和国家工作大局的战略任务。这就要求丰富中华法律文化的法治精神，提高其影响力，从而提升综合国力和中华文化在全球的影响力。

第二章　法律文化与未成年人的
成长教育

中共中央宣传部、教育部印发的《新时代学校思想政治理论课改革创新实施方案》要求根据学生成长规律，结合不同年龄段学生的认知特点，构建大中小学一体化思政课课程体系，实现纵向各学段层层递进、横向各课程密切配合、必修课选修课相互协调的课程教材体系。法治教育作为大中小学思政课课程体系的重要组成部分，需要与未成年人的成长教育及其制度保障结合起来，因此，有必要对学前教育和义务教育等领域的立法进行深入探讨与解读。

第一节　法律文化与学前教育

从人的成长过程来看，儿童与成人的心理是不同的。成人的世界是理性的法律世界，而儿童的世界则充满童话色彩。学前教育是一个比较特殊的教育阶段，处在家庭教育和学校教育的交汇点，对每个人的性格塑造和道德品行养成具有重要作用。因此，学前教育的立法要符合儿童成长的规律。

一、学前教育的教育学原理

学前教育应该促进童心绽放。学前教育立法不是将成人的行为规范强加于儿童，而是要起到保障儿童健康成长和呵护童心的作用。

2023年6月2日，国务院常务会议讨论并原则通过《中华人民共和国学前教育法（草案）》，决定将草案提请全国人大常委会审议。2023年8月28日，学前教育法草案提请十四届全国人大常委会第五次会议初次审议。《中华人民共和国学前教育法（草案）》明确规定：幼儿园和校外培训机构不得教授小学阶段的课程。

常有人问："知识从哪里来？"古希腊哲学家柏拉图认为"知识灵魂中就有"。柏拉图是西方教育史上第一个提出完整的学前教育思想并建立了完整的教育体系的人，他认为学习即回忆。他特别强调早期教育对儿童的重要性，认为在幼年时期儿童接触的事物对其一生有深远影响。在《理想国》中，柏拉图在谈到培养儿童的公共教育时提出，小孩子的学习主要是模仿，自小便受到良好教育的儿童的身心都会得到很好的发展，他的性格也会变得温和儒雅；反之，若自小受到不良教育，结果便会截然相反。[①]

在近现代，西方关于知识来源的道德教育思想流派主要有三个，一是源于英国思想家洛克的文化传递主义，二是以法国思想家卢梭为代表的浪漫主义，三是美国教育家杜威开创的进步主义。浪漫主义的哲学基础认为，道德是一种源于人内心的判断善恶是非的本性，而儿童则具备先天的善良。道德教育就是创造适宜的条件，使儿童能够自主发现和发展自己的本性。与浪漫主义形成鲜明对比的文化传递主义则认为，道德的形成恰恰是社会环境和文化作用的结果，因为人的行为和思想是能够被外在环境影响和控制的，教育的使命则是运用各种方法把知识和价值传递给学生。绅士教育是英国思想家洛克在其著作《教育漫话》中提出的教育理论。洛克认为，绅士教育的目标是培养身体健康、精神健全的各种社会活动家和企业家，即绅士。洛克常有意识地将"绅士"称为"有事业的人"，认为绅士应当具备德行、智慧、教养和学问四种品

[①] 柏拉图:《理想国》,张俊译,北京:民主与建设出版社,2020年版,第79页。

质。①如何将儿童培养为绅士？洛克认为家长和老师应该帮助他而不是加以非难和指责。他还指出，规则对儿童而言是无效的，因为儿童根本记不住规则。②

卢梭被誉为"教育上的哥白尼"。他在《爱弥儿》中首次提出自然教育的概念，倡导一种顺应自然天性、依托乡村环境来培养自然人的教育方式。卢梭认为教育的目的在于使人成为自然人。这里所说的自然是一个绝对自由、平等而善良的环境，在这种状态下生活，人的生命能达到至高境界。

卢梭的儿童教育思想与中华法律文化的"道法自然"有许多相通之处，而洛克的观念则与儒学的教育思想更接近，他主张儿童在成年之前需在家长和老师的监督下学习，强调因材施教，顺势而为。例如，孔子从道德教化的角度阐述了儿童教育的意义，他说："吾十有五而志于学，三十而立，四十而不惑，五十而知天命，六十而耳顺，七十而从心所欲，不逾矩。"③又如宋朝王应麟在《三字经》中也指出："养不教，父之过。教不严，师之惰。子不学，非所宜。幼不学，老何为。玉不琢，不成器。人不学，不知义。"

杜威在继承卢梭的自然教育思想的基础上，吸收了文化传递主义的一些教育观点，突出了学校教育的重要性。区别于传统教育"课堂中心""教材中心""教师中心"的"旧三中心论"，杜威提出了"儿童中心（学生中心）""活动中心""经验中心"的"新三中心论"。杜威一向反对将专家编写的有完整逻辑体系的教材作为教育的起点，他认为新旧教育的根本区别在于从成人中心转向儿童中心。新教育必须以儿童个人的直接经验为起点，并强调应将学校重建为以活动与经验为基础的儿

① 洛克：《教育漫话》（第3版），徐大建译，上海：上海人民出版社，2014年版，第136—137页。

② 洛克：《教育漫话》（第3版），徐大建译，上海：上海人民出版社，2014年版，第172页。

③《论语·为政》。

童生活世界。

二、儿童自然教育理论的形成与发展

卢梭认为，大自然拥有促进孩子身体成长的方式，我们决不能违背这一自然法则。[①]可是，儿童也是要长大的，儿童的世界不能没有成人的教育，如果不对儿童进行世界观、人生观、价值观的教育，他们如何能分辨是非？

（一）儿童自然教育观的形成

洛克的自然法思想是他的哲学思想的基础。他认为，处在社会中的人的自由，是指除经人们同意在国家内所建立的立法权之外，不受其他任何立法权的支配；除了立法机关根据其授权制定的法律外，不受任何意志或法律的约束。因而，"法律按其真正的含义而言与其说是限制还不如说是指导一个自由而有智慧的人去追求他的正当利益，它并不在受这法律约束的人们的一般福利范围之外作出规定"[②]。卢梭的自然教育理论为当时的政府所不容。1762年，因出版《爱弥儿》，法国法院对卢梭发出逮捕令，并查禁他的书。巴黎大主教毕蒙对《爱弥儿》发出禁令，随后巴黎高等法院也发出禁令，并下令追捕卢梭。此后，卢梭经历了长达八年的逃亡生活。

裴斯泰洛齐是19世纪瑞士著名的民主主义教育家。在卡罗琳学院读书时，他受到卢梭思想的深刻影响，开始致力于儿童教育事业。在拿破仑战争期间，他收养了许多战后孤儿，并创办了两个学校，作为其教学实验基地，以验证他在德育、智育和体育方面的教学法。裴斯泰洛齐的课程论受到卢梭《爱弥儿》的启发，课程以学生喜欢的活动为主，如绘

[①] 卢梭：《爱弥儿·论教育》（上卷），李平沤译，北京：人民教育出版社，1985年版，第3页。

[②] 洛克：《政府论·下篇：论政府的真正起源、范围和目的》，叶启芳、瞿菊农译，北京：商务印书馆，1996年版，第35—36页。

画、写作、唱歌、体操、模型制作、标本采集、地图绘制和郊游等。他出版的《一位隐士的夜晚时刻》概括了他的"合乎自然的教育"和"教育过程心理学化"的理论。裴斯泰洛齐指出，在儿童通过同真实事物进行实际接触的训练之前，教师就急于让孩子学习以识字为主的课程，这种教学程序显然不符合自然法则。①在西方教育史上，裴斯泰洛齐首次明确提出教育心理学化的思想，他认为科学的教育方法应该是将人类的教学过程心理学化。②在他看来，只有当教学过程与儿童心理的自然发展保持一致时，才能使儿童的天性和能力得到和谐发展。反之，任何教学活动都将失去价值。他坚信人具有无穷的适应能力，道德具有无瑕的质朴性，父母不应当让自己的子女去做与他们的兴趣毫不相干的事。他提倡教育应发展个体的能力，使人能够独立思考。裴斯泰洛齐教育思想中最突出的一点就是强调情感教育，爱的教育。他强调，教育者首先必须具有一颗慈爱之心，以慈爱赢得学生们的爱和信任。同时，裴斯泰洛齐认为教师应具备权威性，但这种权威不是来自惩罚、告诫或命令，而是来自教师对学生的强烈的爱和责任感。

赫尔巴特在大学毕业后也曾到瑞士裴斯泰洛齐学校学习。在哥尼斯堡任教期间，他创办了实验学校。赫尔巴特强调科学的体系化与准确性，提出课程内容应涵盖人类历史上传承下来的文化遗产，并对这些知识加以逻辑地组织和编排。不过，赫尔巴特依然秉承了历史上广为流传的"性恶论"，认为儿童天生具有野性即天生性恶，教育的目的就是要克服这种"天生的野性"，使之遵守纪律。他认为儿童的心灵只有在内心自由、完善、仁慈、法权、公平五种力量的支持下，才能引向至善的方向。

---

① 裴斯泰洛齐:《裴斯泰洛齐教育论著选》,夏之莲等译,北京:人民教育出版社,2001年版,第248页。

② 裴斯泰洛齐:《裴斯泰洛齐教育论著选》,夏之莲等译,北京:人民教育出版社,2001年版,第198页。

　　福禄培尔是德国教育家，被誉为现代学前教育的鼻祖。1801年，福禄培尔创办了一所专注于发展幼儿活动本能和自发活动的机构，即儿童游戏活动机构，开始指导和帮助家长们教养幼儿。他对裴斯泰洛齐的教学法产生了浓厚的兴趣，认为裴斯泰洛齐的教学法是活的，能启发学生的兴趣，他也因此明确了自己努力的方向。他创办了第一所名为"幼儿园"的学前教育机构，他的教育思想迄今仍在主导着学前教育理论的基本方向。他的教育思想与实践对世界各国幼儿教育的发展产生了深远的影响。福禄培尔认为，游戏是儿童的内在本能，尤其是活动本能，因而教育不应对儿童加以束缚、压制，也不应拔苗助长，而应顺应其本性，满足其本能需求，如同园丁顺应植物的本性，给植物施以肥料，配合以合适的日照、温度，教育亦应如此，以唤醒和展现儿童内在的天性和潜能。①他按照裴斯泰洛齐的主观教学法，每周带儿童到郊外一次，让儿童自由玩耍，鼓励他们接近大自然。他通过带领儿童栽培花草、树木来培养儿童的爱心；通过图画教学来启发儿童的心智，由简单到复杂，帮助儿童逐渐发现和了解周围的世界。这些教学法获得了大家的好评。然而，1851年，德国教育部下令取缔幼儿园，这对福禄培尔造成重大打击，他于1852年去世。

　　第斯多惠是19世纪德国著名的民主主义教育家，出生于威斯脱法利亚省西根市一个法官家庭。他从小爱好自然，喜欢在田野和林间散步，常和农民交流。1813—1818年，他在法兰克福的一所模范学校教授数学和物理，后担任梅尔斯师范学校校长，兼任数学和法语教师。在这里，他结识了裴斯泰洛齐的信徒，对裴斯泰洛齐的教育思想有了进一步了解。和裴斯泰洛齐一样，他也认为教育应当遵循自然法则，发展儿童的天赋能力。但是，第斯多惠更进一步提出了教育要适应文化，将教育与社会联系起来，认为儿童教育也应适应变化着的社会生活的要求。1832年，他担任柏林一所新建的师范学校校长，推广裴斯泰洛齐的教学

---

① 福禄培尔:《人的教育》,孙祖复译,北京:人民教育出版社,1991年版,第63页。

思想。①

（二）儿童自然教育观的发展

儿童自然教育与法治之间存在错综复杂的关系，在这种背景下，文化教育学的思想应运而生。

威廉·冯特是德国著名的心理学家、哲学家，也是构造主义心理学的代表人物。他虽然取得了医学学位，但不久便转向了心理学的研究。他在莱比锡大学创办了心理学实验室，这标志着心理学作为一门独立学科的诞生。他在《民族心理学》中论述了艺术、宗教、法律与社会组织等主题。冯特举例论述，想要研究人类心理发生的根本原因，并不能通过研究儿童心理得到答案。因为儿童的出生、成长是在一定的民族文化环境之中，儿童心理的发生和发展过程不可避免地受到这种文化因素的影响，而这些影响形成的心理成分或心理过程并不能从儿童的整体心理中分离出来，实际上儿童心理早已经是个体心理和民族心理的复合体了。②

而创立了精神分析流派的西格蒙德·弗洛伊德等人则坚持认为心理问题是由心理原因导致的，人类的思维和行为深受潜意识的影响。弗洛伊德对"本能与文明"进行了分析，认为："文化的进一步发展似乎倾向于使法律不再是一个小社会团体意志的表现，即一个等级、全体居民中的一个阶层或一个种族群的意志的表现。这个小社会团体反过来对其他，也许是更多的群体的行为就像一个暴戾的个体。最终的结果便会出现一项由所有人——除了那些未能加入社会团体的人——通过牺牲他们的本能制定的法规，一项没有人——同样除了那些未能加入社会团体的

---

① 第斯多惠：《德国教师培养指南》，袁一安译，北京：人民教育出版社，1990年版，第201—202页。

② 李静、侯小富：《冯特民族心理学思想及其当代意义》，《西南民族大学学报（人文社会科学版）》2022年第8期。

人——受野蛮力量摆布的法规。"①弗洛伊德对育儿心理学的发展作出了巨大的贡献。他认为，孩子的人格是在童年时期形成的，家庭环境和亲密关系对孩子的成长起着至关重要的作用。他强调童年经历的重要性，认为父母应该帮助孩子形成积极的人格，并提供安全感和支持。

　　然而，精神分析学只关心主体的内心世界，这一观点受到个体心理学的批评。阿尔弗雷德·阿德勒，心理学家及医学博士，个体心理学派创始人，虽然与弗洛伊德一样，都认为人类的失序行为皆源于童年经验，但阿德勒站在进化的立场，把人的行为看作个人追求完美的奋斗。他认为，如果我们用决定论看待自己和周遭的事物，就会认为过去的一切依然在持续影响着自己，一遇挫折就将自己当成环境的牺牲者。若以目的论来看事情，就会去探究个体行为的目的，只要改变目的（目标），就可以改变行为，进而改变未来。也就是说，尽管一个人可能经历了不幸的童年、疏离的家庭关系，但如果他决定要追求幸福并朝着目标努力，那么留在他心中的记忆和赋予记忆的意义也会随之不同。阿德勒指出，幼儿园是满足幼儿交往需要的重要场所。他认为，从心理学的角度来看，教育问题对成人来说可以归结为一种自我认识和自我指导，这对儿童也一样。不过，两者之间存在差异，因为儿童尚未成年，给予他们指导尤其重要。阿德勒还指出，人的心里总是充满着有活力的、有目的的追求。儿童从出生起，就不断地追求发展，渴望伟大、完善和优越的愿景，这种愿景是无意识的，但却无时不在。②所以，我们应将儿童对社会规范或法律的情感认同视为其发展过程的检测器，父母和教师不应过于频繁监督和审查孩子们。孩子们一旦得到更多的信任和期待，内在动力就会被激发，他们可能会展现出更多的聪明才智和更敏锐的洞察力。

---

① 弗洛伊德：《论文明》，何桂全等译，北京：国际文化出版公司，2000年版，第94页。
② 阿德勒：《儿童的人格教育》（第3版），彭正梅、彭莉莉译，上海：上海人民出版社，2014年版，第2页。

三、学前教育立法的文化阐释

童心无忧、童心无邪。南宋词人辛弃疾在《清平乐·村居》中写道："大儿锄豆溪东，中儿正织鸡笼。最喜小儿亡赖，溪头卧剥莲蓬。"这首词将童心和童趣描绘得活灵活现。那么，对学前儿童的教育目的是什么？教育者又是谁？学前教育立法的目标导向又是什么？如果学前教育是让小孩子的天性能够自然而然地发展，那么在对他的生活没有明确规划或长远设想的时候，这种教育又意味着什么？这些问题引人深思，让人意识到学前教育立法的价值导向和深远意义。

（一）国外学前教育立法的动向

1989年11月，第44届联合国大会第25号决议通过《儿童权利公约》，明确了儿童工作领域的目标和努力方向，要求各国政府和国际社会保证儿童的生存权、受保护权、发展权，同时尊重儿童的参与权。生命的衰老，谁也无法抗拒和逃脱；但精神的衰老是可以延缓和控制的。只要精神不老，人就不会老。保持童心是保持精神不老的最佳方式。党的二十大报告提出："强化学前教育、特殊教育普惠发展。"

蒙台梭利是20世纪意大利幼儿教育家，她终生致力于儿童的研究与教育，并撰写了大量教育理论著作。她于1907年创办了第一所"儿童之家"，在此进行了学前儿童研究方面的研究和教育工作，对"幼儿之谜"进行了深入探索。蒙台梭利根据自己的研究，撰写了《童年的秘密》一书。她认为，儿童的教育实际上是一个社会问题，主张不要用成人的眼光看待儿童的内心世界，教育不要盲目限制儿童的自由行动。教师应该成为幼儿的观察者、引导者和支持者，为儿童创造一个最大限度自由活动的环境。[1]因此，儿童教育立法实际上是对成人教育行为的规制。1911

---

[1] 玛利亚·蒙台梭利：《童年的秘密》，单中惠译，武汉：长江文艺出版社，2021年版，第63页。

年，意大利与瑞士的公立学校经政府当局认可正式采用蒙氏教学法，正是一种教育政策的体现。

法国学前教育起源于18世纪。1886年，法国政府颁布《戈勃莱法案》，正式将学前教育纳入国民教育体系。此后，又颁布了《哈比教育法》《教育法令》《地方自由和责任法案》等多部有关学前教育的法律。1975年，《哈比教育法》在法国学前教育中发挥着教育、补偿、诊断治疗及与小学衔接的四重作用，明确了学前教育的目标，促进了学前教育与小学教育的衔接。2019年9月，法国正式把义务教育年龄延伸到学前阶段，将学前的三年纳入义务教育。由此法国成为欧盟国家中义务教育起始年龄最小的国家。[①]

德国的学前早期教育范畴更广泛，包括各种形式的家庭教育和学前教育。其中，幼儿园的核心理念是让教育自然发生，孩子们在大自然的环境中自由活动，主动体验。作为联邦制国家，德国各州拥有文化教育自主权，其学前教育法律及公共政策架构严谨且复杂。德国孩子在幼儿园期间不允许被教授学校课程知识。德国政府于1990年制定了《儿童和青少年福利法案》（1992年修订），强调了父母对儿童的教育责任，而学前教育机构的责任只是父母教育责任的一种延伸和辅助。

英国1870年通过的《福斯特教育法》，首次为所有儿童提供了平等的学前教育机会，也成为英国学前教育立法的起点。1918年的《费舍教育法》则是将幼儿园正式纳入立法的里程碑，明确指出，为了2—5岁儿童的身心健康发展，提供幼儿学校（幼儿班）是必要、可取的。自1998年起，英格兰所有4岁儿童有权获得地方政府提供的教育与保育服务。到2014年，接受早期教育与保育服务的权利进一步扩大到3岁儿童。"2016年修订的《儿童保育法》进一步规定，国家有义务为父母工作的3—4岁儿童提供每周30小时的免费学前教育，地方当局有义务确保提供

---

① 武欣：《法国学前三年纳入义务教育：多此一举还是另有他意？》，《基础教育》2019年第5期。

这些服务"①。

(二)学前教育属于家庭教育还是学校教育

洛克和卢梭将学前教育的责任完全交给父母而非政府。洛克认为，父母对子女的行为不宜过度干涉，应当允许他们在各项事务中运用自己的意志②。父母的干涉有时会妨碍儿童的自然发展，从而不利于其成长。所以，学前教育立法的规制对象主要是父母，防止他们破坏自然的教育法则。

而美国心理学家、行为主义创始人约翰·华生则认为科学的学校教育对儿童的发展非常重要。华生最初在约翰·杜威的指导下学习哲学，但是不久后发现自己真正感兴趣的是心理学，于是决定转系学习心理学。博士毕业后，他在芝加哥大学教授实验心理学。他认为心理学研究的对象不是意识而是行为，主张研究行为与环境之间的关系。他认为心理学的研究方法应摒弃内省法，采用自然科学常用的实验法和观察法。他还把行为主义研究方法应用到了儿童教养方面，对儿童教育的理论发展产生了重大影响。华生说："给我一打健全的婴儿，我可以保证，在其中随机选出一个，就可以将他训练成为我选定的任何类型的人物——医生、律师、艺术家、巨商人，或者乞丐、窃贼，不用考虑他的天赋、倾向、能力，祖先的职业与种族。"③

美国人本主义心理学家马斯洛则通过观察自己孩子的成长过程，从心理学角度阐述了家庭教育和学校教育协同育人的重要性。在他的第一个女儿出生以后，马斯洛开始观察婴儿的行为，他意识到行为主义心理学家试图通过对动物的研究推导人类行为的做法并不切实际。通过对他

---

① 钱雨:《教育福利视角下英国学前教育立法经验分析》,《教育发展研究》2022年第6期。

② 洛克:《教育漫话》(第3版),徐大建译,上海:上海人民出版社,2014年版,第30页。

③ 华生:《行为心理学》,刘霞译,北京:现代出版社,2016年版,第220页。

两个女儿的观察，马斯洛对人的内在潜能有了更深入的思考，进而提出了著名的需求层次理论。马斯洛将人的各种需要系统地分为多个层次，从基础层次的生理需要、安全需要、爱与归属的需要、尊重的需要到成长需要中的认识需要、美的需要、自我实现需要，是一个层层递进的需要发展理论模式，需要在家庭、学校和社会等不同场域中实现。

杰罗姆·布鲁纳是美国的心理学家、教育学家。他进一步从文化教育角度论证了学校教育与家庭教育、社会教育相互衔接的重要性，阐述了学校教育的知识结构化科学布局的意义。布鲁纳认为，纯粹认知取向的教育观存在着严重不足，它脱离社会文化的发展，抽象、孤立地考虑教育，将教育简化为学校，再将学校简化为课程；依照这种简化主义的认识论，教育变成了学校的专利，学校变成了一座脱离了社会的孤岛。[1]他认为，如果想要解决意义教育的问题，那么教育界就必须认识到，学校就是文化本身，而不仅是文化的准备阶段。因此，深入思考学校文化，将学校建设成为互助型的学习共同体，是实现人们和谐共处的关键所在。

美国最早关于学前教育的法律文本是第二次世界大战期间颁布的《朗哈姆法案》。20世纪80年代之后，形成了以《美国2000年：教育战略》《先行计划法》《不让一个孩子掉队法》等法律为主的多元化立法模式，幼小衔接是这些教育法规中的一项重要内容。例如，《美国2000年：教育战略》确定的六项全国教育目标中，第一项就是"到2000年，美国所有儿童都要有良好的入学准备"。[2]对教育质量的重视和全国统一的教育标准的建立，对学前教育阶段产生了显著的影响。

在2021年，我国制定的《中华人民共和国家庭教育促进法》第二条

---

① 程钢：《从〈教育过程〉到〈教育文化〉：布鲁纳教育文化观述评》，《中国大学教学》2005年第5期。

② 赵博涵编译：《美国幼小衔接：从重智力到重兴趣》，《中国教师报》2016年12月21日第3版。

规定："本法所称家庭教育，是指父母或者其他监护人为促进未成年人全面健康成长，对其实施的道德品质、身体素质、生活技能、文化修养、行为习惯等方面的培育，引导和影响。"而2023年的《中华人民共和国学前教育法（草案）》所称学前教育，是指由幼儿园等学前教育机构对三周岁到入小学前的儿童实施的保育和教育。这充分说明，我国的立法将学前教育定位为从家庭教育到学校教育的重要过渡阶段。

（三）学前教育教什么

在教育过程中，我们应思考谁来教、教给孩子什么，以及如何进行教学。洛克认为知识来源于经验，我们的一切知识都是建立在经验上的，并最终导向经验。[①]洛克主张教育应使人适合生活和周围的世界，他认为教育更重要的是培养品质，学问位居第二。虽然学问对于心智健全的人来说，有助于德行与智慧的提升，但对心智不是那么健全的人来说，学问的作用则是徒然。在学习内容上，洛克强调绅士需要的是实业家的知识和处世经商的本领，应让学生在广泛知识的基础上选择感兴趣的学科深入研究。洛克更关心的是绅士的基本教育，而非学术性的大学教育。在课程内容上，洛克从实用主义的角度出发，指出绅士所需的知识只是一切知识中最有用处、最基本的那一部分。与卢梭让爱弥儿去阅读的第一本著作《鲁滨孙漂流记》完全不同，洛克则把西塞罗的《论义务》、普芬道夫的《论人与公民的自然法义务》和格劳秀斯的《战争与和平法》作为这一时期孩子的读物。

儿童教育需要传授一定的知识。王安石在《伤仲永》中讲述了一个名叫方仲永的神童因父亲阻止他学习而沦为普通人的故事。这篇文章通过仲永的经历告诫人们，绝不可单纯依靠天资而忽视学习新知识，后天学习对成才至关重要。办好学前教育是关乎广大人民群众幸福感和获得感的重大民生工程。

---

① 洛克：《人类理解论》（上册），关文云译，北京：商务印书馆，1959年版，第68页。

近代著名儿童心理学家让·皮亚杰认为，学前教育的主要目标不是教授学校知识，而是指导儿童学会生活。他的认知发展理论成为这个领域的重要典范。皮亚杰早年接受生物学训练，但他在大学时就已经开始对心理学有兴趣，广泛涉猎心理学早期发展的各个学派，如病理心理学、弗洛伊德和荣格的精神分析学说。皮亚杰认为，既然儿童的认知发展过程具有规律性，教育就应该按其规律来组织。他指出，并不是所有年龄阶段的儿童都能吸收相同的知识，我们应考虑每个阶段儿童的特殊兴趣和需要。皮亚杰将儿童的道德发展视为一个由他律逐步向自律、由客观责任感逐步向主观责任感的转化过程。他将其分为四个阶段：第一阶段为"自我中心阶段"或前道德阶段（2—5岁），第二阶段为"权威阶段"或他律道德阶段（6—7岁），第三阶段为"可逆性阶段"或初步自律道德阶段（8—10岁），第四阶段为"公正阶段"或自律道德阶段（10—12岁）。而作为教师，其主要职责在于发现符合儿童每个阶段身心发展规律的知识，并以适合该年龄段心理结构的方式将其传授给学生。皮亚杰强调，过早地教给儿童一些他们自己日后能够发现的知识，可能会使儿童失去创造力，并导致他们不能真正理解这些知识。皮亚杰将活动教学法视为儿童教育的重要原则，强调只有儿童亲自参与各种活动，才能获得真正的知识，才能形成自己的假设并进行验证。

（四）道德教育在学前教育中的意义

洛克认为教育需要将健全的心智寓于健康的身体。[1]他指出应该在儿童精神最脆弱、最容易被引导的阶段，让他们习惯于遵守规则、服从理智，免得以后难以纠正。惩罚应尽量避免，他主张唤醒儿童内心深处的荣誉感和羞耻心，因为"只有出自内心的羞耻心和不愿见恶于人的畏惧心，才是一种真正的约束"[2]。卢梭也认为，"如果国家的法律也像自然

---

① 约翰·洛克：《教育漫话》，傅任敢译，北京：教育科学出版社，1999年版，第1页。

② 约翰·洛克：《教育漫话》，傅任敢译，北京：教育科学出版社，1999年版，第34页。

法那样不会变易，不为任何人的力量所左右，则人的依赖又可以变成物的依赖；我们就可以在公众中把所有自然状态和社会状态的好处统一起来，就可以把使人免于罪恶的自由和培养节操的道德结合起来"①。

　　美国心理学家劳伦斯·科尔伯格在其1958年的博士论文《10—16岁学童道德思维与判断方式之发展》中研究了儿童在面对道德的两难情况时所做的推理，他假设道德的困境会使儿童通过固定的顺序发展出更多更具弹性的道德推理。科尔伯格的道德发展研究，虽沿用皮亚杰的方法，但目的却不像皮亚杰那样旨在了解儿童对行为是非的道德判断，而是通过道德两难的情境，探讨儿童在作出道德判断后如何解释其理由。在科尔伯格看来，浪漫主义和文化传递主义这两条理论路线各有明显缺陷。前者把道德看成是个人的，后者则将其视为社会需要。而且两者都犯了自然主义错误，即直接从"是"推出"应该"。通俗来说，"是"在这里指人类身心发展过程中客观存在的心理学事实和规律，而"应该"则代表人们期望教育所带来的良好结果。浪漫主义将儿童身心的有规律性的发展直接等同于儿童道德的形成，主张让儿童在完全无拘无束的状态下展开其内在的善，这实际上是教育的否定。文化传递主义理论的心理学基础是行为主义理论，认为人的某种行为会在受到外在刺激的情况下得到强化，因此善良的品德会因正面的强化而形成。前者走向了只重视主观世界的极端，后者走向了完全漠视主观世界的极端，两者都是不可取的。进步主义自认为克服了两者的缺点，主张道德的形成过程是儿童和社会相互作用的结果，强调道德是发展的，是人在社会文化环境影响下主动改变的结果。其心理学前提是，人的心理是一种以水平不断提升为特征的内部结构的发展过程，是内部与外部相互作用的结果。道德的形成和道德教育都应该建立在这样的心理学基础上。

　　为什么寻找童心对人的成长教育非常重要？因为长大后我们对童年的记忆仍很深刻，而童年时期法律文化意识已经初步萌芽。《西游记》

---

① 卢梭：《爱弥儿（精选本）》，彭正梅译，上海：上海人民出版社，2014年版，第37页。

被林庚先生称为童心之作，他认为书中有"动物世界、儿童的游戏性、天真的童心与非逻辑的想象"。孙悟空是由开天辟地产生的仙石孕育而生，出生于花果山，因带领猴群进入水帘洞而被尊称为"美猴王"。他聪明活泼，忠诚正直，嫉恶如仇，在民间文化中代表了机智、勇敢。猪八戒则是吴承恩精心塑造的一个喜剧角色。他集合了吃苦耐劳、憨厚率直和善良的品质，同时也展现出贪婪自私的一面。他既拥有神妖的本领，又有猪的外形特征，完美诠释了人性、猪性、神性的结合。

总之，教育应适应儿童的自然天性和特点，以更好地发挥其作用，促进学生才能的全面发展。学前教育立法是通过治理成人在举办学前教育时出现的问题，最大限度保障儿童利益，而不是用法律来规制儿童的行为。学前教育是新时代中国教育发展最快的领域，也是当前中国教育体系中的一块短板。针对"入园难""入园贵"等现实问题，2018年11月7日，《中共中央、国务院关于学前教育深化改革规范发展的若干意见》明确指出，我国将着力构建普惠性幼儿园，为幼儿提供更加充裕、更加普惠、更加优质的学前教育。

第二节　法律文化与义务教育

孩子的思想意识和行为习惯在中小学阶段逐渐成型。义务教育制度是国家为了培养德、智、体、美、劳全面发展的学生而制定的重要法律框架。法治教育应该从中小学阶段抓起，以打开未成年人的心灵之窗。因此，中小学法治教育至关重要，肩负着法治观念的培养和法治信仰的确立。

一、义务教育制度是对儿童教育权的有力保障

《中华人民共和国义务教育法》（简称《义务教育法》）于1986年4月12日由第六届全国人民代表大会第四次会议通过，并于1986年7月1

日起施行。这是新中国成立以来最重要的一部教育法，标志着我国确立了义务教育制度。2006年，我国对《义务教育法》进行了修订，2015年、2018年又分别进行了修正。当前版本是2018年12月29日第十三届全国人民代表大会常务委员会第七次会议修正的。《义务教育法》为促进和保障我国基础教育的健康发展奠定了法律基础，对落实教育优先发展战略、提升全民素质具有十分重要的意义。

（一）德国的经验

德国被认为是最早实施义务教育制度的国家，其义务教育的动力在很大程度上来源于宗教思想。马丁·路德是德国16世纪著名的宗教改革家与教育家。他认为人类生活的最高目的在于使灵魂得到拯救，这也是教育的目的。他提出了世俗教化和治国理家的教育理念，主张在寺院学校之外设立独立的学校，并要求父母将孩子送往这些独立院校进修。

1619年，德国魏玛公国公布的学校法令规定：父母应将6—12岁的子女送入学校，这被认为是德国历史上最早的义务教育。1717年，普鲁士国王弗里德里希-威廉一世颁布了一项规定，要求所有未成年人，无论性别或社会地位，必须接受教育。威廉一世的儿子继位后，坚定执行义务教育的基本国策，并于1763年8月12日签署了世界上第一部《普通义务教育法》，使德国成为最早从教会手中夺得教育权的国家。1809年2月起，洪堡从外交官转任为普鲁士王国内政部文化与教育司司长，掌管普鲁士的教育文化事务。在他短暂的任期内，洪堡重新改革了普鲁士的义务教育制度，使所有阶层的孩子都能平等接受教育。

1919年，《魏玛宪法》正式生效，明确规定实施普及义务教育，并要求青少年于8年义务教育之后，必须进职业补习学校，学习至18岁，从法律层面上保障了平等的教育机会和人人受教育的权利。由于德国是联邦制国家，教育体制的立法权属于各州，因此普及义务教育的实践在各州并不完全一致。1964年10月28日，联邦德国各州州长在汉堡签订了《关于统一学校教育事业的修正协定》（简称《汉堡协定》）。该协定规定，联邦各州的所有儿童应接受九年制义务教育，义务教育阶段应是全日制学校教育。进入20世纪70年代，联邦德国开始对教育进行全面的改革，其主要标志是1970年2月联邦德国教育咨询委员会提出的教育改革建议，即《教育结构计划》。该计划把整个教育系统划分为初等教育领域、中等教育领域、高等教育领域和继续教育领域，并对初等教育和中等教育的结构作了较大的调整，将基础学校的入学年龄由6岁提前到5岁，从而进一步延长了义务教育的年限。目前，德国的基础教育体系为12—13年的义务教育。

在基础教育阶段，德国公立小学普遍实行分片区就近招生的原则。这一规定可以避免出现某些学校人满为患，而另一些学校招生不足的问题，合理利用了教育资源。如果某所学校报名的人数过多，校方仍然可以根据就近原则招生，并佐以择优录取或抽签等办法进行筛选。如果家长对指定学校不满意，他们可以向政府提出异议。家长还可以诉诸行政法院。此外，家长也可以选择将孩子送到私立学校。但私立学校数量很少，家长还得自掏腰包缴纳学费，而德国的公立学校则不收学费，且政府还会替学生缴纳部分书本费。

（二）法国的经验

1831年，法国派索邦大学教授库新赴德国考察，发现德国的初中等教育在很多方面显著优于法国。1832年，担任法国教育部部长的基佐主持制定了大力发展初等教育和师范教育的法案，即《基佐法案》，确立了所有公民均可接受初等教育的原则。《基佐法案》规定，每个乡必须设立一所初等小学，每个城市则要设立一所高等小学。为此，地方政府有权征收特别税款作为教育经费，同时学校也实行收费制度；如果经费仍然不足，则由国库补给。虽然《基佐法案》没有提出普及义务教育的思想，但自该法案颁布实施以后，法国的初等教育有了较大的发展。

1870—1871年，普鲁士帝国在普法战争中取得了决定性的胜利，德国又重新获得统一。1873年3月，拜恩州的《教师报》发表了题为《德国校长大获全胜》的文章，将战争的胜利归于一个半世纪以来实施的义务教育法。从此，欧洲各国也纷纷效法，开始颁布此类法律法规。1881—1882年，法国教学部部长朱尔·费里提出了两个教育法案，统称《费里法案》，成为法国历史上实施最久的教育法律之一。费里强调在资产阶级共和主义思想基础上，建立法国的"精神统一"，以巩固法兰西共和国。他力图以康多塞的教育主张作为制定教育法案的基本依据。《费里法案》规定，儿童6岁入学，实施初等教育的小学和实施学龄前儿童教育的母亲学校都是免费的；同时，废除了1850年通过的《法卢法案》中关于教会对学校的特权，取消公立学校的宗教课程，改设道德和公民教育课程等。概括起来说，《费里法案》确立了国民教育的义务性、免费性和世俗性三大原则，为法国国民教育的发展奠定了基础。

1959年颁布的《教育改革法》吸收了以往各种教育改革方案中的积极措施，成为至今仍被遵守的法国教育制度的法律基础。该法令规定将义务教育年限延长至十年，即6—16岁，十年义务教育分为三个阶段完成：6—11岁为五年基础教育，即初等教育；11—13岁为中学的最初两年，称为"观察期"，教师将对学生的能力倾向和兴趣进行观察，并指导他们选择不同的中等教育方向；13—16岁为义务教育的"完结期"。

（三）英国的经验

英国作为世界上最早实施义务教育的国家之一，其1870年颁布的《初等教育法》规定5—12岁儿童必须接受义务教育。该法案旨在建立公立的初等教育制度和地方教育委员会负责的教育督导制度，主要内容有：①国家对教育有补助权与监督权；②将全国划分为数千个学区，设立学校委员会管理地方教育；③对5—12岁儿童强制实施初等教育；④在缺少学校的地区设立公立学校，每周学费不得超过9便士，民办学校学费数额不受限制；⑤学校中世俗科目与宗教科目分离；等等。

1870年，英国颁布了《初等教育法》，又名《福斯特法案》，推行普及义务教育，采纳了英国著名教育学家马修·阿诺德的诸多建议。马修·阿诺德出身名门，其父托马斯·阿诺德是当时著名的教育家，曾任拉格比公学校长。马修·阿诺德做了35年巡视学校、示范上课、撰写各种报告的政府督学，他进一步推行洛克的绅士教育思想。1885年，他奉命考察德国、瑞士、荷兰和法国的自由教育，以及教师地位、培训与待遇等，其考察报告对国家制定教育法规和政策产生了一定影响。由阿诺德参与的"新教育法案"于1870年实施后，教育普及，识字人数激增。

（四）美国的经验

19世纪30年代，美国掀起了一场重要的普及义务教育运动，即公立学校运动。这场运动依靠公共税收维持，由公共教育机关管理，旨在面向所有公众提供免费的义务教育。贺拉斯·曼等人成为这场运动的重要推动者，贺拉斯·曼被誉为"美国公立学校之父"。公立学校运动最初发生在初等教育领域，其主要特点包括：第一，建立了地方税收制度，兴办公立小学；第二，颁布义务教育法，实施强迫入学，且入学的时间随着义务教育的推进而逐步延长；第三，推动免费教育，促进普及义务教育的发展。公立初等教育的发展，在一定程度上也推动了美国师范学校的发展。从19世纪后期到20世纪初期，美国的公立学校运动主要是在中学，公立学校实行免费教育的原则，为更多的人提供了接受中等教育的机会。美国公立学校的大量建立，不仅奠定了美国资本主义教育制度的基础，也标志着普及义务教育的开端。1852—1853年，马萨诸塞州和纽约州相继发布强制义务教育的法令，为南北战争后各州普遍实施初等义务教育奠定了基础。公立学校的大量开办客观上对师资的需求增加，促进了美国师范教育的发展。1839年，马萨诸塞州开办了美国第一所州立师范学校，体现了美国东部范教育的特点，即深受德国师范教育的影响，注重传授教学法的应用技巧。1853年，伊利诺伊州创办了美国第一所私立师范学校，代表了美国中西部师范教育的特点，即对师范生的阶级限制不太严格，教学中不仅注重教学法，还注重学生综合知识的运用。美国中西部对师范教育的重视与要求以及注重师范性和学术性的不同主张，反映了美国师范教育的特点，并在后来美国师范教育的发展中存在了相当长的时间。

由于没有统一的联邦义务教育法，各州义务教育的实施情况不一样。早期实施义务教育的公共学校教学方法比较呆板，也不受学生欢迎。马克·吐温的作品向人们传达了自然教育的道德观。他出生于美国密苏里州佛罗里达的一个贫穷律师家庭，12岁时，因父亲去世而停学去工厂工作。尽管马克·吐温未能接受完整的义务教育，但他并不是完全反对学校教育，反而支持公共教育。1900年10月23日，美国公共教育协会在纽约举行的一次会议上，马克·吐温应邀发表演讲。他表示相信从公共教育中诞生伟大的国家。他引用小时候的一件事情来说明这个观点。镇里有人提议撤销公共学校，因其开支过高。一位老农夫反对他，指出停办公共学校并不能节省开支，因为每关闭一所学校就要新建一座监狱。①随着美国经济的发展，进入20世纪，各州开始普遍实现小学、初中及高中的义务教育。

二、中国学制的产生及九年义务教育制度的确立

学制的由来体现了不同法律文化背景下教育与法治的关系。思考这一问题，有助于理解中国传统教育思想与法治思想为何存在冲突。

（一）中国学制的产生

1905年9月，清政府正式宣布废除科举制度。这不仅是中国教育史

---

① 张国庆、徐贞作：《反智主义与美国文学》，武汉：武汉大学出版社，2021年版，第45页。

上的一大变革，也是近代人事行政管理方面的一次重要变革。科举制度的废除加速了学堂的建立。

理解学堂与私塾、书院之间的区别，才能理解"办学堂、废科举"的意义。《学记》追述西周的学校时提道："古之教者，家有塾、党有庠、术有序、国有学。"清代学校体制远袭《礼记》遗意，近承明代成法。京师设国子监，各省设府、州、县学。而私塾则是我国古代社会中一种开设于家庭、宗族或乡村内部的民间幼儿教育机构。古代很少把"私"和"塾"这两个字直接连用，私塾作为一个常用词汇是近代以后的事情，以示与官立或公立新式学堂的区别。私塾的历史悠久，人们普遍认为孔子在家乡曲阜开办的私学即为私塾，孔子被视为第一位著名的大塾师。

由于学校数量有限，招生名额不广，遂开设书院。书院是中国古代的一种教育机构，最早的学院是唐玄宗时期东都洛阳的丽正书院。书院作为正式的教育制度始于宋代，其经费来源多样，既有官办，也有民办，还有官倡议、集众人之力所设。许多学院由富商、学者自行筹款，于山林僻静之处建学舍，或置学田收租，以充经费。宋代著名的书院包括河南商丘的应天书院、湖南长沙的岳麓书院、湖南衡阳的石鼓书院、江西庐山的白鹿洞书院、江西上饶的鹅湖书院和河南登封的嵩阳书院。到了清代，书院发展进入鼎盛时期，且明显呈现出城市化的趋势，如粤秀书院是康熙四十九年（1710年）的官办学院，为清代广州城市四大书院之首。

尽管中国封建社会早已存在私塾和书院等类似学校的教育形式，却始终未能形成小学、中学、大学的完整学制。早在宋朝，朱熹就提出过关于大学与小学的区分。朱熹基于对人的生理和心理特征的初步认识，将教育分为"小学"和"大学"两个既有区别又相互联系的阶段，并提出了两者不同的教育任务、内容和方法。朱熹认为，8—15岁为小学教育阶段，其主要任务是培养"圣贤坯璞"。鉴于儿童"智识未开"，思维能力较弱，他提出小学教育应注重"学其事"，通过具体实践使儿童懂得基本的伦理道德规范，养成良好的行为习惯，并学习初步的文化知识技能。朱熹认为，15岁以后的大学教育则是在"坯璞"的基础上再"加光饰"，培养国家需要的人才。与重在"教事"的小学教育不同，大学教育的重点在于"教理"，即探究"事物之所以然"。《大学》原为《礼记》第四十二篇，宋朝程颢、程颐将它从《礼记》中抽出，编排成章句。朱熹将《大学》《中庸》《论语》《孟子》合编注释，称为"四书"，从此《大学》成为儒家经典之一。《大学》被视为"初学入德之门也"，提出了明明德、亲民、止于至善三条纲领，并列出了格物、致知、诚意、正心、修身、齐家、治国、平天下八个条目，作为实现三条纲领的途径。朱熹关于小学和大学教育的见解，为中国古代教育思想增添了新的内涵。

中日甲午战争前后，出现了学习一般西学知识的普通学堂。然而，在这一时期，由于教育体系缺乏有效的衔接、循序渐进的层级体系，各校的归属和管理五花八门。在内忧外患之下，《钦定学堂章程》和《奏定学堂章程》相继颁布，废科举办学堂，对全国教育的发展产生了重要的影响。自1906年起，乡会试被全面停止，各省岁科考试亦停止。其中，《钦定学堂章程》亦称"壬寅学制"，是我国教育史上正式颁布但未实际实施的第一个学制。由于壬寅学制对经学课程的设置并不多，清政府认为其未能足够重视中国传统文化的纲常伦理，不能培养学生的忠君爱国思想。再加上有相当一部分学堂是由旧式书塾改建而成，招收的学生多是秀才、廪生，他们虽然在经学课程上有功底，但对西学较为陌生，结果进学堂后学的全是西学，使得壬寅学制的受众也不太满意。最终壬寅学制在实施一年多后被《奏定学堂章程》（即"癸卯学制"）所取代。

（二）"六三三制"的形成与九年义务教育制度的确立

中国义务教育制度的初步构想源于"癸卯学制"。该学制在教学内容上引进了西方科学文化，并初步将各级学堂衔接成完整的教育体系，尤其是开始普及义务教育，教育目标从此与国家经济和民生相联系，具备了一定的现代性，这是清末新学制最大的进步之处。"癸卯学制"规定，初级师范学堂以培养高等小学堂和初等小学堂教员为目的，而优级师范学堂则以培养初级师范学堂及中学堂之教员管理员为宗旨。

1912年，教育部颁布了《学校系统令》，即"壬子学制"。这一学制与法、德学制相近，普通教育、职业教育和师范教育各成系统，师范教育完全公立且免费。之后教育部陆续发布的各种教育章程与壬子学制构成了一个完整的体系，被称为"壬子癸丑学制"。该学制继承了清末的学制框架，将教育分成了初等教育、中等教育、高等教育三个阶段。初等教育分为两级：初等小学四年和高等小学三年，共七年。中等教育只设一级，共四年。高等教育也是一级，但分预科和本科。初等小学的四年为义务教育。至此，经过十余年的规划与酝酿，义务教育制度的设想终于被认可。然而，该学制将中学修业年限定为四年，也不注重实业教育，致使中学生毕业后升学困难，就业也不易。

自1915年起，各省教育会陆续提出改革学制的要求，而新文化运动期间涌现出的实用主义教育和职业教育思想进一步推动了学制的改革。1922年，教育部重新制定学制，并颁布了《学校系统改革案》，即"壬戌学制"，也称新学制。壬戌学制采用美国式的中小学"六三三制"，小学由七年改为六年，中学由四年延长到六年，其中初中三年为普通中学，高中三年为分科中学，兼顾升学预备与职业预备。同时，该学制允许根据各地具体情况灵活调整。灵活调整这一点很重要，尤其是在小学和初中的学习时长方面，一些经济落后的地区可以将小学改为五年，以更有效地普及教育。全国教育会联合会于提出学制改革的同时，组建了新学制课程标准起草委员会。1923年重新发布的新学制课程标准纲要规定，小学课程包括国语、算术、卫生、公民、历史、地理、自然、园艺、工用艺术、形象艺术、音乐、体育等学科。初级中学的课程分为社会科、算学科、自然科、艺术科、体育科等。高级中学则分普通科和职业科，其中普通科以升学为目的，并进一步分为两组：第一组注重文学和社会科学，第二组注重数学和自然科学。课程总体可分为公共必修、分科专修、纯粹选修三部分，各科课程以学分计，修满150学分即可毕业。大学和专门学校的课程，依具体情况及各校意见，提交教育部核定。1922年制定的新学制，主要是采取当时美国一些州已实施10多年的"六三三制"，这表明中国现代教育制度由效法日本向效法美国转型，由国家主义教育转向了平民主义教育。但是，此时义务教育制度在全国范围内还没有统一建立。

1986年4月12日，第六届全国人民代表大会第四次会议通过的《中华人民共和国义务教育法》规定，国家实行九年制义务教育，要求省、自治区、直辖市根据经济、文化发展状况，确定推行义务教育的步骤。该法于同年7月1日起施行。这是新中国成立以来最重要的一部教育法，标志着中国已建立起义务教育制度。

三、师范教育体系对《中华人民共和国义务教育法》的推进

中国师范教育体系的建立，是以社会政治经济发展作为背景的。每一轮的变革发展，都反映出社会对于教育的要求，以及教育发展对师范教育的要求。《义务教育法》的实施，离不开师范教育体系的保障。

近代著名实业家、教育家盛宣怀秉持"自强首在储才，储才必先兴学"的信念，将教育视为兴国之本。1895年10月，中国新型模式的大学——北洋西学堂在天津创办。1897年，盛宣怀又在上海建立了南洋公

学，设有南洋公学师范院。①1902年，两江总督刘坤一提出兴学"应从师范学堂入手"的主张，他的接任者张之洞等人秉持这一思想，创建了三江师范学堂。三江师范学堂是清末实施新教育后规模最大、设计最先进的一所师范学堂，也是中国近代最早建立的师范学校之一，其办学方针为"中学为体、西学为用"。对于师范教育，梁启超提出："欲革旧习，兴智学，必以立师范学堂为第一义。"②

中国历史上第一所师范大学则是北京师范大学（以下简称"北师大"）。北师大的前身是1902年创立的京师大学堂师范馆，1908年更名为京师优级师范学堂，1912年改名为北京高等师范学校，1923年更名为北京师范大学，成为中国历史上第一所师范大学。2014年9月，习近平总书记在同北师大师生代表座谈时指出："北京师范大学是百年名校，是我国最早的现代师范教育高等学府。"③学校"学为人师、行为世范"的校训十分精练地诠释了师范教育的意义。一百多年来，北师大为国家、民族培养了一大批优秀教师和各类人才，如李大钊、鲁迅、梁启超等。然而，由于当时义务教育制度尚未普遍建立，中小学教师的待遇没有法律保障，师范学校的发展也很不稳定。

1993年10月31日，第八届全国人民代表大会常务委员会第四次会议通过《中华人民共和国教师法》（简称《教师法》），并于2009年8月27日第十一届全国人民代表大会常务委员会第十次会议进行了修正。《教师法》第三条明确了教师的法律地位。教师的法律地位确立，源于教师的政治地位、社会地位和职业地位的提升。在2023年第三十九个教师节到来之际，习近平总书记致信全国优秀教师代表，深刻阐释了中国特有的教育家精神，即"心有大我、至诚报国的理想信念，言为士则、

---

① 王伦信：《清末民国时期中学教育研究》，上海：华东师范大学出版社，2002年版，第16页。

②《饮冰室文集》卷九。

③ 习近平：《做党和人民满意的好老师：同北京师范大学师生代表座谈时的讲话》，北京：人民出版社，2014年版，第1页。

行为世范的道德情操，启智润心、因材施教的育人智慧，勤学笃行、求是创新的躬耕态度，乐教爱生、甘于奉献的仁爱之心，胸怀天下、以文化人的弘道追求"。

第三节　法律文化与中等教育

我国的学校教育纵向分类有学前教育、初等教育、中等教育和高等教育，横向分类有普通教育和职业教育。从法律文化的视角看，中等教育中的普职分流问题是一个影响法治教育与教育法治循证关系的重要问题。中等教育阶段的普职分流是指初中生毕业之后以学生中考成绩作为标准，分数高的进入普通高中，分数低的进入中等职业学校。2022年修订的《中华人民共和国职业教育法》取消了"普职分流"的提法，改成了在义务教育阶段后的不同阶段，因地制宜统筹推进职业教育与普通教育协调发展。

一、国外中等教育多样化建设的经验

目前，我国在学前教育、义务教育、高等教育、职业教育等领域均有专门的法律制度进行保障，而高中阶段教育立法依然处于缺失状态。中考与高考对个人成长的价值是什么？未成年人的教育问题主要集中在这个阶段，因此需要完善中学教育体制。

（一）德国的经验

学校教育系统的形成有两条主要路径：一条是"自上而下"发生的学校系统，称为"下延型"学校系统，如西欧一些国家以中世纪大学为顶端，接着发展为升大学作预备教育的中等学校，依次向下延伸，反映了贵族与上层阶级的需求。另一条路径是"上伸型"学校系统。这一系统以普及平民教育的初级学校为起点，推动中等学校的发展，并与职业

学校衔接，"自下而上"地形成学校系统。学校系统的构建需要确立标准，形成相对稳定的目标和价值观，以及有条不紊的工作秩序。

在马丁·路德思想的引领下，1538年，斯图谟创办了第一所文科中学，并首次采用按年龄分级的教学制度。夸美纽斯继承了马丁·路德的普及教育思想，在《大教学论》中引用了路德的论述。但夸美纽斯的主张与路德不同，夸美纽斯将学校看作社会的"加工厂"，旨在将孩子培养成真正的人，并在改进社会方面发挥重要作用。夸美纽斯主张的泛智主义教育是为了"把一切事教给全人类"，认为儿童并非一生下来就具有人性，而是通过在某种文化中接受教育，逐步发展为理性的个体。

但是，普及中小学教育并不能保障大学教育的普及，这就催生了德国的高考制度。德国没有统一的全国性高考，只有参加文理中学结业考试的高中毕业生才能升入大学。高中毕业考试由德国的16个州各自独立命题，各高校自主招生，高中毕业考试相当于德国学生申请进入大学的"敲门砖"。

文法学校（文理学校的前身）是西方一种历史悠久的普通学校类型，发源于古代希腊雅典，为私立初等学校，是西欧的一种普通完全中学类型。在17—18世纪，德国主要的中学形式是文科中学，它相当于英国的文法学校或公学，是完全反映贵族需求的一种学校，只有贵族子弟才能入读，其主要任务是为升学做准备，使贵族子弟未来成为社会上层职业者，如医生、律师、牧师和官僚等。所以，文科中学和大学之间有着直接的联系，文科中学的任务就是为大学输送新生和为政府培养普通官员。

教育家威廉·冯·洪堡被任命为普鲁士教育部部长时，负责建立了现代的文理中学。学校的课程有拉丁文、希腊文、数学、自然科学等。他提出的教育改革计划被他的继任者们实施，对19世纪德国中等教育革命产生了深远影响。洪堡在改革中规定，凡是要担任中学教师的人必须通过国家考试，合格者方可获得中学教师资格。这项考试由国家委托大学进行，考试科目和要求都以大学为训练中学教师所开设的课程作为依据和标准。这一改革打破了文科中学教师只能由神学家、牧师担任的局面，改变了对宗教人士的依赖。洪堡还扩大了文理中学的教学内容，制定了严格的升留级制度和毕业考试制度，规定只有通过考试的毕业生才有资格进入大学，文理中学因此成为升入大学的唯一通道。

实科学校是近代德国、俄罗斯等欧洲国家实施实科教育的一种普通学校类型，为适应工商业和交通事业发展的需要而创办。其特点在于接近实际生活，开设实用课程，培养从事工商业的中等技术人才。随着工商业的发展和近代科学对社会生活的影响，18世纪初，德国便出现了与文理中学相对的实科中学，并逐渐得到发展。到19世纪，德国中等教育体系主要分为文理中学和实科中学两种。实科中学既具有普通教育的性质，又具有职业教育的性质，是一种新型的学校，因而发展较快。在魏玛共和时期，《魏玛宪法》要求废除双轨学校教育制度，建立统一的学校系统。这一改革体现了自由主义的思想原则，在一定程度上保障了社会各阶级享有平等的初等教育权利，为根本上废除教育的双轨制奠定了基础。但德国中小学教育由各个州独立管理，立法权属于各州，因此中学教育制度由各州自行规定。

进入20世纪，德国中学教育的学校形式在各个联邦州的情况又发生了变化。中学包括主体（普通）学校、实科学校和文理中学（文法学校），部分州还增设了综合中学（完全中学）。主体学校与共和时期的高等国民学校完全相同，主要招收家庭条件一般的普通劳动者的子女。实科学校学习年限为六年，其学术水平介于完全中学和主体（普通）学校之间，主要培养工商业的专业人员，政府机关和企业的职员。学校重点讲授实用学科，加强对学生的基本训练。毕业生一般具有技术高中的水平，可以直接参加实际工作。

在德国，学生进入中学学习无须进行统一考试，而是依据小学（包括定向阶段）的成绩、教师的评估和家长的意见，决定学生升入哪一类中学。中学教育分为两个层次，第一级初阶含有职业预科、实科中学以及文理高中和综合学校；第二级进阶也可称为"高级阶段"，主要包含职业教育体系的双元制度以及文理中学的高年级。与中国小学六年制不同，德国小学实行四年制，四年之后，学生便需升入中学了。德国的初中教育从五年级开始分流，学生进入不同层次的学校进行学习。从有利的方面来说，这样做可以有针对性地进行教学，提高教学效果；从不利的方面来看，学生从小就被划分为不同层次，差别对待，心理上可能受到一定的打击。由于德国教师的权利较大，其评语会在很大程度上影响孩子的升学去向，所以有些孩子的家长还会带着律师参加家长会，以期望老师能公平对待他们的孩子。

（二）法国的经验

1618—1746 年，由耶稣会创办的学院成为法国中等教育的重要力量。耶稣会举办的中等学校也称为学院。除 16 世纪末至 17 世纪初的短暂时期外，耶稣会的教育活动得到了法国封建统治者的全力支持，因此其中等学校迅速遍布法国各地。耶稣会学院是按照 1599 年公布的《教育法规》来管理和教育学生的，其重视古典人文学科的学习，主要教学内容有古典语言、哲学和神学。

1789 年，法国爆发的资产阶级大革命不仅深刻影响了法国历史的发展方向，也对法国和欧洲的教育发展产生了重要的影响。

法国高考制度始于拿破仑·波拿巴时代。1808 年，拿破仑颁布《帝国大学令》，宣布"任何通过考试的人都有权在大学获得一席之地"。在拿破仑统治期间，巴黎综合理工学院无疑是最耀眼的明星，至今仍被称为法国"公共教育的最壮丽的学府"。它和后来的巴黎高等师范学校的出现，标志着法国"一个国家，两种高校"的特殊双轨制格局的形成，即大学与大学校并存。如果说大学重科研、重科学，那么大学校则注重应用与科技，培养精英，造就政府行政机关、大企业的高级管理人员和工程技术人才。

法国高考的全称是"高中毕业会考"，它被法国社会高度评价为"国家教育公平的标志"，在公众心中，它是机会均等和学校民主化的象征。然而，法国高考制度也导致了职业教育与古典教育的割裂。

从1872年开始，法国政府创办了一批徒工学校（职业学校），这类职业学校只是培养技术工人，不重视古典教育。为了解决职业教育与古典教育不协调的问题，法兰西第三共和国于1919年颁布了《阿斯蒂埃法案》，即《技术、工业、商业教育组织法》，标志着法国现代职业技术教育体系的建立，使职业技术教育成为一种由国家统一管理的正规教育，走上了普及教育和义务教育的轨道。而且，法国学校普遍开设了中学生必修的新课程，即司法、社会、国民教育，在新课程上，学生可以对各种社会问题提出思考并展开讨论，如此一来便让职业学校的学生也接受了一些古典教育。学校教育的使命不仅是培养具有能力素质的劳动者，还在于培养有责任感的社会公民，这一目标道出了法国义务教育的核心主旨。

1959年12月通过的《国家与私立学校关系法》规定，政府对私立学校采取两种经济补助方式，即"简单契约"和"联合契约"，取得了宗教界的支持，并调节了与宗教团体及个人在教育办学方面的矛盾。此外，通过这种财政上的支持，也调整了各类学校的发展。20世纪80年代，在教育现代化、民主化浪潮下，防止学业失败成为法国教育改革的首要目标。法国政府在1989年7月10日颁布的《教育指导法》中提出，到2000年实现80%的同龄青年达到高中毕业水平的目标。目前，法国高中分为普通高中和职业高中，普通高中以培养学生进入高等教育体系为主要目的，而职业高中则以培养学生直接进入社会从业为主要目的。

（三）英国的经验

在英国，"文法学校"最早约出现于10世纪，最初由教会管辖，成为近现代主要中等教育机构。

公学是贵族化的文法中学，是专门为名门贵族服务的私立学校。英国的公学被称为"教育的活化石"，最早的温切斯特公学由温切斯特主教威廉·威克姆创办。威克姆在创办温切斯特公学的同时也建立了牛津大学新学院，以便公学毕业生能够进入大学继续深造。温切斯特公学的创立是英国公共教育以及之后蓬勃发展的公学制度的开端，这一体系后来被亨利六世模仿，建立了伊顿公学和剑桥大学国王学院。17世纪初，英国有300余所公学，其中以伊顿、哈罗等9所公学最著名。1440年成立的伊顿公学以"精英摇篮""绅士文化"闻名世界，也素以军事化的严格管理著称，学生成绩大都优异，被公认为英国最好的中学，是英国王室及政商精英的培训之地。

工业革命后，现代社会对职业技术教育的需求日益增加，公学的古典教育模式受到挑战。面对这样的社会现实，阿诺德对拉格比公学的古典课程进行了改革。他主张教育应由国家公办，以维护和发展文化，并通过教育来抵制日益机械化和物质化的文明。阿诺德提出，文化的目的是追求完美，通过学习，用新鲜和自由的思想冲洗陈旧的观念和习惯。阿诺德在文化上追求的"完美"，旨在建立一种普及的、具有人性的教育体制，从而使英国仍然保留古典教育的文法学校特色。

从20世纪初到二战前的几十年是英国现代中学教育制度发展的第一阶段，主要以普通教育的发展为中心，颁布了一系列重要的教育法令，逐步形成比较系统的国民教育体制。此外，政府也加强了对地方教育的管理。英国1902年的《巴尔福教育法》授权地方教育当局兴办和资助文法学校，确立其作为英国中等教育的主体，并增设自然科学课程。《巴尔福教育法》是英国过渡到现代资本主义阶段后的第一个重要教育法案，促进了英国政府教育委员会和地方教育委员会的结合，形成以地方教育当局为主体的教育管理体制，对英国后来的教育领导体制与中等教育的发展产生了巨大而深远的影响。1918年，英国议会通过《费舍教育法》，初步确立了一个包括幼儿学校、小学、中学和各种职业学校的公共教育系统，并第一次规定完全由国家为初等教育提供资助，但回避义务中等教育问题，未改变教育上的双轨制。1944年的《巴特勒教育法》旨在调整教育领导体制和谋求初等教育与中等教育的衔接，确立了从初等、中等直到继续教育的公共教育体系，实现了长期以来并未实现的中等教育机会均等，并确认了11岁中学入学考试制度，根据成绩分别进入文法中学、技术中学、现代中学。1965年英国教育和科学部第10号通告废除了11岁考试分类招生制度，并大力推行综合中学，文法学校的主体地位由此被削弱。《1988年教育改革法》被视为英国1944年教育法颁布以来最重要的一项教育法，是英国教育史上里程碑式的教育改革法案。该法案强化了中央集权式的教育管理，尽管也引起了不少争议，但仍具有深远意义，规定在义务教育阶段，学生需在7岁、11岁、14岁、16岁时分别参加幼儿园、小学、中学、大学预备班的全国性统一考试。14岁的考试相当于中考，部分学生进入技术中学，部分学生则继续接受普遍中学教育。16—18岁是中学高级班或大学预备班，学生需通过"普通教育证书"考试才能进入大学。

（四）美国的经验

1776年，美国独立时只占据大西洋沿岸地区。西部的开发在美国国内引起了大规模的移民运动，并以自由土地开发为中心形成农业、矿业、城镇、铁路和教育全面发展的格局。

20世纪初，美国由农业社会向工业社会转型，大量来自贫穷国家和未受教育的移民涌入，对美国中等职业教育的改革与发展提出了紧迫的需求。这一时期对美国中等职业教育格局产生重要影响的当属"普杜之辩"。查尔斯·普洛瑟被誉为"美国职业教育之父"。他主张普通教育与职业教育相分离的"双轨制"，认为职业教育的目的是使个体获得就业的技能，从而满足工业的发展和经济繁荣的需要。而杜威则持相反观点，他认为德国中学教育的"双轨制"违背了民主主义原则，美国应该实施普职融合的"单轨制"教育。杜威和普洛瑟的观点和理论各有支持者，"普杜之辩"展现了职业主义与民主主义之间的较量。一些观点认为，1917年《史密斯-休斯法案》的颁布是对普洛瑟观点的支持，而一些观点认为，1917年《史密斯-休斯法案》的颁布与实施，标志着美国中等职业教育已经超越欧洲"双轨制"，确立了以综合中学为特征的"单轨制"教育。

美国国会于1958年颁布的《国防教育法》，强调加强职业技术教育和"天才教育"的综合教育制度，引领了美国20世纪后半叶的教育改革。到了20世纪70年代初，美国教育改革的主要内容是围绕着"生计教育"和"基础教育"进行的。1977年，美国教育总署署长西德尼·马兰提出了"生计教育"理论，认为生计教育的实质是以职业教育和劳动教育为核心的适应社会发展的教育，并主张将普通学校教育和职业教育结合起来，这实际上是一种扩展的职业教育。1974年，美国国会通过了《生计教育法》，开始正式实施生计教育。该法案面向从幼儿园、中小学到大专院校的学生和成年人，并将中小学阶段的教育作为生计教育的重点。在当今美国，不再存在普职分流，高中生不需要参加全国统一的高考，而是可以根据个人兴趣、能力和目标，选择不同的大学。

二、中学法律文化教育与青少年法治信仰确立的关系

2016年，习近平总书记在中共十八届中央政治局第三十七次集体学习时强调："要在道德教育中突出法治内涵，注重培育人们的法律信仰、法治观念、规则意识，引导人们自觉履行法定义务、社会责任、家庭责任，营造全社会都讲法治、守法治的文化环境。"[①]

---

① 习近平：《论坚持全面依法治国》，北京：中央文献出版社，2020年版，第166页。

（一）法律信仰的心理学分析

法律是理性的产物、实践的科学，不同于语文、数学、英语等课程，人们通常较少接触法律。但法律作为文化影响着我们的习惯、思想和行为，所以，无论是小学、初中，还是高中、大学，都应该加强法治教育，以培养学生的法律意识，确立法治信仰。2017年，在中国政法大学座谈会上，习近平总书记引用法国哲学家卢梭的话"一切法律中最重要的法律，既不是刻在大理石上，也不是刻在铜表上，而是铭刻在公民的内心里"，强调要使法律发挥作用，需要全社会信仰法律①。

卢梭在《爱弥儿》中指出，青春期是一个狂风暴雨的时期，这种内心的骚动预示着潜在的危险，孩子们在这一阶段的情绪波动和不安定使得他们难以管理。尽管行为端正是人类的天性，但孩子在不知道有罪恶的时候，无从知道应当行为端正。法律是使行为端正的社会规范，若要使法律成为青春期孩子的信仰，就需要切实的法治教育。

追根溯源，法律信仰观点的提出，与古希腊、古罗马的理性教育和中世纪的宗教教育分不开。古罗马法律家西塞罗认为，法是上帝意志的体现，上帝的理性依靠强制或者约束支配一切事物，为此，上帝将法赋予人类。在基督教成为欧洲国家的官方信仰之后，教会法曾长期处于欧洲社会规范的核心地位。宗教法意在划定掌管人们灵魂的指导原则，但它并不是完全抽象的。教义教规从来没有把人的精神与肉体、信仰与行为分开。宗教强化了人们对法律的信仰。这种对法律的虔诚与信仰正是西方法治主义的精神之源。美国当代著名法学家伯尔曼说："法律必须被信仰，否则它将形同虚设。"②

心理学一词源于希腊文，意思是关于灵魂的科学。19世纪初，德国哲学家、教育学家赫尔巴特首次将心理学确立为一门科学。信仰的本质

---

① 习近平：《论坚持全面依法治国》，北京：中央文献出版社，2020年版，第180页。

② 哈罗德·J·伯尔曼：《法律与宗教》，梁治平译，北京：生活·读书·新知三联书店，1991年版，第28页。

是一种"自我超越"活动。如何赋予人生以意义，使生命尽管无法逃避死亡的归宿，却依然有目标和价值，这是每个人都必须思考的问题。而这种赋予人生目标和意义的因素正是信仰。康德认为，人的认识能力是有限的，但人又是天生在追求"无限"和"绝对"，这是人类理性的特征。可以将人的这种对"无限"和"绝对"的追求，用在"信仰"上，用在伦理道德的实践中，去实现人的道德自律。康德将我们对事物的认识严格限定在人的感知觉可以到达的经验或可能经验范围内（"现象界"），而对人的感知觉不能到达的经验范围外（"本体界"），我们则无法认识。康德通过区分纯粹理性与实践理性，一方面为我们的知识提供了普遍必然性和客观有效的可靠根据；另一方面也为人的"信仰"如何实现，找到理性的根据。康德哲学的核心内容，就是从实践理性出发，寻找心中的永恒的道德律令。

斯坦利·霍尔，美国心理学家、教育家，在1904年出版的《青年期》中提出了复演论，认为个体心理的发展反映着人类发展的历史，青少年的德行是一切真正道德的源泉。他指出，良心产生于童年，青年期的情绪不稳定则代表人类进化的混乱阶段，成年后的身心成熟则象征人类进化的文明阶段。霍尔认为青年期的情绪波动是必然现象，故而他主张应特别重视青年教育。他曾用"暴风骤雨"[1]来描述这一时期个体心理起伏、充满矛盾与冲突的发展特点。

爱利克·埃里克森，美国精神病学家、著名的发展心理学家和精神分析学家，提出了人格的社会心理发展理论。他将心理的发展划分为八个阶段，并指出每个阶段都有特定的社会心理任务与矛盾，而矛盾的顺利解决是人格健康发展的前提。其中第五个阶段就是青少年期，青少年在这一个阶段要解决的主要问题是"我是谁""我能成为什么样的人"。青少年从别人对他的态度中，从自己扮演的各种社会角色中逐渐认清自

---

① 冯晓杭、刘平：《心理学家霍尔的教育启示》，太原：山西人民出版社，2018年版，第66页。

我。如果危机顺利度过,获得的积极结果是会有舒适的自我感,并顺利地进入成年。而如果危机未能有效解决,则可能导致自我感的碎片化,难以明确自己的身份和未来的生活。在这一阶段孩子要培养的自我品质是忠诚,忠于自己。

亚伯拉罕·马斯洛是美国著名社会心理学家,第三代心理学的开创者,提出了融合精神分析心理学和行为主义心理学的人本主义心理学,为从人生需求的角度解释法律能够被信仰的原因提供了重要视角。马斯洛在《动机与人格》中指出,人们需要动力来满足不同层次的需求,而这些需求有先后之分。马斯洛的需求层次理论描绘了人类需求的五个等级,通常以金字塔形式表现。从底部向上,这些需求依次为生理需求(食物和衣服)、安全需求(工作保障)、社交需求(友谊)、尊重需求和自我实现需求。根据马斯洛的理论,青少年如果能通过法律获得生理、安全、社交、尊重和自我实现需求的满足,就会形成对法律的信仰。这种信仰是一种心灵追寻的过程。

(二)法律能被信仰需要教育

夸美纽斯在《大教学论》中指出,年轻人必须接受公共教育,因此学校的建立是必需的。

对青少年进行法治教育,教育者需要具备一定的法律文化功底,而不是仅仅了解一些法律制度。

青春期是自我意识和性意识觉醒的特殊时期,法治教育尤为重要。心理学之父西格蒙德·弗洛伊德认为,每个人与生俱来拥有生本能与死亡本能。生本能主要体现为性欲和保持自我,而性欲及其能量在青春期逐渐觉醒,个体对异性产生兴趣并渴望建立亲密关系,这标志着性心理的成熟。因此,在这一阶段,青少年应该接受婚姻、家庭法律文化的教育。

卡尔·荣格是瑞士心理学家,分析心理学的创始人。他创立了荣格人格分析心理学理论，将人格分为内倾和外倾两种，并主张将人格分为意识、个人无意识和集体无意识三层。他所创立的"集体无意识"理论对哲学、心理学、教育学等领域产生了深远的影响。荣格强调童年的秘密是他人格形成的关键。他小时候敏感脆弱，因而更多地关注内在世界，思考内在的儿童是如何成长的。他对心理学的研究深受童年经历的影响，比如童年时代的无意识状态、中学时代显现的第二人格、大学时代将从小就对大自然的热爱融合到研究工作中。荣格称青春期为"心灵的诞生"，这时期个体需要适应社会生活、选择职业、建立社交关系。所以，荣格认为理想个体化的过程是个体意识自我和无意识自我的整合过程，儿童的自我生长则是从无意识自我中获得意识自我的过程，无意识自我是儿童自我生长之"根"。荣格还强调了"集体无意识"通过文学、艺术等文化来表达，对青少年成长有重要影响。

荣格的原型理论、弗洛伊德的精神分析学说，揭示了法律文化对个体人格发展的重要意义，对我国普职分流的中学教育制度改革也具有启示意义。每个人的人生成长都离不开文化环境的支持，适宜的文化环境会促进自我的成长，而不利的文化环境会阻碍自我的成长。

三、中学教育多样化对中学法律文化教育的影响

培育法律信仰需从教育公平开始，这需要构建普职协调发展的大中小学一体化法治教育机制。

首先，要认识中学教育多样化发展的必然性。黄炎培在《实施实业教学要览》中对职业教育的定义是："凡用教育方法，使人人获得生活的供给及乐趣，一面尽其对群众之义务，此教育名曰职业教育。"黄炎培1914年随中国游美实业团体赴美国考察了几十个城市和学校，寻求改革的办法。他认为，中国教育多为表面形式，所学非所用，所用非所学，改良之道不仅需从方法上研究，更需从思想上研究。他提倡采取实用主义发展职业教育。1916年，黄炎培在江苏建立职业教育研究会，次

年又在上海成立中国近代第一个研究、试验、推行职业教育的中华职业教育社，目的是推广、改良职业教育，使学校无不用之成才，社会无不学之执业，国无不教之民，民无不乐之生。

1949年后，中等职业教育迅速发展，成为高中阶段的重要组成部分。高中有普通高中和职业高中的区分，普通高中和职业高中的法律文化教育课程应该如何设置和区分是中学教育多样化建设带来的法治教育问题。虽然目前对中等职业学校和普通高中没有明确的法律规定，但2020年国家教材委员会印发《全国大中小学教材建设规划（2019—2022年）》，教育部印发《中小学教材管理办法》《职业院校教材管理办法》《普通高等学校教材管理办法》《学校选用境外教材管理办法》（以下简称"四个教材管理办法"），部署推进大中小学教材建设。

其次，应重视普职协调发展的法治教育。普职协调发展的法治教育是指将立德树人的法治教育要求落实到大中小学课程、教材和教学之中，形成各学段纵向衔接，各学科（专业）横向配合，教育内容逐层递进、螺旋上升的一致性连贯体系。为了提升思政教师的法治素养和法治教育能力，我们需要依托高水平政法类、师范类院校，尽快建立中小学思政教师法治教育培训基地，并加大力度吸引法学、法律专业毕业生到中小学任教。

2007年，中共中央宣传部、教育部、司法部、全国普法办联合印发了《中小学法制教育指导纲要》。在九年义务教育阶段，我们应该坚持以宪法教育为统领，结合学生的生活实际进行课堂内容设计，统筹安排课内外中小学生的法治教育活动。教师在学生的生活中扮演着重要角色，通过教授法律知识，可以提升学生的法律文化素养，培养法治观念。《中小学法制教育指导纲要》只强调了普通高中的法制教育，没有提职业高中的法制教育，而在2016年的《青少年法治教育大纲》中，职业高中和普通高中已经统一纳入高中教育阶段的法治教育体系。

2019年3月18日，习近平总书记在学校思想政治理论课教师座谈会上指出："人的成长、成熟、成才不是一蹴而就的，而是一个渐进的过程，就跟人的生理发育一样，所以要把这几个阶段都铺陈好。""办好思想政治理论课关键在教师。"[①]

法是理性的产物。教育法应该体现人的理性发展规律。我们从六岁开始上学，经过一两年的教育可能会具有一定的行为能力，即从无行为能力人成为限制性行为能力人。《中华人民共和国民法典》第十七条规定："十八周岁以上的自然人为成年人。不满十八周岁的自然人为未成年人。"第十八条规定："成年人为完全民事行为能力人，可以独立实施民事法律行为。十六周岁以上的未成年人，以自己的劳动收入为主要生活来源的，视为完全民事行为能力人。"第十九条规定："八周岁以上的未成年人为限制民事行为能力人，实施民事法律行为由其法定代理人代理或者经其法定代理人同意、追认；但是，可以独立实施纯获利益的民事法律行为或者与其年龄、智力相适应的民事法律行为。"十六岁一般也是高中教育与义务教育的分界线。

没有民法上的行为能力，一般也就没有民事责任能力和刑法上的刑事责任能力。《中华人民共和国刑法》第十七条规定："已满十六周岁的人犯罪，应当负刑事责任。已满十四周岁不满十六周岁的人，犯故意杀人、故意伤害致人重伤或者死亡、强奸、抢劫、贩卖毒品、放火、爆炸、投放危险物质罪的，应当负刑事责任。已满十二周岁不满十四周岁的人，犯故意杀人、故意伤害罪，致人死亡或者以特别残忍手段致人重伤造成严重残疾，情节恶劣，经最高人民检察院核准追诉的，应当负刑事责任。对依照前三款规定追究刑事责任的不满十八周岁的人，应当从轻或者减轻处罚。因不满十六周岁不予刑事处罚的，责令其父母或者其他监护人加以管教；在必要的时候，依法进行专门矫治教育。"12岁的未成年人一般正处于小学升初中阶段，14—16岁的未成年人则处于普职分流阶段，预防未成年人尤其是处于青春期的中学生走上违法犯罪道

① 习近平：《思政课是落实立德树人根本任务的关键课程》，《求是》2020年第17期。

路，必须加强法治教育。

最后，应构建普职协调发展的法治教育机制。2016年，教育部、司法部、全国普法办印发了《青少年法治教育大纲》。《青少年法治教育大纲》是为贯彻落实党的各项会议精神，推动法治教育纳入国民教育体系，提高法治教育的系统化、科学化水平而制定的。《青少年法治教育大纲》指出："青少年是祖国的未来、民族的希望。加强青少年法治教育，使广大青少年学生从小树立法治观念，养成自觉守法、遇事找法、解决问题靠法的思维习惯和行为方式，是全面依法治国、加快建设社会主义法治国家的基础工程。"因此，在中学教育中贯彻落实《青少年法治教育大纲》，构建普职协调发展的法治教育机制，具有重要意义。

在我国，随着社会的进步和教育事业的发展，高中教育的重要性不断凸显，逐渐成为基础教育发展的重要部分。从高中定位来看，多样化建设有利于平衡与协调升学导向的预科教育和扎实育人的基础教育之间的关系；从社会的人才培养需求角度来看，多样化建设则有利于满足社会对创新型人才、多元型人才的需求，应避免高中教育的"单一化"和"趋同化"抑制人才创新。因此，应该结合中学教育阶段未成年人的心理特点开展法治教育，使学生理解法治教育的价值取向和精神追求，增强法律意识和法律观念。

第三章　法律文化与大学教育

高校肩负着人才培养、科学研究、社会服务、文化传承创新和国际交流合作等重要职能。法学既是一门科学，也是一种文化。法学在西方中世纪的大学形成中就已经是一个独立的学科。考证各国大学的形成历史和法学教育的关系，可以发现各国大学不仅是各国法律文化的产物，更是在法律文化的传承和发展中发挥着不可或缺的法学专业人才培养、科学研究、社会服务、文化传承创新和国际交流的作用。

第一节　大学法人制度的属性演变

大学自其创立和发展以来，始终与人们对学术知识的探索与追求紧密相连。它逐渐从宗教法人转变为以学术为核心的公益法人。在现代社会，大学不仅是一个系统性地传授知识的大型学术机构，更肩负着科学研究、社会服务、文化传承和国际交流合作等多重职责，成为以学术为志业的法人组织。

一、大学法人制度形成的典型演变案例分析

在中世纪时，大学还只是学人共同体的行业组织。当大学的自治权得到教会和国王法律的确认和支持时，大学就成了法人组织。现代大学

制度主要起源于法国、德国、英国等国家，现代大学的许多特征，如教学组织、课程、考试、学位等是直接从西方中世纪大学继承而来的。

（一）巴黎大学的演变案例

巴黎大学是欧洲最古老的大学之一，位于法国首都巴黎，其前身是建于1257年的索邦神学院，且可以追溯到1150—1160年。神学在中世纪大学中居于学科顶端，授予博士学位，这是由中世纪宗教虔诚的历史环境决定的。1180年，法皇路易七世正式授予索邦神学院"大学"称号，具有文、法、神、医多学科性，是教师和学者的社区。日益增加的教师自发形成了教师公会，以维护自身的权益。1200年，菲利普二世承认了巴黎教师公会的合法性，1215年，英诺森三世批准了巴黎大学的相关条例。1231年，格里高利九世赋予巴黎大学自治权，并规定学士学位为巴黎大学颁发的最低学位，不过当时各种学位和文凭并不具备现代意义。这样，大学作为法人组织也就形成了。到1261年，正式使用"巴黎大学"这一名称。

中世纪巴黎大学虽然取得了法人组织地位，但还归属于教会和国王管理，尤其在神学教师的任命方面，教会仍有很大的决定权。1257年，亚历山大四世将托马斯·阿奎纳提升为巴黎大学神学院教授，三年后召入罗马教廷，担任官方神学家。1269—1271年，阿奎纳回到了巴黎大学，除教书外，还管理教会事务，并担任法国国王路易八世的国事顾问。

法国近代著名的政治家黎塞留是巴黎大学神学院的毕业生，1622年被教廷晋升为红衣主教，并出任巴黎大学校长。1624年，他被路易十三任命为首相，从此在法国政务决策中具有主导性的影响力。1635年，他创立法兰西学院，扩大巴黎大学，使巴黎大学有了飞速的发展。这一过程体现了法国的国家理性以及中央集权化扩张的理念，王权加强了对文化和教育的主导。①

法国大革命后，拿破仑从教会手中夺得教育行政权。1793年，受拿破仑教育改革影响，巴黎大学神学院和法学院都被关闭。1802年、1806年和1808年，拿破仑颁布了一系列法令，确立了国家教育体制，由帝国大学作为领导机关掌管全国教育行政，全国各级各类学校包括私立学校都在它的监督之下。中学毕业文凭、学士文凭和博士文凭被正式定为国家文凭。1806年，巴黎大学恢复了部分专门学院，"巴黎法律学校"于原址成立并设立了哲学等专业。1808年，法国物理学家、化学家和数学家安培被任命为法国帝国大学总学监，并于1819年主持巴黎大学哲学讲座。1896年，根据《国立大学组织法》，巴黎大学得以重建，法学院与文学院、理学院、医学院和新教神学院四个学院重组，形成了新巴黎大学。1968年，新巴黎大学再被拆分为13所独立大学，即巴黎一大、巴黎二大、巴黎三大……巴黎十三大。同时，较为科学、规范的学位制度得以建立，其中国家博士成为当时法国的最高学位，由国家博士评委会主持论文答辩。1984年，法国通过了新的学位条例，对法国学位制度作了进一步的改革，取消了国家博士学位制度，设立了新的学位制度，可以按照法学、文学、政治学等学科授予不同学位，从而与大多数国家的学位制度进行接轨，满足了社会发展的需要。②

（二）博洛尼亚大学的演变案例

博洛尼亚大学是西方最古老的大学之一，最初为法律学校，后来发展为多学科的大学体系，被誉为欧洲"大学之母"。在11世纪，博洛尼亚由于地理环境优越，位于意大利北部主要商业路线的交汇点上，取得了自治城市的地位。当时众多被称为"注释者"的语法学、修辞学和逻

① 陈杰：《黎塞留主政时期的法国国家文人保护制度》，《外国文学评论》2017年第3期。

② 高露：《12—15世纪欧洲大学特许权研究：以博洛尼亚大学、巴黎大学和牛津大学为例》，东北师范大学博士论文，2021年。

辑学的学者们聚集在这里，共同评注古老的罗马法法典。由于他们研究的是罗马法，而不是教会法，因此遭到教会的攻击。博洛尼亚大学法学院的学生们不得不寻求各种庇护，以保证安全。皇帝费德里克一世于1158年颁布《安全居住法》，规定了大学不受任何权力的影响，使其作为研究场所享有独立性，例如，不能向学生征税，不能因为学生欠钱而伤害学生，学生租房应享受折扣等。博洛尼亚大学之所以能率先取得特许权，与其学生来源和社会结构等密切相关。在博洛尼亚大学学习法律的学生中，不乏拥有社会经验和雄厚经济背景的人。学校的管理也是学生主导，他们敢于同各方协调，争取权利。从11世纪末到15世纪，注释法学派成为一支与教会法学相对抗的新的法律思想派别。此后，获得教皇和国王特许状的大学逐渐变多。

相通的学位体系是建立欧洲高等教育区的先决条件。欧洲大学兴起后，由于各国高等教育背景和发展情况各不相同，欧洲也加紧了高等教育一体化进程。1998年，英、法、德、意四国高等教育部部长在索邦大学的周年纪念会上签署了《索邦宣言》，正式将欧洲对于高等教育的忧虑提上日程。1999年6月，法、德、英等29个国家负责高等教育的部长在博洛尼亚大学签署了《博洛尼亚宣言》，倡导建立彼此认可的学位和学制体系，揭开了博洛尼亚进程的序幕。

（三）剑桥大学的演变案例

剑桥大学实际上是一个组织松散的学院联合体，各学院高度自治，但是都遵守统一的剑桥大学章程。该章程由大学的各个学院通过协商和合作起草通过，每年进行修订。剑桥大学只负责考试与学位颁发，而招收学生的具体标准则由各学院自行决定并执行。

跟牛津大学一样，剑桥大学一开始也没有自己的校舍，初期的教学和学生生活都是在租来的房子里进行。大学生最初住在旅舍里，由店主负责监督。1225年左右，剑桥的教师们选出了一位校长，他的权力得到了亨利三世国王的批准，从此剑桥大学获得了相对的自主管理权。1856年，议会颁布了一项法令，剑桥大学才失去了它的监督城市的集市和年市、颁发酒馆营业执照和自行判决的权利，但它一直将不让学生们受到最危险的诱惑的权利保持到1894年。直到1974年，剑桥大学在市议会里仍有四名代表。进入21世纪初，布莱尔政府成功剥夺了剑桥大学的最后特权。

剑桥大学实行独立学院制，各学院的创办主体是不同的。1284年，为能保证学院的持久性和独立性，艾利修道院的休·德·巴尔夏姆主教创办了剑桥的第一所学院——彼得豪斯学院。1441年，亨利六世建立了国王学院，将城区市民房屋和商店拆除，将河畔的手工业区改造成校园。剑桥大学的这种独立学院制很特殊，学院并非按照专业或者系所划分，其成员分属于不同的专业领域与系所，院内不仅有本科生与研究生，还包括院长与院士，而主要的教学与科研活动一般在学院之外的大学系所与教学楼进行。学院管理相对独立，财政收支自成体系，每年只需向大学缴纳一定数额的税款即可，类似于独立法人。剑桥大学早在13世纪就开设了法律课程，1504年开设了钦定民法讲座，1800年又开设了讲授英国法的唐宁讲座，但直到1858年设立了法律荣誉学位考试才算真正有了法学系。创办于1347年的彭布鲁克学院（由彭布鲁克夫人玛丽·波尔创建），后来就设有法学系。法律史学家梅因曾在剑桥大学彭布鲁克学院学习法律，并于1847—1854年在该校教授民法。

（四）布尔日大学的演变案例

法国布尔日大学是由国王路易十一于1463年捐助建立的，成为15—16世纪人文主义法学的大本营。人文主义法学是继后期注释法学派兴起的法学派别，因与文艺复兴运动中的人文主义思潮相联系而得名。人文主义是欧洲中世纪资产阶级最早的反封建思潮，以人及自然为研究对象，与神学相对立。人文主义法学派以罗马法为主要研究对象，与神学、法学相对立。该学派的创始人为意大利的阿尔恰托。阿尔恰托出生于米兰，曾在帕维亚大学和博洛尼亚大学学习法律。大学毕业后，阿尔恰托于1514年在米兰任律师，1518年成为法国阿维尼翁大学教授，1529—1535年在布尔日大学执教，晚年重返意大利。法国国王弗朗西斯一世曾专程赴布尔日聆听他的课程，虽然阿尔恰托在当时的意大利影响力甚微，但他被公认为该学派的奠基人，布尔日大学也因此成为法国人文主义法学的中心。布尔日大学之所以能够成为"高卢（法国）方式"的中心，主要得益于人文主义法学派的代表人物居亚斯的卓越贡献。他生于图卢兹，曾长期在布尔日大学执教，著作甚多，主要研究罗马法的来源，其重要著作为《评帕比尼安》。随着文艺复兴运动的展开，以宗教而闻名的布尔日大学逐渐走向衰落，最终在法国大革命期间被解散。

（五）帕多瓦大学的演变案例

帕多瓦大学成立于1222年，是欧洲仅次于博洛尼亚大学和巴黎大学的古老大学。13世纪初，博洛尼亚大学限制学术自由，大批的教授和学生从博洛尼亚大学脱离出来，建立了帕多瓦大学。1405年，帕多瓦并入经济实力雄厚的威尼斯共和国，从此，帕多瓦大学开始了辉煌时期。由于其地理位置远离罗马，不受教廷直接控制，学术思想得以相对自由地发展。

（六）莱顿大学的演变案例

莱顿大学是欧洲学术声誉最高的综合性大学之一，成立于公元1575年，是荷兰第一所国立大学，也是欧洲最早实践宗教和信仰自由的大学之一。16世纪中后期，法国爆发对胡格诺派的宗教战争，许多皈依新教的法学家遭受迫害，部分人被迫逃往荷兰和德国（如莱顿大学、海德堡大学等），促成了那里的新一代人文主义法学派的兴起，其中就包括胡果·格劳秀斯。格劳秀斯是基督教护教学者，国际法和海洋法的鼻祖，同时也是近代自然法理论的创始人之一。莱顿大学也是"近代科学始祖"笛卡尔求学的地方，他在莱顿大学访学期间完成并发表了《第一哲学沉思录》。笛卡尔成为17世纪及其以后对欧洲哲学界和科学界影响深远的巨匠之一。

二、大学不同国家法律文化的法治精神对大学法学学科设置的影响

大学是知识的殿堂，人才培养、科学研究、社会服务、文化传承和国际交流合作逐渐被公认为是大学的五大职能。但这五项职能并非同时形成，而是在不同历史条件下依次发展而成。

（一）海德堡大学的案例分析

海德堡大学建立于1386年，是德国最古老的大学，也是神圣罗马帝国继布拉格和维也纳之后开设的第三所大学，在建校之初就设有法学学科和法学院。1385年末，海德堡大学由大公鲁普莱希特一世依教皇伍朋六世特许筹建，以此作为分裂的普法尔茨的思想中心，吸纳外邦人才，服务于教会及国家。而早期的教授均来自宗教分裂与民族战争频繁地区。历任大公均对大学倾注心力，但在必要时也会干预大学自主事务，由此也为诸如人文主义等思潮的到来创造了条件。尽管马丁·路德于1518年倡导宗教改革，但是海德堡大学在较长一段时间内并未受此影响，直到1556年才由奥腾里希大公转变为新教大学。16世纪后半叶，弗里德里希三世将海德堡大学建成了具有加尔文主义精神的欧洲科学与文化中心，吸引了全欧洲众多教授与学者前来。三十年战争使海德堡大学受到重创，教学几经中断。1802年，海德堡大学被划入巴登州，从此翻开了新的历史篇章。海德堡大学重新组织后，成为国家财政支撑的教研机构，巴登州第一位大公卡尔·弗里德里希的名字被写入海德堡大学基金会，从此学校的全称成为"鲁普莱希特-卡尔斯-海德堡大学"。魏玛共和国时期的海德堡大学在大批知名学者如古斯塔夫·拉德布鲁赫、阿

尔弗雷德·韦伯等人的影响下，成为德国民主精神的桥头堡。

(二) 耶鲁大学的案例分析

耶鲁大学是一所坐落于美国康涅狄格州纽黑文的私立研究型大学，最初名为"大学学院"，创于1701年，是全美历史第三悠久的高等学府。1701年，以詹姆士·皮尔庞为首的一批公理会传教士说服康州法院同意成立一所教会学校，使青年可以学习艺术和科学，为教会和国家服务。英国古典自由主义时期确立的"自然权利原则""功利主义原则""自发秩序原则"三大原则，以及其对国家教育职能合法性的认识，为美国高等教育界全盘接受。①1707年，耶鲁大学迎来了第一批毕业生，18名学生被授予学士学位。耶鲁大学初期并没有校舍，学生分散在康州的六个城市学习。1716年，托管人投票一致同意将学校迁至纽黑文。1718年，英国不列颠东印度公司的高层官员伊莱休·耶鲁捐款建立新校。为了感谢耶鲁先生的捐赠，学校正式更名为"耶鲁学院"，此后演变为今日的耶鲁大学。耶鲁大学采用了英国牛津大学、剑桥大学的办学模式，以传授人类知识的精华。耶鲁大学的教育被称为"人文教育"，这是耶鲁大学区别于中世纪"神学教育"的重要标志。18世纪30年代至80年代，耶鲁学院逐渐发展为大学。1828年学校发表了《耶鲁报告》，一方面强调了人文教育的重要作用和意义，另一方面也提出了应根据实际情况进行课程改革的原则，期望发展"科学教育"。1861年，耶鲁大学成为美国第一个颁发哲学博士学位的大学。与哲学院相比，当时的耶鲁大学法学院只是一个培养能通过康涅狄格州律师资格考试的小学院而已。然而，到了20世纪20年代，耶鲁大学法学院逐渐成为"法律现实主义运动"的先锋。该学院的特点在于将法律视为改善社会的重要力量，并以此为基本准则来培养人才。其教育理念强调不但要重视学生法律专业知

①曹雁:《英国古典自由主义者国家教育职能观的演化》,《现代教育论丛》2006年第5期。

识的学习，还要重视学生在哲学、经济学、政治学和历史等领域的综合素养。

（三）哥伦比亚大学的案例分析

哥伦比亚大学是纽约州古老的高等教育学府之一，是一所顶尖私立研究型大学。关于在纽约省创建一所高等学府的讨论始于1704年。然而，直到1746年，一个为新学院筹集资金的法令才在纽约省议会得以通过。1754年，新学院获得了英国国王乔治二世颁布的王室特许状，最初名为"国王学院"。美国独立革命后，为了表示对美国新生共和政体的支持，州议会在法案中将重建的学院更名为"哥伦比亚学院"。此后，哥伦比亚学院在汉密尔顿和约翰·杰伊等联邦党人的资助下茁壮成长。1892年，哥伦比亚学院哲学系与校外教师培训学院合作，形成"大学哲学系＋教师学院"的多元结构。1896年，学校董事会正式决定将学校名称更改为"哥伦比亚大学"。教师学院正式成为大学的一部分，为后来的"综合性大学"设立了典范。1904—1930年，杜威在哥伦比亚大学哲学系兼任教授教职，并在教育学领域开启了新的时代。他的教育思想对20世纪初的中国教育界产生了重大影响，影响了包括胡适、冯友兰、陶行知、郭秉文、张伯苓、蒋梦麟、张奚若等国学大师和学者。他还曾访问中国，见证了五四运动并与孙中山会面，进一步彰显了他作为全球教育思想领袖的地位。

哥伦比亚大学的法律教育可以追溯到18世纪，最初也仅限于法律职业培训。亚历山大·汉密尔顿是美国开国元勋之一，制宪会议成员，并担任首任财政部部长。他与约翰·杰伊等共同撰写了《联邦党人文集》。约翰·杰伊是美国联邦最高法院第一任首席大法官，出生于纽约一个富有家庭，1760年进入国王学院学习。1764年，他成为国王学院当年仅有的两名毕业生之一。哥伦比亚学院于1793年任命他为第一任法律教授。肯特于1781年毕业于耶鲁学院。他在哥伦比亚学院教书期间，受到汉密尔顿和杰伊的赏识。1796年2月，他被纽约州州长杰伊任命为当地法院的大法官。当杰伊被任命为美国联邦最高法院第一任首席大法官后，肯特被任命为该法院的助理法官。1826—1830年，肯特编写了《美国法释义》，以帮助有志于从事法律职业的学生学习。1858年，哥伦比亚学院正式成立法学系。

（四）斯坦福大学的案例分析

斯坦福大学位于美国加州旧金山湾区南部，是一所享誉盛名的顶尖私立研究型大学。该校由时任加州州长及参议员的铁路富豪利兰·斯坦福和他的妻子简·莱思罗普·斯坦福于1885年创办，并于1891年正式招生。创建之初，斯坦福大学就明确了其办学理念的核心是"功用"，旨在培养"有教养的和有用的公民"，将教化与培养学生未来职业所需的实用技能结合起来。斯坦福大学倡导非宗派、男女平等的创校理念。在开学典礼上，校长阐述了办学思想："我们这些在大学兴办的第一年到来的教师和学生将为建设这所学校奠定基础而这所学校将可能和人类文明共存……它不把任何传统奉为神明，不会为任何传统所累，它的所有路标都指向前方。"①可是，随着利兰·斯坦福的逝世，大学的运作面临财政危机。政府对斯坦福房地产涉及一千五百万美元的诉讼及1893年的经济恐慌，使校方陷入严重的财政危机。尽管大多数的大学受托人建议暂时停止办学，直到找到解决的方法，但是简·斯坦福坚持继续运营。后来，加州宪法豁免斯坦福教育机构的税务，这也使得简·斯坦福可以合法地将她所持有的股票捐赠给大学。斯坦福大学在制度建设上的曲折过程是富有启示作用的。1900年发生的破坏学术自由原则的著名的罗思事件，促使斯坦福大学结束了家族统治，将权力交给了董事会和校长，自此，斯坦福大学真正开始了复兴大学文化的制度建设。

斯坦福大学组织结构调整后，制度建构也完善起来。在学科发展结

---

① 李福杰：《大学文化视野下的大学发展研究》，华东师范大学博士论文，2006年。

构上，斯坦福大学始终追求卓越，坚持每设置一个系科就要把它办成一流的信念。在学生选拔与招收上也是如此。当斯坦福大学成为全国一流的学府后，青年学生趋之若鹜。然而，斯坦福大学始终保持冷静，坚守优质教育，控制学校的规模，以免因学校扩大而使学生失去个别化的、人文的关怀。正是这种对大学文化的重视，吸引了许多中国留学生。例如1929年，倪征燠获美国斯坦福大学法律博士学位；1928—1932年，张汇文在斯坦福大学学习，先后获公法政治系的学士、硕士和博士学位。

三、中国大学法学学科设置的演变历程

让法律成为文化的途径有很多，大学教育在其中扮演了至关重要的角色。实际上，如果没有接受过系统的大学法学教育，普通人很难成长为法律人才，法律文化的现代化也难以实现。

中国现代大学是相对于中、小学堂而言的大学堂。1898年6月，光绪帝颁布《明定国是诏》，推行"戊戌变法"。诏书中强调"京师大学堂为各行省之倡，尤应首先举办"。北京大学就是在那时创办的。

北京大学创办于1898年，初名京师大学堂，是中国第一所国立综合性大学。1904年，京师大学堂首次设立"法律学门"，开创了中国近现代大学法律专门教育的先河。1912年，京师大学堂改名北京大学。1917年，著名教育家蔡元培出任北京大学校长，他"循思想自由原则，取兼容并包主义"，对北京大学进行了卓有成效的改革，推动了思想解放和学术繁荣。陈独秀、李大钊、毛泽东、鲁迅、胡适等都曾在北京大学任职或任教。清朝末年，德国的教育模式在中国备受推崇。蔡元培也试图借鉴德国大学模式改革北京大学。1907年，身为翰林的蔡元培来到德国考察，"专修文科之学，并研究教育原则"，了解德国的"现行教育之状况"。蔡元培对德国的高等教育进行了认真的考察，蔡元培认为大学的核心是"研究高深学问者也"。所谓"高深学问"指的是学，而不是术。蔡元培主张大学应该是研究高深学问的场所，要偏重纯粹学理之文、理

之研究。蔡元培担任校长之初，北京大学有文、理、法、工、商五科。他根据学与术的区分，对北京大学进行改制，将工学院并入了天津北洋大学。他也曾计划将法学院分出去，单独设立为本科大学，但因为反对者众而不得不终止。

1952年是中国法学教育史上重要的一年。这一年，中国政府大规模调整了高等学校的院系设置，将现代高等院校系统改造成了"苏联模式"高等教育体系。"五院四系"是中华人民共和国建立的五所政法院校和四所大学的法律系的简称，这几所高校的法律学科在中国法学教育界具有重要地位，并对中国法制发展与法治建设产生了重大影响。"五院"包括北京政法学院（现中国政法大学）、西南政法学院（现西南政法大学）、西北政法学院（现西北政法大学）、中南政法学院（现中南财经政法大学）和华东政法学院（现华东政法大学）；"四系"是指北京大学法律系、中国人民大学法律系、吉林大学法律系、武汉大学法律系，现在均已改为法学院。整体来看，法学院校的调整基本上是成功的，它使原本分布不均的法学院系布局趋于合理，并集中了各高校的法律系、政治系的师资和图书资源等，有助于提升学校法学教育水平。但也有一些消极影响，主要表现为法学教育以政法学院为主的局面长期持续，容易造成法科学生知识面相对狭窄，不利于学生综合素质的培养。①

1952年，中国举行了第一次高考，由此开启了全国高校招生的"高考时代"。1956—1957年，中国高等教育领域出现了一轮追求学术自由、大学自治的潮流。一些知识分子对于机械地照搬苏联模式、大学中专业设置过窄、高等教育中忽视社会科学等现象提出了强烈的批评。1957年，毛泽东在《关于正确处理人民内部矛盾问题》中提出，应该使受教育者在德育、智育、体育几方面都得到发展，成为有社会主义觉悟的有文化的劳动者。1958年9月，中共中央、国务院《关于教育工作的指示》

---

① 杨振山：《中国法学教育沿革之研究》，《政法论坛（中国政法大学学报）》2000年第4期。

强调："党的教育工作方针，是教育为无产阶级的政治服务，教育与生产劳动结合；为了实现这个方针，教育工作必须由党来领导。"1961年，《中华人民共和国教育部直属高等学校暂行工作条例（草案）》（简称《高教六十条》）颁布，对高等学校的培养目标作了前所未有的详细规定："高等学校学生的培养目标是：具有爱国主义和国际主义精神，具有共产主义道德品质，拥护共产党的领导，拥护社会主义，愿为社会主义事业服务、为人民服务；通过马克思列宁主义、毛泽东著作的学习和一定的生产劳动、实际工作的锻炼，逐步树立无产阶级的阶级观点、劳动观点、群众观点、辩证唯物主义观点；掌握本专业所需要的基础理论、专业知识和实际技能，尽可能了解本专业范围内科学的新发展；具有健全的体魄。"可以说，这是近代以来关于高等教育培养目标最全面的一次表述。

1985年颁布的《中共中央关于教育体制改革的决定》在我国高等教育的发展史上具有划时代的意义，接受高等教育的大学生被视为"高级专门人才"。1998年，《中华人民共和国高等教育法》（简称《高等教育法》）正式在国家法律层面将"培养高级专门人才"确立为高等教育的首要任务，明确规定高等学校应以人才培养为中心，同时开展教学、科学研究和社会服务等多项活动。2002年，《中华人民共和国民办教育促进法》的颁布实施，使得高等教育实现了从精英到大众的跨越式发展，大学法律文化的发展更是成为全社会法治文化提升的重要推动力。

2017年2月，中共中央、国务院印发的《关于加强和改进新形势下高校思想政治工作的意见》中强调，高校肩负着人才培养、科学研究、社会服务、文化传承创新、国际交流合作的重要使命。法治教育作为思想政治工作的重要一环，高校亦要时刻把握"培养什么人、怎样培养人、为谁培养人"这一根本问题，做好新时代法学人才培养工作。

第二节　大学在法律文化塑造中的功能

大学的建设大都遵循以学科为基础的模式，即某一院系对应某一特定学科。这种模式对法律文化的形成和发展起到了重要的推动作用。西方中世纪的大学一般只设四个学院：文学院、神学院、法学院和医学院。文学院主要培养综合素质人才，而神学院、法学院、医学院则专注于培养专业人才，包括牧师、律师和医师。随着近现代大学法人制度的建立，法学学科、法律专业和法律文化得到快速发展，形成了大陆法系、英美法系等典型的法律体系。

一、大学教育对法国法律文化发展的影响

法国的法律文化严格区分公法和私法，其中教育法属于公法。法国大学管理学具有很强的行政法属性，这也导致大学法学教育呈现出浓厚的注释法学特色。

（一）巴黎大学的案例分析

西方中世纪大学的产生与当时的宗教教育有着密切的联系，当时的宗教教育的理念是追求超越国界的精神世界，以教化人心为目的。其教育法属于宗教法，而土地法等属于民法或普通法。法国属于大陆法系或民法法系，民法进入大学课程体现了教育与宗教的分离。

与其他学科一样，在法国大学的影响下，12世纪的罗马法研究有了新的方向和深度，并在16世纪的法国得到发展。在法国旧法时期，尤其是在16世纪，位于比利牛斯大区的图卢兹大学法学院声名显赫，众多声名远播的法学教授均在该大学从事法律尤其是罗马法的教学和研究。例如，居亚斯教授是16世纪人文主义法学派的主要代表人物之一，也是著名的法学家、法学教授，讲授罗马法课程。为了让居亚斯在巴黎大学法

学院从事罗马法的教学，当时的国王甚至解除了不得在巴黎大学开设罗马法课程的禁令。在民法领域，居亚斯最伟大的贡献在于对查士丁尼皇帝的《民法大全》进行了评注。虽然对《民法大全》做出过评注的民法学者不少，但他是其中最著名、最有影响力的民法学者，他被视为法国最伟大的人文主义法学家和注释法学家。

1804 年，《拿破仑民法典》通过之后，为了防止大学法学院的教授随意对其做出评注、解释，拿破仑将巴黎大学改为帝国大学，专门设立了法学教育惩戒中心，对随意解释、评注民法典的行为进行惩戒。根据法学教育惩戒中心的要求，在大学法学院，法学教授只能够对法学学生讲授《拿破仑民法典》，不得对学生讲授罗马法，除非所讲授的罗马法与《拿破仑民法典》之间存在直接或者间接的关系，否则将遭受惩罚。在讲授《拿破仑民法典》所规定的内容时，法学教授应当遵循《拿破仑民法典》所规定的编制体例、篇章结构和法律条款顺序，不得打乱。

但是，法国民法典中蕴含的"自由、平等、博爱"的价值观，以及"重视公民权利和义务"的精神，推动了法国法治教育理念的重构。1875 年法兰西第三共和国宪法颁布后，法国成为一个典型的议会共和制国家。为了巩固共和制度，共和派政府坚持将民主的教育视为享有优先权的行动，强化国民对国家的认同并培养公民责任感，教师的政治地位也得到提升，大中小学都开设了不同层级内容的法治教育课程。阿德玛尔·埃斯曼是法国古典宪法管理理论的集大成者，也是法国现代宪法学的创始人。他长期担任巴黎大学教授，为法国法学史界代表人物，其理论主要体现在 1896 年出版的《法国宪法和比较法纲要》中，这是法国第一本对宪法学科进行体系化阐述的教材。[①]至此，法国民法典作为"活宪法"的作用才被真正的宪法所取代，注释法学及其教学方法也被实证主义法学及其教育哲学所取代。

① 王蔚:《法国宪法学研究方法之嬗变:从"意识形态化"到"新实证主义"?》,《财经法学》2017 年第 5 期。

（二）波尔多大学的案例分析

波尔多大学是法国启蒙思想家、法学家孟德斯鸠的母校，该学校规定学生在第二学年的 4 月 15 日后方可申请学士学位。申请提出后，学生可要求指定论文题目，以保证自申请提出至论文答辩至少有六周的准备时间。第三学年申请硕士学位时，亦应照此办理。想要取得博士学位，应在取得硕士学位一年后公开讲解世俗法和教会法的某一类内容，并任选世俗法和教会法之一写论文进行答辩。

在拿破仑执政后，受其教育改革的影响，法国资产阶级国民议会通过了《关于公共教育组织法》（即"达鲁法案"）。1793 年，巴黎大学被撤销，波尔多大学也被撤销，原大学以学院的方式继续运行。孟德斯鸠–波尔多第四大学成为原波尔多大学法学教育的继承者。其法学院的历史可追溯到 15 世纪，教皇犹金四世在波尔多建立了一所新的大学，是当时法国波尔多学派的发源地之一，设有神学、宗教法学、民法、医学和艺术五大专业。从 16 世纪开始，国家越来越多地干涉学校的事务。1679 年，路易十四颁布法令，试图统一全法国的大学，规定了大学学业的周期以及获得文凭的条件。然而，新的大学制度在波尔多大学没能顺利实施，学校一度陷入困境。这一情况在法国大革命爆发后彻底改变。1792—1793 年，旧体制下的高等教育在全法国范围内被取消，波尔多大学也因此消失了一个多世纪。在不断的抗议中，波尔多逐渐成立了一些学院，1838 年文学和科学院成立，1870 年法学院成立，1878 年医学院成立，但是波尔多大学却未能重建。1873 年，波尔多法学院定址于彼得布兰德公园，之后于 1967 年迁至佩萨克校区，最终成为孟德斯鸠—波尔多第四大学。后又与波尔多第一大学、第二大学、第三大学合并，重组整合为如今的波尔多大学。

法国公法学家狄骥从 1886 年起在波尔多大学法学院任教，他的法学理论很好地解释了法国大学管理制度的变迁。在法国高等教育发展的过程中，法学教育始终受到国家干预。狄骥将受教育权与教育自由问题等同起来，即把受教育权问题归结为是否所有人都有权以自身意愿为主导来接受教育，是否所有人都有权自由地选择理想的老师，而不受立法者的限制。狄骥从现实主义出发，用社会学的研究方法重新诠释了社会连带主义，通过对主权理论的批判作出了现代国家的职能将由主权统治转向公共服务的论断。狄骥的主要思想来自孔德的实证主义哲学和法国社会学家涂尔干在《社会劳动分工论》中所阐述的社会连带主义理论，其主要著作有《宪法学教程》等。[1]狄骥认为创立和组织某项公共服务，必然涉及其必须依照法律规定进行正当运营的问题，因此必须建立起将政府干预与紧急公共需求相关的活动转化为公共服务的制度，这也意味着高校教育管理制度也属于宪法和行政法文化的范围。

（三）巴黎高等师范学院的案例分析

法国巴黎高等师范学院创办于1795年，是一所高等师范学校，直接隶属于法国教育部和科学技术研究部，最初旨在培养教师。随着法兰西第三共和国的建立和发展，巴黎高等师范学院的使命发生了变化，该校也逐渐成为世界著名的综合性大学之一。该校不仅培养从事大学和中学教学的教师，还培养有志于基础或应用科学研究的人才，为法国行政部门和企业服务。

埃米尔·涂尔干于1879年就读于巴黎高等师范学校，并于1887—1902年在波尔多大学任教，创建了法国第一个教育学和社会学系，并通过教育学建立了社会学的课程体系。1902年后，他开始在巴黎大学执教。涂尔干主张采用结构功能主义的实证哲学来解释社会现象，他强调社会规范的重要性，认为教育既是满足社会需要的客观事实，也是促使年轻一代系统地社会化的过程。教育具有弥合社会分工、促进社会有机

---

① 何勤华主编：《法学经典漫笔：46个法学名著精要》，北京：中国法制出版社，2020年版，第201页。

团结的功能，也具有社会分工"失范"问题。他指出，社会危机对教育提出了新的要求，要解决公立学校的道德教育问题必须依赖一种科学精神，并以此建立一种唯理的道德教育。[①]

福柯，法国哲学家、社会思想家，毕业于巴黎高等师范学院、索邦大学，著有《规训与惩罚》《知识考古学》等。他的《知识考古学》力图探索作为知识对象的人何时出现。在教育理论批评方面，福柯主要从历史发展的角度分析知识与权力的关系，认为"真理"是运用权力的结果，而人只不过是使用权力的工具，配合各种规训手段将权力渗透到社会的各个细节中。

二、大学教育对英国法律文化发展的影响

英国在18世纪80年代的经济实力无疑处于世界前列，大学在人才培养、科学研究、社会服务和文化传承方面发挥了重大作用。法学教育作为文化法学的重要学科类型，最早在英国大学中产生。

（一）牛津大学的案例分析

牛津大学是英国第一所国立大学，培育出了众多杰出人士。文艺复兴之后，随着新学术思想的传播，人文主义教育家参照意大利文艺复兴中培养社会活动家的教育思想，提出了绅士教育思想，强调大学应加强人文主义的法学教育。如洛克是17世纪英国著名的教育思想家和哲学家，1652年进入牛津大学学习，并于1656年获得学士学位，1658年获得硕士学位。后来他还担任过牛津大学的希腊语和哲学教师。在牛津大学期间，洛克对当时盛行于校园内的经院哲学不感兴趣，反而对笛卡尔的哲学和自然科学更感兴趣。他的主要著作包括《政府论》《人类理解论》《教育漫话》《贫穷儿童劳动学校计划》，对教育与法治的关系进行了

---

① 戚万学：《冲突与整合：20世纪西方道德教育理论》，济南：山东教育出版社，1995年版，第77页。

思考。

英国革命后，议会的权力逐渐增强，对受过大学绅士教育的法学人才需求更加强烈。为此，英国议会通过了一系列有关大学改革的法令，对传统古典大学进行重大改革。1852年，牛津大学确立了法律硕士考试制度。1872年，法律和历史分成两个独立的学院。同年，法学学士学位考试得到了改进，成为评估法律知识的重要考试。在大学考试制度改革之后，真正具有现代意义的牛津大学导师制也建立起来，这一制度比较全面地体现了赫胥黎的自由教育思想，使牛津大学的自由教育传统进一步巩固。在牛津大学法学学科发展中，法学教育家也发挥了重要作用。例如，梅因在此期间担任牛津大学法理学主讲人，戴雪进一步将洛克的理论作品《政府论》发展为《英宪精义》，创立了英国大学的宪法学科等。

戴雪于1857年进入牛津大学学习，并于1882—1909年在牛津大学兼任英国法教授。他见证了英国由强盛走向衰落的整个过程，并目睹了重大的宪法变迁。戴雪将英国宪法的精神归纳为议会主权、法治和宪法惯例三大原则。尽管英国宪法依然是不成文的，但在《英宪精义》里获得了成文的体现。基于此，很多律师把《英宪精义》当作成文宪法，认定它和上院判决具有同等的约束力。[1]以戴雪等为代表的法学家运用丰富的法学理论知识阐述了大学法律教育的意义，这无疑对于英国现代大学制度的确立和法律文化的发展起到了重要的推动作用。

（二）剑桥大学的案例分析

与牛津大学比较重视人文科学的绅士教育不同，剑桥大学更重视自然科学的绅士教育。赫伯特·斯宾塞，英国哲学家、社会学家和教育家，剑桥大学的科学博士，先后担任圣安得鲁斯大学校长、爱丁堡大学校长，被誉为"社会达尔文主义之父"。他认为教育的目的在于教导每

---

① 何勤华主编：《西方法学名著述评》，武汉：武汉大学出版社，2007年版，第290页。

个人怎样去过"完美"的生活。他是将进化理论应用在大学教育实践中的先驱。斯宾塞的教育思想主要体现在其著作《教育论》里，该书是他早期发表的四篇教育论文《智育》《德育》《体育》和《什么知识最有价值》的结集。《什么知识最有价值》探讨了教育的目的，斯宾塞认为教育的目的就是"为完满的生活做准备"，教育的主要任务是教会人们怎样生活。在教育内容方面，他主张科学知识的重要性，所以，他认为学校课程应涵盖多门科学。关于德育，斯宾塞主张"自然惩罚"，反对"人为惩罚"，认为教育应该是养成一个能够自我管理的人，而不是一个依赖别人管理的人。[①]

萨德勒是英国教育家，也是大学推广运动的重要参与者之一。在对德国职业技术教育进行深入研究的过程中，萨德勒充分肯定德国将技术教育建立在一定普通教育基础之上的做法，并认为这是英国应该向德国学习的重要方面。当然，他反对简单移植德国的教育模式。萨德勒认为，一切好的真正的教育都是在国家发展的历史中逐渐形成的，只有历史地、全面地考察所研究的教育实体，研究整个国家的历史传统和文化背景，才能形成良好的教育制度。[②]

伯特兰·罗素将人文主义文化与科学文明进行了区分，认为大学教育的功能主要是科学教育。他于1890年进入剑桥大学三一学院，学习哲学、逻辑学和数学。1908年，他成为该学院的研究员，并获选为英国皇家学会院士。罗素认为，功利主义与人文主义应保持平衡，既要追求物质利益，也要追求精神愉悦。他主张扬弃传统绅士教育，通过教育革新使得教育适应科技进步的复杂现代生活。他提出教育应以民主主义为指导思想，重视教育的实际功能，他认为在一个良好的社会制度下，品德

---

① 斯宾塞：《斯宾塞教育论著选》，胡毅、王承绪译，北京：人民教育出版社，1997年版，第2—40页。

② 屈书杰：《迈克尔·萨德勒对美、德教育的研究》，《河北大学学报（哲学社会科学版）》2010年第4期。

和知识教育应向所有人开放，并在事实上为所有人所享有，进一步发展个人主义。罗素将性格教育和知识教育区分开来，认为后者可称为严格意义上的教学。他指出，品德教育在早期特别重要，而智力教育则贯穿从阅读和写作的第一课到大学阶段。①罗素虽然关注教育公平问题，但是也认为不能为了追求结果的平等而牺牲少数优秀学生的发展需求。

剑桥大学的利维斯，强调了大学在文化塑造和传承中的作用。他认为，真正的大学是文明世界的意识中心和人文使命中心，是文化的创造中心。没有它，我们人文智慧所依凭的丰厚遗产就不可能继承下来。在《大众文明与少数人文化》中，他将大众文明与文化区分开来，认为真正具有洞察力的艺术欣赏与文学欣赏总是依赖于少数人，只有少数人才能作不经提示的第一手评判。利维斯批判了英国工业文明所引起的文化堕落，称大众文明为"技术—边沁主义文明"②。所以，即便到了21世纪，绅士教育仍是一种具有英国特色的教育观。

英国科学家、小说家C.P.斯诺于1959年在剑桥大学的一次演讲中提出了与利维斯不同的文化观，因为他发现大学中自然科学家与人文学者的文化观的对立问题。他认为，这两个群体的智能可以互相媲美，种族相同、社会出身差别不大、收入也相近，但是他们几乎完全没有相互交往，在智力、道德或心理状态等方面都很少有共同性，以至于从南肯辛顿到切尔西就像是横渡了一片海洋。③这表明，绅士教育仍是大学教育需要探讨的问题。

三、大学教育对德国法律文化发展的影响

德国的大学大多数是学科较多、专业齐全、强调系统理论知识、教

---

① 罗素：《教育与美好生活》，杨汉麟译，石家庄：河北人民出版社，2001年版，第15—24页。

② 李丽：《英国"文化—文明"传统的教育学解读：以F.R.利维斯为中心》，《全球教育展望》2021年第4期。

③ 斯诺：《两种文化》，纪树立译，北京：生活·读书·新知三联书店，1994年版，第2页。

学科研并重的综合性大学，涵盖工科、理科、文科、法学、经济学、社会学、神学、医学、农学、林学等学科。教育学从哲学中独立后，与法学发生交叉，对德国法律文化的发展产生了重大影响。

（一）柏林大学的案例分析

现代大学体制可以溯源到1810年洪堡创建的德国柏林大学，该校是在民族丧失独立、经济困难的背景下建立的，寄予了人民对民族振兴的期待。洪堡提出大学应具有充分的自治权，并聘请既有学术造诣又有高超技能的教授，他提出通过科学研究的方法、教学与科学研究相结合的方法去追求纯粹知识的思想，由此，首次将科学研究纳入大学职能的范畴。哲学也在这种大学精神的指引下逐渐成为显学。1810年，德国哲学家费希特在柏林大学创设了哲学博士学位制度。

黑格尔于1818年担任柏林大学哲学教授，并于1829年当选柏林大学校长。他将柏林大学的哲学进一步推到了官方哲学的地位。黑格尔的哲学理论包含教育哲学、法哲学等思想，并催生了教育学从哲学中独立以及作为文化的教育法学的形成。

法学最初只是一门进行法律解释的语言科学，萨维尼率先将哲学引入法学研究。萨维尼是德国著名的法学家和国王顾问，历史法学派的创始人，曾兼任柏林大学校长和普鲁士王子的法学教师。他对法正义的理解根植于康德的人格及其伦理意志之自律性的伦理学，因而被称为"法学的康德"。萨维尼理论的基本论点是：法学必须同时是历史科学和哲学科学。可以说，"法学"一词以及许多法学理论均由德国创造。正因为德国的法学家比法国等国家法学家在历史上有着更大的自由，所以产生了带有法教义学特征的法律科学。

正是因为柏林大学对科学研究的重视以及对学术自由的坚定追求，卡尔·海因里希·马克思选择转学到柏林大学学习法律，但他大部分的学习重心却放在哲学和历史上。1841年，马克思以论文《德谟克利特的自然哲学和伊壁鸠鲁的自然哲学之区别》申请学位，却不被柏林大学的神学立场所接受，后改到耶拿大学申请学位，并因得到委员会一致认可，破例未进一步答辩而顺利获得耶拿大学哲学博士学位。

（二）柏林师范大学的案例分析

一般认为，德国存在两种哲学传统，即康德的理性主义传统和黑格尔的精神辩证法的唯心主义传统。康德强调个体理性的超验性，认为人的认识能力具备先天性和客观性，而黑格尔则强调人与社会、世界之间的关系，强调如何由个体思维提升至"客观精神"乃至"绝对精神"。而正是由于这样的法哲学文化，催生了德国的教育哲学思想和师范教育体系。

康德是德国哲学家、思想家，是德国思想界的代表人物，他调和了勒内·笛卡儿的理性主义与法兰西斯·培根的经验主义，被认为是继苏格拉底、柏拉图和亚里士多德后西方最具影响力的思想家之一。1781年，他发表了《纯粹理性批判》。其学生林克遵照康德的嘱咐，将他的教育讲演札记编纂成《康德教育论》。

19世纪，德国在教育理论和教育实践方面引起了欧美各国的广泛关注。这一时期，德国出现了洪堡、费希特、黑格尔、赫尔巴特、第斯多惠、福禄贝尔等一大批对世界产生重要影响的教育家。德国的大学教育已经走到了欧美其他国家的前列，教育学也从哲学中独立出来，成为教师培养的必修学科。为了提高基础教育质量，德国还创立了师范大学制度。19世纪以前，教师主要由不具备教学能力的手工业者和退伍军人担任。1808年，洪堡派遣17名教师到裴斯泰洛齐处进修。1809年创办了培养教师的机构——柏林师范学校，后来又建立了其他师范学校，这些师范学校大多按照裴斯泰洛齐的方法进行教师培训，思想较为先进。

在德国，早期教育学与法学的交集主要体现在哲学思考层面。第二次世界大战后，重建社会秩序的现实需要促进了教育改革的制度化，进而推动了教育立法和教育实践的深化，为教育法学的发展提供了现实土壤。汉斯·黑克尔与希普合著的《学校法学》被誉为世界上最早的成体系的教育法学著作，主旨是倡导教师在教育上的自由，从而将柏林师范学校的办学理念引入德国教育法治的精神探索之中。①

四、大学法学教育对美国法律文化发展的影响

美国是由 50 个州和华盛顿哥伦比亚特区组成的联邦共和立宪制国家。以美国发展的主要时期为标准，美国法律史划分为"建国时期""形成时期""重建和镀金时期""福利国家"和"当代"五个阶段。在不同阶段，美国大学教育与社会发展相辅相成，形成了实用性很强的社会法学法律文化。

（一）哈佛大学的案例分析

哈佛大学最初由马萨诸塞州殖民地立法机关创建，命名为新市民学院，是美国第一所高等教育机构。为了纪念在成立初期给予学院慷慨支持的约翰·哈佛牧师，学校更名为哈佛学院。哈佛学院的创建沿袭了剑桥大学的伊曼纽尔模式：以教会长老治校；课程设置与剑桥大学一样；学院实行寄宿制，便于对未成年人进行教育。学院的核心任务是教学，而不是发展知识。在马萨诸塞州，几乎所有著名的革命者都是哈佛学院的校友，包括美国《独立宣言》起草人之一、美国第二任总统约翰·亚当斯。

约翰·亚当斯于 1751 年进入哈佛学院学习，1755 年毕业并获得文学学士学位。之后，他在马萨诸塞州伍斯特向詹姆斯·普特南学习法律，并于 1758 年被接纳为马萨诸塞州律师公会的一员。1770 年，他代表波士顿，入选州议会（下院），担任州议会的法律顾问。1774 年，他被推选

---

① 秦惠民、王俊：《比较法视野下教育法学定位与学科体系》，《华东师范大学学报（教育科学版）》2021 年第 12 期。

为马萨诸塞州的代表，参加大陆会议，并负责编写《独立宣言》。

1780 年，马萨诸塞州颁布新宪法，哈佛学院扩建并更名为哈佛大学。1817 年，哈佛大学成立法学院，虽然比大学部建校晚一些，但哈佛大学法学院仍是美国最古老的法学院之一。在此之前，美国有过独立法学教育机构，例如 1779 年威廉·玛丽学院设立的法律系和 1816 年的马里兰大学法律系，但是这些法律院系最后均因各种原因无疾而终，只有哈佛大学法学院得以幸存。后来，哈佛大学法学院在兰代尔院长的领导下，创建了美国法学院 JD 标准课程体系，并率先使用案例教学法，开创了现代法学教育之先河。19 世纪后期，哈佛大学法学院进行了改组，于 1865 年摆脱了教会与政府的控制，实现了自治，加强了学术研究和科学实验，对美国文化与科学的发展作出了重要贡献。

兰代尔于 1851—1854 年在哈佛大学学习法律，随后在纽约从事了六年的法律实务工作。1870—1895 年，他担任哈佛大学法学院院长。1870 年，虽然当时美国的法律教育已进入大学，但仍不够成熟，如何获得法律学士学位还没有明确的规定。兰代尔致力于将法律教育提高到大学的水平，他要求学生正规地学习一系列必修课程，并通过考试。1870 年，兰代尔首次出版了判例教材，鼓励学生阅读和讨论，从中学习法学知识。他认为，普通法基本是法官制定法，学生要科学地学习法律，就要广泛而直接地研究判例，而不是阅读对法律的评论。他首创的判例教学法，被认为是法律教育中的革命性方法，这不仅在哈佛大学，而且在全美国的法学院中都有很大影响。

霍姆斯是美国著名法学家及美国最高法院大法官。他于 1861 年毕业于哈佛大学，并于 1866 年获得哈佛大学法律学位，随即在波士顿当律师。霍姆斯学生时代所受的教育是同属古典形式主义的兰代尔形式主义，但是由于他开阔的眼界及司法实践经验，霍姆斯逐渐形成了耶林式的批判性思维方式，开始反对兰代尔的教条观点。霍姆斯在《普通法》中提出了"法律的生命在于经验而非逻辑"的法律经验论和"法律是对法院将要做什么的预测"的法律预测论。1882年，他成为哈佛大学法学院教授和马萨诸塞州最高法院法官，1899年被任命为该法院的首席法官。1902年，西奥多·罗斯福总统提名他为联邦最高法院大法官。

罗斯科·庞德是美国20世纪最负盛名的法学家之一。他于1889年进入哈佛大学法学院学习，一年后转到西北大学法学院。1910年，他开始在哈佛大学任教，并于1916年出任哈佛大学法学院院长。在担任哈佛大学法学院院长期间，庞德对案例教学法的发展起到了重要作用，与哈佛大学法学院第一任院长兰代尔密切合作，开发了一套强调案例教学法重要性的课程。[①]

（二）威廉玛丽学院的案例分析

托马斯·杰斐逊于1760年入学威廉玛丽学院哲学系，以优秀成绩毕业后，转而学习法律，并取得维吉尼亚州的律师资格。1776年，他当选为《独立宣言》起草委员会委员，并提交了《独立宣言》草案。杰斐逊于1779—1781年担任维吉尼亚州州长，积极在威廉玛丽学院呼吁教育改革。

约翰·马歇尔是美国政治家、法学家，热爱文学，熟读古典名著，喜欢研读法律。1780年，马歇尔进入威廉玛丽学院继续学习法律，师从托马斯·杰斐逊的老师乔治·威思。在当时，弗吉尼亚律师协会对从业人员的要求极高，但由于马歇尔为人忠诚且业务能力过人，因此很快便取得了律师资格。他的律师事务蓬勃发展，很快就成为当地律师界的精英。1801年，马歇尔被任命为联邦最高法院首席法官。在任期内，他作出的马伯里诉麦迪逊案判决，奠定了美国法院对国会法律的司法审查权的基础。

因对威廉玛丽学院的教育改革不满，杰斐逊主张创办州立大学，将

---

① 翟志勇主编：《罗斯科·庞德：法律与社会 生平、著述及思想》，桂林：广西师范大学出版社，2004年版，第4—22页。

教育权掌握在州政府手中，希望在这样的大学中设置实用性的专业课程主张让学生自由选课。经过多年努力，他于1819年创办了弗吉尼亚大学，并担任第一任校长。弗吉尼亚大学反对传统的办学模式，实行民主管理，打破了自由主义教育一统天下的局面，对美国高等教育的发展产生了深远的影响，是美国第一所与宗教学说完全无关的高等学院。

对由圣公会教徒管理的威廉玛丽学院的教育不满的还有杰斐逊的同乡詹姆斯·麦迪逊。在美国的开国元勋中，起草《独立宣言》的亚当斯、杰斐逊成为第二任总统和第三任总统，而主张召开费城制宪会议的麦迪逊则成为第四任美国总统。麦迪逊出生于维吉尼亚州康维港一个南方大种植园主家庭，自幼好学，青年时期即投身于独立战争。麦迪逊毕业于普林斯顿大学威瑟斯彭门下，威瑟斯彭讲授的"道德哲学"课程涵盖了休谟、亚当·斯密等苏格兰启蒙思想大师的论著。这些著作关于历史、伦理、政治、经济、心理和法理的论述所包含的现代启蒙思想，成为麦迪逊大学教育的重要内容。麦迪逊与汉密尔顿等人共同创作了一系列文章，出版了《联邦党人文集》，为1787年宪法的批准作出了重要贡献。

五、中国大学对法律文化的传承与创新

自1904年京师大学堂设立法律学科以来，中国大学不断探索法治教育和教育法治协同推进的发展规律，走出了一条将马克思主义基本原理同中国具体实际和中华优秀传统文化相结合的道路，确立了大学发挥文化传承与创新功能的重要地位。

（一）北京大学

作为新文化运动的中心和中国最早传播马克思主义和民主科学思想的发源地，北京大学为民族的解放和振兴、国家的建设和发展、社会的文明和进步作出了重要贡献，在中国走向现代化的进程中发挥了重要作

用。2014年5月4日，习近平总书记在北京大学师生座谈会上指出："五四精神体现了中国人民和中华民族近代以来追求的先进价值观。爱国、进步、民主、科学，都是我们今天依然应该坚守和践行的核心价值，不仅广大青年要坚守和践行，全社会都要坚守和践行。"①

北京大学的马克思主义法学理论研究和教育历史可以追溯到五四时期。在蔡元培担任校长期间，北京大学以德国、日本、美国等国大学政法学科的基本范式为主，将政治学与公法学合并设置，历经法政科、政治学系、法律学系等发展阶段。李大钊、高一涵等北京大学教师在研究和传播马克思主义方面作出了重要贡献。1919年6月29日《每周评论》刊载的《俄国的新宪法》和1919年10月5日《太平洋》刊载的《俄国新宪法的根本原理》，作者分别是张慰慈和高一涵。李大钊在《再论问题与主义》中提到，曾阅读过一篇专门研究苏俄宪法的文章，即张慰慈的《俄国的新宪法》。②

李大钊，1907—1913年在天津北洋法政专门学校求学，随后获得资金支持赴日本留学。入早稻田大学政治科后，开始接触社会主义思想。1916年回国后，他创办了《晨钟报》，担任总编辑。1918年，他担任北京大学图书馆主任，参与编辑《新青年》，并和陈独秀创办了《每周评论》，推动共产主义。1920年，根据北京大学评议会"图书馆主任即为教授"的决议，李大钊因其史学造诣被聘为史学系本科教授，同时由于其法政背景，又被法科政治学系聘为教授。

高一涵曾留学日本明治大学攻读政法，1916年毕业后回国，与李大钊共同创办《晨钟报》，并为陈独秀主编的《新青年》撰稿，成为《新青年》的编者之一。1918年，经陈独秀介绍进入北京大学，先后担任北京大学丛书编译委员会委员及法科政治学系讲师、教授。作为新文化运动的主力军之一，高一涵在《新青年》上发表了大量作品，著作有《政

① 习近平：《论党的宣传思想工作》，北京：中央文献出版社，2020年版，第72页。
② 韩大元：《苏俄宪法在中国的传播及其当代意义》，《法学研究》2018年第5期。

治学纲要》《欧洲政治思想史》等，翻译著作有《杜威的实用主义》《杜威哲学》等。

张慰慈于1912年留学美国，1917年获得依阿华大学的哲学博士后回国，进入北京大学任教。1920年，张慰慈与李大钊等人一同担任北京大学法科政治学系教师，对劳工问题、巴黎和会及国际联盟问题等进行研究并授课，出版了《政治学大纲》等著作。

1930年，北京大学法律学系改为北京大学法学院，设立政治、经济、法律三个系。1952年，按照苏联专才教育模式进行院系调整，北京大学法学院并入北京政法学院。1954年，在政务院副总理、中央政法委员会主任董必武的直接指导下，北京大学恢复了法律学系。

（二）中国人民大学

2022年4月25日，习近平总书记到中国人民大学考察调研，强调“为谁培养人、培养什么人、怎样培养人”始终是教育的根本问题。中国人民大学是中国共产党创办的第一所新型正规大学，是一所以人文社会科学为主的综合性研究型大学，学校的前身是陕北公学。1950年，中共中央政治局提名，中央人民政府委员会第六次会议通过，任命吴玉章为中国人民大学校长。吴玉章是新中国高等教育的开拓者之一，早在1903年他就入东京成城学校，谋强国之策。1906年，吴玉章加入同盟会，二次革命失败后，被迫流亡法国，在法国组建华法教育会为国培养人才。1917年回国后，在北京创办留法俭学预备学校，选送近两千名学生赴法留学，包括周恩来、邓小平、王若飞、陈毅、聂荣臻、赵世炎、蔡和森、张申府等人。1922—1924年，吴玉章担任成都高等师范学校（四川大学前身）校长，传播新文化新思想。1925年，他在北京加入中国共产党，1948年，任华北大学（今中国人民大学）校长。1950年，中国人民大学成立，吴玉章担任首任校长，他主张理论联系实际的办学理念，开创了本科、研究生、预科工农速成等办学模式，为新中国建设培养了一大批优秀人才。

中国人民大学法律系成立于1950年，是中华人民共和国成立后的第一所正规的高等法学教育机构，被誉为中国法学教育的"工作母机"和"法学家的摇篮"。并入中国人民大学法律系的朝阳大学创办于1912年，在中国近代法学教育史上享有"北朝阳，南东吴""无朝（阳）不成院（法院）"的美誉。朝阳大学的加入对充实中国人民大学法律系的师资力量起到了重要作用。

（三）中国政法大学

中国政法大学的前身是北京政法学院，由北京大学、清华大学、燕京大学和辅仁大学的法学、政治学和社会学等科系组合而成。学院成立后，受高等教育部领导。当时的高等教育部部长马叙伦在北京政法学院成立典礼上发表了讲话，他是中国民主促进会的主要缔造人之一。1949—1952年，马叙伦担任中华人民共和国教育部部长，1952—1954年，任中华人民共和国高等教育部部长。1950年9月25日，马叙伦代表教育部与天主教罗马教会驻辅仁大学代表芮哥尼洽谈，阐明了新中国的教育政策，严正谴责教会进一步侵犯中国人民教育主权的行径。1950年10月12日，马叙伦就我国政府接管辅仁大学事宜召开记者招待会，重申这一问题属于教育主权问题，与宗教信仰无关。1951年1月，教育部召开"处理接受外国津贴的高等学校会议"，马叙伦重申中华人民共和国不允许外国人在境内办学的方针，并明确了处理这类学校的原则和措施。

钱端升毕业于清华大学，随后赴美国留学。1922年6月，他获得哈佛大学文学硕士学位，1924年获得哈佛大学哲学博士学位。回国后，钱端升先后任教于清华大学、南京中央大学、北京大学、西南联合大学。1927年与王世杰合著的《比较宪法》被列入商务印书馆的"大学丛书"系列，成为当时诸多法政学堂的必读教材，如今仍是许多高校法学专业公法学科的重要参考书之一。1952年，高校院系调整，钱端升参与了北京政法学院筹建工作，并被毛泽东任命为首任院长。他也是宪法起草的法律顾问，率先运用法学研究方法将政治学研究聚焦于对各国宪法的研究，开启了我国法律形式主义政治学的先河。1954年，他参与了第一部《中华人民共和国宪法》的起草工作。

2017年5月3日，习近平总书记在中国政法大学座谈会上指出："全面依法治国是一个系统工程，法治人才培养是其重要组成部分。""我们有我们的历史文化，有我们的体制机制，有我们的国情，我们的国家治理有其他国家不可比拟的特殊性和复杂性，也有我们自己长期积累的经验和优势。""我们要有底气、有自信，要努力以中国智慧、中国实践为世界法治文明建设作出贡献。"[①]对世界上的优秀法治文明成果，我们要加以甄别，有选择地吸收和转化。

第三节　内在与外在法律文化的区分

美国法社会学和法律文化研究的资深专家弗里德曼在其著作《法律制度：从社会科学角度观察》中，将法律文化视作一种价值观念，并根据不同群体的特征将其划分为内部法律文化与外部法律文化。[②]在本书中，笔者以大学教育为对象，根据大学教育和社会教育区分标准对法律文化进行内外界定，具体分为法律专业的内在法律文化与非法律专业的外在法律文化。

---

① 习近平：《论坚持全面依法治国》，北京：中央文献出版社，2020年版，第174、176、177页。

② 弗里德曼：《法律制度：从社会科学角度观察》，李琼英、林欣译，北京：中国政法大学出版社，1994年版，第261页。

一、专业区分背景下英国大学法律文化的特色

中世纪欧洲的很多大学由四个主要学院组成，即神学院、法学院、医学院和文学院。法学是一门需要较高拉丁语水平和辩证思维的学科，学生在学习法学之前需要先修习七艺，以提高修养和素质，之后才能开始学习法律。所以，文学院属大学预科，学生结束在文学院的学习后进入法学院、医学院、神学院学习有关专业课程。其中，神学院的地位最高。

欧洲一些文艺复兴后创办的大学搭建起了包括语言学、医学、天文学、自然科学在内的一系列学科框架。如莱顿大学的学科分类与英国本土大学不同，可以通过英国著名作家菲尔丁的求学经历看出文学与法学在大学教育中的关系。菲尔丁出生于英国西南部格拉斯顿伯里附近的一个贵族家庭，少年时代过着富裕的生活，幼年受教于牧师，随后在伊顿公学接受中等教育。1728年，他赴荷兰的莱顿大学学习语言，兼攻法律。然而，由于父亲再婚导致资助中断，他在莱顿大学的学习仅持续了一年，之后不得不退学。1729年，他回到英国，选择以写剧本谋生。他创作了颇为成功的喜剧《生气的丈夫》和《法律公子》，从此与舞台建立了密切的联系，成为职业剧作家。菲尔丁和朋友合伙购买了一个剧团，并亲自主持小剧场的演出。然而，他的社会和政治喜剧触怒了当权的辉格党的首领。1737年，英国首相沃波尔爵士在议会通过了《戏剧检查法》，要求一切剧本在上演14天前送审，违者将被罚款并吊销执照。随后，又实施了《扰乱治安法》，使得伦敦的市民不敢观看菲尔丁剧团的演出。没有了观众，菲尔丁的剧团不得不关闭，他的戏剧生涯也就被迫结束了。同年，菲尔丁在中殿律师学院改学法律，并于1740年取得律师资格，随后在伦敦威斯敏斯特区任法官，又于1748年担任伦敦警察厅厅长，训练了最早的一批侦查犯罪活动的侦探警察。这种职业经历使他加深了对社会的认识，为他的创作积累了丰富的素材。菲尔丁认为，小

说的目的不仅在于娱乐，更在于教育。他的《汤姆·琼斯》勾勒出一幅18世纪的英国全景图，展现了18世纪英国乡村、旅店、戏院、集市、法庭、监狱、杂货铺、上流社会的生活，他的笔下有乡绅、富人的私生子、家庭教师、牧师、士兵、军官、贵妇人等，深入揭示了从偏僻乡村到繁华都市、从底层人民到上层贵族各个领域的生活状况。例如，塾师神学家斯奎尔和哲学家屠瓦孔偏袒布力非，视汤姆为眼中钉，通过他们的语言和争论等对法律问题、宗教问题进行讨论，实际上展现了作者菲尔丁的文学与法学素养，也反映了莱顿大学与英国本土大学因学科分类不同而导致法律文化的多样性。

二、专业区分背景下法国大学法律文化的特色

从中世纪到法国大革命前夕，法国的教育主要由教会控制。在法国大革命之前，巴黎大学文学院毕业的学生一般被授予学士学位。巴黎大学文学院学生在获得学士资格之后，可申请硕士学位的考试。所以，从巴黎大学法学院毕业的学生大都有很好的文学功底。1802年，依据拿破仑的教育改革，巴黎法律学校成立，并于1808年成为法兰西帝国大学下辖的新巴黎法律学院。

19世纪，法国著名作家巴尔扎克在新巴黎法律学院（巴黎大学法学院）学习法学，毕业后进入律师事务所。但年轻的巴尔扎克却不喜欢法学而转入文学创作，撰写了被称为法国社会"百科全书"的《人间喜剧》。1896年，巴黎大学法学院与文学院、理学院、医学院和新教神学院重组，合并成立新巴黎大学。在此后的发展中，巴黎大学逐渐形成了更加复杂的组织结构，分为13个学院，每个学院专注于不同的学科领域，如神学、哲学、法律、医学、文学等。文学院也与法律学院具有同等的地位，学位的层次逐渐清晰，分为学士、硕士和博士三种。

三、专业区分背景下德国大学法律文化的特色

18世纪70年代，德国一批年轻作家发动了"文学革命"，被称为"狂飚突进"运动。这个运动是启蒙运动的继续和发展，是资产阶级进步文学发展的一个重要阶段，促进了德国大学在文学、哲学、法学、教育学等领域的发展。

约翰·沃尔夫冈·歌德，德国著名诗人，文学家，其文学著作《少年维特之烦恼》《浮士德》分别从大学生和大学老师的视角，对大学教育在人的成长发展中的作用进行了深邃的思考。

四、专业区分背景下美国大学法律文化的特色

在美国西部大开发中，随着人口向西部迁移和工业发展，远离发达东海岸的美国中部迫切需要一所一流大学。1890年，美国石油大亨约翰·洛克菲勒开始筹建芝加哥大学，并选择著名教育家威廉·哈珀担任首任校长。哈珀的建校思想与美国以往高校校长大不相同，他想要建立的不是学院，而是一所较为彻底的学系化的综合性大学。芝加哥大学早期设立了政治经济学系、英国语言和文学系、科学系和哲学系，法学系则于1902年成立，虽然起步稍晚，但很快就在法学与文学的学科交叉发展上产生了深远的影响。

劳伦斯·M·弗里德曼出生于芝加哥，1951年获得芝加哥大学法学博士学位，并取得律师资格。他在法律事务所工作两年后，于1957年转入学术界，先后在圣路易斯大学和威斯康辛大学任教。1968年后，他一直担任斯坦福大学法学院教授，并曾担任美国法与社会学会、法史学会的主席。弗里德曼认为关于法律的性质、实践或历史的入门书并不缺乏，这类书大部分由律师撰写，因此主要反映律师的观点。律师通常从内部观察法律，通过既有标准来评判法律实践。弗里德曼的著作《法律制度：从社会科学角度观察》则从外部观察法律，认为法律是众多社会

制度中的一种，其他社会制度赋予其意义和作用。①

在美国，大学的学科设置由学校自主决定，而非由政府主导。理查德·波斯纳出生于美国纽约一个中产阶级犹太人家庭。1959年，他以优异的成绩毕业于耶鲁大学英语语言文学系，1962年又以全年级第一名的成绩毕业于哈佛大学法学院。1962—1967年，他先后在联邦最高法院担任大法官布冉能的法律助手和其他政府职务，同时开始接触并自学经济学，形成自己的学术思想。1968年，他担任斯坦福大学法学院的副教授，1969年担任芝加哥大学的法学教授。1981年，里根总统提名其出任联邦第七上诉法院法官。波斯纳虽然是美国法学界的杰出人物，但其第一个学位却来自耶鲁大学的语言文学专业，而非法律专业；他虽然是一位声名显赫的联邦上诉法院法官和蜚声世界法学界的法学家，但他却没有获得法学博士学位；虽然身为法官和法学家，但他常常"超越法律"，专注于对经济学、数学、历史学、社会学、文学等多个学科的研究。波斯纳认为，不能从虚构的文学作品中学习关于法律体系日常运作的知识，即使这些作品描述的是审判或其他法律活动，因为法律和文学之间虽有较密切的联系，但两者本质上不同。他认为，美国法学界的一些人试图将法律学术的重点从分析转为叙事和比喻，意图将虚构的文学作品引入法律课堂，以此让人们更深入地理解被忽视和受压迫者的处境，从而通过培养对这些人的同情来促进法律改革。

第四节　高校法律文化课程的作用

课程是指学校教学的科目与过程。课程一词在我国始见于唐宋时期，而在西方英语世界里，课程一词最早见于英国教育家斯宾塞的著作《什么知识最有价值?》中，其源自拉丁语"Currere"，意为"跑道"。根据这

---

① 弗里德曼：《法律制度：从社会科学角度观察》，李琼英、林欣译，北京：中国政法大学出版社，1994年版，第10页。

一词源，课程最常见的定义是"学习的进程"。[①]

一、高校思政课程设置中法律文化教育的现状

法律文化的课程设置建立在课程评价的基础上。在法学教育传统课程设置中，与法律文化有关的内容比较分散。泰勒是美国著名的教育学家和课程理论家，被称为"课程评价之父"，他在1949年出版的《课程与教学的基本原理》中提出了关于课程编制的四个关键问题：目标、内容、方法和评价。他认为，一个完整的课程编制过程应包括确定学校应追求的目标、选择和形成学习经验、组织学习经验和课程评价。在高校思想政治教育中开设法律文化课程，便是提倡将法律与生活联系起来，让法律成为文化，从而改变学生死记硬背法律条文的现状。通过揭示法律背后的理念与精神，进行历史溯源教育，增强法律的温度和亲和力，实现"春风化雨、润物无声"的效果。

课程还常因学科发展需要而设置。在西方，最早的学科分类思想源自柏拉图。亚里士多德首次明确提出"学科"概念并进行分类，所有学科被统称为广义的哲学，而狭义的哲学则被划分为理论科学（包括物理学、数学和形而上学）、实践科学（包括伦理学、政治学、经济学）和诗的科学。而学科的发展则依存于专业需求。中世纪西欧大学对于当时文化教育的进步产生了巨大的推动作用，最早的大学专业分为文学、医学、法学和神学四大学科。在初级教育阶段，学生主要学习七艺，包括基本读写、数学、艺术和自然科学等。初级教育完成之后，学生转入其他三科进行更深入的学习，而这三科则为专业教育。

就学科和专业发展而言，由于法律文化研究和教学内容的复杂性，大多数大学的法学教育只包括法律学、思想政治、社会学等学科，并设有单独的法律文化课程。《政治学》是亚里士多德关于政体研究的专著，

---

① 斯宾塞：《斯宾塞教育论著选》，胡毅、王承绪译，北京：人民教育出版社，2005年版，前言第43页。

具有多方面的学术价值。在探讨和阐释奴隶制各种政体及其统治形式的过程中，亚里士多德从教育与政治关系的角度提出了一些重要的教育主张。虽然"政治学"的研究历史可以追溯到古希腊，但"现代政治学"无疑起源于20世纪以美国为代表的西方发达国家。1880年，美国哥伦比亚大学政治研究院成立，标志着政治学在大学里成为一门正式的学科，拥有正式的研究机构。1903年，美国政治学会的成立和1906年《美国政治学评论（APSR）》专业杂志的创办，则标志着政治学研究从传统社会学和经济学研究中进一步独立出来。①在美国，虽然没有明确使用"思想政治教育课"这一概念，但公立大学（州立大学）和私立大学均设置了具有浓厚的资本主义意识形态色彩的"政治课"或"德育课"。与中国大学开设的法律基础、道德修养、形势与政策课相似，美国大学开设公民与法、职业道德、社会研究等课。美国大学的思想政治教育非常注重渗透式的价值观教育，并且特别强调案例教学和实践教学。在实践教学环节，美国的大学常常把政治教育和道德教育寓于各种社区服务、社会服务之中，并为大学生提供与社会密切联系的机会。通过参观、募款、竞选宣传和慈善服务等社会活动，学生能够更深入地了解国情、民情，从而提高政治教育和道德教育的效果。

美国的法学院与政治学院基本上互不隶属，但从美国法学教育的发展史来看，美国的宪法和国际法学课程曾长期由政治学院或者政治系开设。而在中国，从京师大学堂开设的"政法科"开始就将政治学与法学合并开设。1913年，《大学规程》奠定了政治学从属于法学的法律基础。此后很长一段时期内，各项教育立法基本上沿袭这一体制。法学课程包括法律学、政治学和经济学。如张奚若于1913年赴美国哥伦比亚大学攻读法学和社会科学，获得政治学硕士学位。当时，哥伦比亚大学的公法教授多在政治学院，而私法教授则在法学院，政治学院与法学院之间的

----

① 臧雷振、黄建军：《美国政治学研究方法发展现状及趋势：新世纪初的新争论、挑战与反思》，《政治学研究》2014年第4期。

竞争相当激烈。直到1922年，哥伦比亚大学才在法学院设置了专门的研究生性质的法学博士学位。

党的十一届三中全会后，法律文化教育作为高等学校思想政治教育的内容受到重视。1998年，中共中央宣传部、教育部印发《关于普通高等学校"两课"课程设置的规定及其实施工作的意见》的通知，将"思想道德修养"和"法律基础"两门课程列为本科思想品德课程。2005年，根据《中共中央宣传部、教育部关于进一步加强和改进高等学校思想政治理论课的意见》，这两门课被整合为"思想道德修养与法律基础"，并成为大学生的必修思想政治理论课之一，旨在引导学生树立高尚的理想情操和养成良好的道德品质，树立体现中华民族优秀传统和时代精神的价值标准和行为规范。为了与国外大学的学科和专业分类对接，思想政治专业被归为法学学科门类。就我国高校的学科设置来说，作为大学专业门类之一的法学门类，包括法学、马克思主义理论、社会学、民族学、政治学、公安学等一级学科。这凸显了法律文化教育在思想政治课程中的地位，说明法律文化教育不仅是法律基础知识的传授，更是对法治精神、法治理念的探寻。

2019年3月18日，习近平总书记主持召开学校思想政治理论课教师座谈会并发表重要讲话。他强调，办好思想政治理论课，最根本的是要全面贯彻党的教育方针，解决好培养什么人、怎样培养人、为谁培养人的根本问题。随着资本主义生产方式的发展和工人阶级的壮大，马克思和恩格斯从历史活动的思想动机追溯到隐藏在思想动机背后的物质原因，揭示了物质生活资料的生产是社会发展的决定力量，生产力和生产关系、经济基础和上层建筑的矛盾运动推动着社会形态由低级向高级发展。习近平总书记指出："中国共产党人的理想信念，建立在马克思主义科学真理的基础之上，建立在马克思主义揭示的人类社会发展规律的基础之上。"①不学习马克思主义理论，就不能确立中国特色社会主义的法治理念。因此可以说，社会主义法治理念的传播是法治精神培育的基础和根本。

二、法学专业课程中法律文化教育的现状

在新时代背景下，根据实际需要，在法学专业中设立中国法制史、法律文化等课程，对弘扬中华优秀传统文化、将社会主义核心价值观融入大学教育理念之中具有重要意义。法律文化课程化的思政教育的意义在于塑造法治理念和法治精神。然而，当前大学法学专业课程中并没有单独设置法律文化课程，而是将其内容分散于法社会学、法制史等课程中进行讲授。

（一）法社会学中的法律文化教育

法律文化首先是法社会学领域的重要概念，用来描述不同社会中多元的法律制度。法社会学研究法律文化的目的在于挖掘现实生活群体的心理、观念，探讨法律实施的社会基础与动力。

在法社会学中，法律文化的概念是对法律文化课程研究对象的实体内容的界定，涉及一个非常重要的法哲学问题，即法律意识与法律制度的关系问题。法律意识是客观存在的各种法律现象在个体头脑中的反映，不同的法律意识影响着法律制度及其实施。法律文化从本质上讲是一种精神财富，不仅反映个体的法律意识，也体现一群人、一个民族的集体法律意识。所以，法律文化是支配人类法律实践活动的价值基础和这个价值基础被社会化的运行状态。②该定义将文化定位于人类社会的精神现象，使文化成为连接社会法律观念与制度的纽带。

将法律文化视为人类社会的精神现象的学者有很多，苏力在《法治

---

① 习近平：《在纪念红军长征胜利80周年大会上的讲话》，北京：人民出版社，2016年版，第12页。

② 武树臣等：《中国传统法律文化》，北京：北京大学出版社，1994年版，第32页。

及其本土资源》中指出，之所以要借助本土资源，是因为法律是地方性知识和有限理性的体现，不存在放之四海而皆准的模板，法律是扎根于民族的文化传统之中的。法律的重要功能在于为人们提供稳定的预期，不同的民族受不同的文化传统的影响会在实践中形成不同的预期，因此其他民族的法律文化并不一定适用于本民族。从这个角度来看，注重本土资源也是发展我国法治的必经之路。在批判梁治平研究员的"法律文化论"时，苏力指出："作者将文化限定为安排秩序观念，又将法律的一些概念和法律制度作为这种秩序观念的外显。这种对文化概念的限定，固然有其研究、操作上的便利。但也正是由于这种限定，就使得作者的法律文化研究有很强的'唯心'的色彩，即强调人（复数）的观念、价值、思维方式、意义赋予对法律制度的构成性和限制性作用。人们因此可能难以看出法律文化是否以及如何受制于社会生活的物质性的一面，例如人口、自然地理、耕作方式等。"①

上述概念为文化的社会学研究拓展了法学研究的范式，法律的文化解释是一种新的法学研究思路，对传统法学理论产生了很大冲击和影响，促使人们思考法治现代化的复杂性。法律文化课程的设置意义重大：法律文化是宏观的法学新思维，将传统分析法学中人为割裂的法律制度、法律规范和法律观念还原为一个有机统一体，它主要研究的是协调观念性法律文化与制度性法律文化、外来法律文化与本土法律文化、传统法律文化与现代法律文化的互动关系。中国特色社会主义法律文化的建设，正是协调观念与制度、传统与现代、外来法律文化与本土法律文化之间关系的过程。法治现代化不仅是法律制度、法律规范的现代化，更是法律文化的现代化。法治现代化不是割裂本国、本民族的法律文化传统，而是以一种建设性批判的态度对待法律文化传统，使法律文化传统的精华在批判中得以升华。法治建设必须调动一切可以调动的资源，既可以借鉴优秀的外来法律文化，也需要继承和发扬优秀的本土法

---

① 苏力：《阅读秩序》，济南：山东教育出版社，1999年版，第91—92页。

律文化。

（二）法制史中的法律文化教育

了解不同国家的法律文化特征和运行规律，需要从各国的法制史研究中获取信息，这是英国历史法学派代表人物梅因的观点。梅因出生在英格兰的一个医生家庭，早年在基督教慈惠学院就读，后来进入剑桥大学彭布鲁克学院学习法律，并获得法学博士学位。他的讲演曾受到法学界的普遍关注。1862—1869 年，他在印度担任总督府参事，回到英国后担任牛津大学法理学主讲人。1878 年，他成为剑桥大学三一学院院长。杜威认为，梅因提出的"从身份到契约"论断反映了自由资本主义时期的法律文化特点。庞德在《法律史解释》中承认，梅因"从身份到契约"的著名论断对民主主义的教育起到了不可忽视的作用。

在弗里德曼看来，法律制度不是完全自主的，无法独立于社会力量而发展或变化。法律是人为的产物，也是社会需求的结果，因此法律的研究和讨论都需放在社会文化与政治情势的脉络中考量。弗里德曼对西方法学界流行的"传统法对现代法"的分析框架和单一进化模式提出了挑战。他认为，不同法律体系中凝结着各自所特有的文化因素，这些文化因素对法律制度的产生和发展具有重要影响。所以，"社会中的人们有各种需要，提出各种要求，这有时会引起法律程序，有时不，这取决于文化"[①]。

不同的法律文化背景描绘出不同法系的发展脉络。梁治平在《寻求自然秩序中的和谐：中国传统法律文化研究》中揭示了中华法系中家与国、礼与法的关系，以及古代法治的治乱之道。梁治平指出，西方的法治话语体系与中国的法治话语体系存在显著差异，其根源在于中国强调国与家的关系，而在西方则强调个人自由、平等与国家的关系。

---

① 弗里德曼：《法律制度：从社会科学角度观察》，李琼英、林欣译，北京：中国政法大学出版社，1994 年版，第 17 页。

所以，法律文化是一个"大写意的术语"。文化的研究方法既是一种社会学研究方法，又是一种历史学研究方法。用文化的方法研究法律，法律不再仅仅是简单的规则条文，而是体现了人的主体性活动及其历史传承，体现着对人的关怀，尤其是对少数群体文化的理解。法律文化还是具有实体性的知识，既具有地方性，又具有普遍性，在人与人的交流与沟通中得到认同与发展。法律文化的实体内容是对法律进行文化分析的结果，其核心是公众的法律观念，而法律制度是观念的外显。

（三）法人类学中的法律文化教育

文化的研究始于人类学。人类学最初是研究人的体质的一门学科，后来转向研究人群的社会文化问题和其他问题。法人类学从人类的心智、体质、文化等方面探讨文化的相对独立发展。而法社会学则是以科学实证的方法研究法与社会的关系，而社会结构中的文化要素自然成为法社会学关注的重点。

意大利学者龙勃罗梭将体质人类学应用于法学领域，开创了刑事人类学派。龙勃罗梭出生于维罗纳的一个犹太人家庭，青年时期曾在帕杜阿、维也纳、巴黎等地学习。1859年，他开始担任军医，后又在佩扎罗精神病医院任院长。他主要在都灵大学担任教授，讲授法医学和公共卫生学、精神病学、刑事人类学等。龙勃罗梭的代表作是1876年出版的《犯罪者论》。他将科学实证方法引入犯罪学研究，使人们对犯罪的关注转向犯罪人。他提出了天生犯罪人论，认为某些人生下来的生理特征就注定要成为罪犯，应该对他们采取保安处分、死刑、流放荒岛或消除生殖机能等措施以预防犯罪。[1]

泰勒被称为欧洲的"文化人类学之父"。1855年，他在古巴的哈瓦那偶然结识了英国的考古学家和人种学家克里斯蒂，从此对人类学产生了浓厚的研究兴趣。1871年，泰勒发表的《原始文化》对人类学这门学

---

[1] 徐爱国：《解读龙勃罗梭的犯罪人论》，《上海政法学院学报》2006年第2期。

科所研究的范围、对象做了一个明确的说明，并对从非文化视角理解现代性提出了反对，所以这部书被视为人类学诞生的标志。不久后，美国著名的人类学家亨利·摩尔根发表了《古代社会》。在"人类主要制度"的"发展途径"和"发展方式"上，摩尔根坚持的是一种鲜明的"决定论"立场，他明确提出，这些制度的发展途径与发展方式早已注定。他说："人类从发展阶梯的底层出发，向高级阶段上升，这一重要事实，由顺序相承的各种人类生存技术上可以看得非常明显。"①摩尔根被称为美洲的"文化人类学之父"。这两位学者分别将达尔文的进化论应用于他们的研究对象。《原始文化》侧重于研究原始文化中的宗教现象，而《古代社会》则聚焦于研究社会结构，特别是社会的基础单位、婚姻和家庭。

马林诺夫斯基被认为是现代法人类学的奠基人，也是伦敦大学首位社会人类学课程教授。在伦敦大学期间，马林诺夫斯基以其精彩的授课吸引了来自各地的学生，其中包括中国的费孝通和吴文藻等人。

早期西方法人类学的研究对象是初民社会的文化。当代解释人类学的研究对象是"地方性知识"，是在对"他者"的文化进行研究时反思自身文化。解释人类学认为人类学研究就是要寻找文化的意义，因为人是生活在意义的网里，而这个网就是文化。就法律发展而言，法律的发展存在着与特定文化相关的多元化的道路和轨迹。美国法人类学家吉尔兹指出，法律就是一套"地方性知识"，而所谓"地方性"不只是指空间、时间、阶级和各种问题等差异，也包括"特色"。因此，不应把具体的差别化简化为抽象的共通性；不应用不同称谓指称相同的现象；比较法得出的任何结论，必须应用于处理差异而非消灭差别。具体到法律发展，法律不会衰变成封闭的单一体，而会拓展成一个复合的多元体。吉尔兹在《地方性知识：事实与法律的比较透视》中指出法律事实非自

---

① 摩尔根：《古代社会》，杨东莼、马雍、马巨译，北京：中央编译出版社，2007年版，第14—15页。

然生成，乃社会之产物。他认为，法律是一种地方性知识，所谓地方性不只与地域、时代、阶级以及问题的多样性有关，还与直觉和直接个案紧密相连。法律分析的一个重要方面是事件的文化背景。法律是在不同的时间、地点，由不同的人群根据不同的场景创造出来的。在创造时，人们虽然会考虑某种社会需求，但其中也注入了创造者的想象、信仰、情感和偏见，因此这样的法律表达了特定的文化选择和意向。吉尔兹关于法律的定义表明他不满足于法律的实证主义和功能主义的解释方法，而是采用解释学的立场。他强调，并不是要将法律的意义注入社会风俗或者通过人类学的发现来纠正司法方面的推理，而是以阐释学将两个领域结合起来，先看一方，再看另一方，以便能对道德、政治和思想等方面问题作出有益于双方的系统阐述。[①]

我国是一个历史悠久的文明古国，也是一个多民族统一的单一制国家。对传统优秀少数民族文化的保留和继承，是我们研究民族法文化的动力所在。要想克服法律文化课程的幼稚性，有必要引入社会文化理论和方法，以丰富中华法系的法治精神，促进中华民族共同体意识的法律文化认同。

三、法律文化课程应该与教育法学课程协同设置

法律文化从制度到精神的重心转变，与教育学和心理学的发展有很大关系。如在德国，众多教育学家和心理学家的出现，推动了法律文化教育的发展。所以，法律文化课程应该与教育法学课程协同设置。

在西方国家，宗教与学校教育分离后，教育被纳入道德律令和法治的轨道，受教育权作为人权被写入各国宪法。有了教育法治，也就有了教育法学这种文化现象。教育法学实际上是教育学和法学交叉融合的产物。康德被认为是现代哲学的开创者之一，他的哲学理论涉及法学、教

[①] 吉尔兹：《地方性知识：阐释人类学论文集》，王海龙、张家瑄译，北京：中央编译出版社，2000年版，第224、225页。

育学等多个领域。他在哥尼斯堡大学的哲学讲座中最早讲授教育学和法哲学。此后，大学的法学学科与教育学学科紧密相连而又分开发展。法学以人的行为规范和价值导向为研究对象，以理性逻辑推理为思维方法，研究的主题是寻求将价值共识客观化的途径，形成了自然法学、分析实证法学、法社会学等学派；而教育学的研究对象是何以成人与成才，以心理学、生理学为支撑，教学方法逐渐从对人的外在社会期待的关注转到内在价值的发现与关注。

　　赫尔巴特是最早将心理学与哲学、生理学分开，并明确宣称心理学是一门科学的人。他也是最早明确强调教育学必须以心理学为基础的教育家，试图依据心理学的知识来揭示教育和教学的规律。赫尔巴特主张建立符合学生多方面兴趣的课程，课程设计应符合学生的知识水平和兴趣特点，符合人类文化历史的发展进程。分科课程与活动课程是学校教育中两种基本的课程类型。赫尔巴特为课程设计提出了"相关"和"集中"两项原则。相关原则是指学校不同课程应当相互影响、相互联系；集中原则是指在学校的所有课程中，选择一两门科目作为重点学习的课程。赫尔巴特虽然将教育学作为一门科学建立起来，但他将教育学与法学完全区分开来。而美国教育学家杜威却将教育学与法学又重新衔接起来。1886 年，哥伦比亚学院哲学系开设教育学课程。1904 年，杜威正式加入哥伦比亚大学，并于 1916 年发表代表作《民主主义与教育》，为现实主义法学教育运动提供了理论基础。美国现实主义法学是当代法学理论界最引人注目的法学学派之一，它以杜威的实用主义哲学为基础，否定"判例教学法"，创设实践性法律课程，并聘请教育学、心理学专家到法学院任教，以解决法律和人文知识在实践中的应用问题。[1]但杜威理论过分强调学校在教育运动中的领导地位，忽视了社会和文化发展对教育的决定和制约作用。

---

① 吕世伦、付池斌：《现实主义法学对美国法学教育的影响》，《东岳论丛》2006 年第 2 期。

现在大部分教育法学学者认为，教育法学应该重点关注教育作为文化的法律制度体系的构建。笔者则认为，教育法学应该不仅是研究教育法律制度的法学，还是研究教育法的精神的法学。从这个角度定义教育法学，就可以在教育学原理的基础上促进法律文化课程的设置与内容安排。

分析实证的教育法学者通常认为，国家强制性的义务和责任是法律的基本范畴，通过法律规则来规范教育事务的需要催生了教育法，对教育领域法律适用问题的研究形成了教育法学。而新自然法学派则将"立德树人"作为教育法的目标追求。所谓教育法就是通过法律保障学校和教师培养德、智、体、美、劳全面发展的学生的法律规范的总和。如1957年，由汉斯·黑克尔撰写的《学校法学》系统阐述了联邦德国学校制度的法律框架与法理基础，涉及学校管理、教师法律关系、学生权利义务、学校权力及职责等多个方面。在抵制极权主义和倡导福利国家的社会思潮中，教育成为推动联邦德国民主法治建设的重要一环。黑克尔等人认为，教师只有在自身自由的情况下，才能朝着自由的方向开展教学，因此学校立法应根据教育的本质和价值，依法保障教学自由，学校管理部门也应克制，尽量不干预教学和教育中的个别问题。①

现在教育法学研究重点是教育法律制度而不是教育法的精神，即不是教育法律文化。教育法律制度的运行主体是立法者、司法者和教育行政管理者，而教育法的精神则体现为立德树人，这就需要明确高校法律文化课程的性质，解决教育法的精神探索问题。很多研究教育法学的学者认为，社会道德教育是教育学的研究内容，这是一种传统的分析实证法学的观点。传统分析实证法学认为道德和法律是有区别的，法学研究的只是实在的法律制度，这导致传统教育法学的研究对象局限于学生、学校、教师和教育行政机构之间的法律关系，知识体系相对狭窄，不能

---

① 秦惠民、王俊：《比较法视野下教育法学定位与学科体系》，《华东师范大学学报（教育科学版）》2021年第12期。

体现法学与教育学相区分但又融合发展的关系。而法律文化课程不仅包含法学与社会学、文学等交叉研究的知识体系，还涵盖法治教育与教育法治的理论和实践研究的各项知识体系。只有这样，大学法学与教育学在法律文化课程中才能得到融合发展。笔者认为，教育法学不仅应该研究教育法律制度，还应该研究教育法律文化，其核心应是对教育法治精神的探索和追求。如柏拉图、卢梭、康德、杜威等教育学家对教育法律问题的分析，应成为法律文化课程的重要内容。

中国的法律体系实际上是以教育为本的伦理法律体系，这与西方自然法学派对法的精神塑造有相似之处。但是中国传统法律文化长期将教育纳入德治的范围，导致在中国近现代化过程中，教育法治的发展相对滞后。新中国成立以后，在党的教育方针指引下，建立了各级各类教育体系，但教育发展在很大程度上还是依靠政策，法律意识培养在思想道德教育中的地位还需提高。如何将教育法的精神与教育法律制度协调起来，促进法治建设中法的精神与法律制度的协调发展，是法律文化课程设置与教育法学研究的重要内容。法律文化关注法的精神，这与教育法学的研究对象是相通的，因此，法学与教育学都应该关注法律文化课程。法律文化课程的内容设计可与教育法学课程的内容设计相互关联，从而避免法律文化教育的空泛性，也能防止教育法学过多陷入分析实证法学的框架之中。如果学生对发生在身边的教育法问题都不熟悉或不能理解，法治教育就难以深入人心，教育法治也就失去了文化的根脉支撑。这也是本书取名为《法律文化与教育》的初衷。

第四章　中华教育法文化的
变革与大学留学教育

　　大学专业是高等学校根据国家建设及社会分工的需要而设立的学业类别，各个专业有独立的教学计划，以实现专业的培养目标和要求。法学专业旨在培养能在立法机关、行政机关、检察机关、审判机关、仲裁机构和法律服务机构等从事法律工作的法律人才。中国大学法学专业的留学教育，目标应该是让学生充分了解国外和国内优秀法律文化中法律智慧和技能，更好地运用法律知识和文化服务于社会。

第一节　中华法系的教育法特色

　　习近平总书记指出："自古以来，我国形成了世界法制史上独树一帜的中华法系，积淀了深厚的法律文化。"①在我国法律文化中，道德教育作为中华法文化的根脉，在教育和法治两个领域开枝散叶，形成了以"天理、人情与国法相统一"为核心的中华法系的教育法特色。

一、中华法系中天理、人情与国法的关系

　　"天人合一"的理念在中国古代哲学中占据重要地位，作为一种宇宙观和中国文化观，具有打通天理、人情与国法关系的教育法特色。在不

---

① 《习近平谈治国理政》（第四卷），北京：外文出版社，2022年版，第289页。

同的时代背景下，出现了许多类似于"天人合一"的表述，其含义不尽相同，其中以儒学主张的"天人合一"的教育理念占据主流地位。

"大学之道，在明明德，在亲民，在止于至善。"①儒家有儒家的天理，道家有道家的天理，《庄子》讲"顺之以天理，行之以五德"，法家也讲天理，《韩非子》讲"不逆天理，不伤情性"。由此可见，在我国悠久的历史长河中，不同的学派、不同的人物对"天人合一"中"天"的概念有着不同的解读。人们对"天人合一"中"天"的理解是不断发展，不断革新的，它们共同构成了"天人合一"中"天"的理论内涵。在道家看来，"天"即"天道"，"天道"作为一种最理想的状态，是宇宙万物的本源，是天理价值判断的标准。老子用"天道"来说明万物都是顺从自然的，都按照自然的法则运行。他提出人不能随心所欲，为所欲为，而应顺应自然。而在儒家看来，"天"是"天命""天理"。"天命"是儒家很重要的一个概念，孔子、孟子、荀子等先贤在其著作中多次提到"天命"。如孔子说"五十而知天命"，"安天命，尽人事"。儒家对"天命"的探讨，不是"无为"地顺应自然，而是为了理解人情。何谓人情？《礼记·礼运》曰："何谓人情？喜、怒、哀、惧、爱、恶、欲，七者弗学而能。"人情与人欲是不同的。该篇又曰："饮食男女，人之大欲存焉；死亡贫苦，人之大恶存焉。故欲恶者，心之大端也。""礼乐之说，管乎人情。"

国家立法度的目的在于顺天理、合人情。律令典章制度是对国家在政治、法律和文化等方面的基本规范的总称，属于一种官方的法律文化。封建社会时期的中国是一个诸法合体、以刑为主的成文法国家，其传统法律文化经过了一个引礼入法、德主刑辅的演变过程。先秦时期法律制度以刑为主，郑国执政子产"铸刑书"，是中国历史上第一次公布成文法活动。子产此举，开启了中国古代公布成文法的先例。公元前513年，晋国的赵鞅、荀寅将范宣子制定的成文法铸在铁鼎上，公开发

①《礼记·大学》。

布，被称为"铸刑鼎"。战国时期，法家先贤如李悝、商鞅、申不害相继在各国变法，打破"刑不上大夫、礼不下庶人"的贵族特权，通过法治推动了封建制度的形成。秦晋法家的创始人之一李悝，收集各国刑律编成《法经》六篇，此为中国古代第一部较为完整的法典。

法家是战国时期产生和发展的以"法治"为思想核心的一个学派，其也倡导天理、人情，主张通过制度建设来奖励耕战，定纷止争。不过，法家的天理和人情观具有很强的功利主义特点。法家将这种理论运用到实践中，促进了社会的变革和中国传统制度文明的发展，其中商鞅变法具有中国传统制度文明发展的里程碑意义。商鞅在秦国主持变法时，废井田开阡陌，奖励耕战，将《法经》改造成了秦律，制定了《田律》等法律制度，奠定了农耕文明的法制基础，历史上称为"改法为律"。"律"字原意指定音的竹笛，后来也指音乐的旋律、节拍，主要含义是稳定。商鞅用"律"字代替了"法"字，使"刑名法术之学"变成了定纷止争的行为规范。

董仲舒以"天人感应"为理论依据，提出了儒学的天理和人情观。汉朝实行罢黜百家、独尊儒术以后，法家"一断于法"的观点受到排斥，而荀子的"隆礼重法"观念成为主流。荀子认为"法不能独立，类不能自行，得其人则存，失其人则亡"[1]。董仲舒提出通过"春秋折狱"理论来引礼入法，修订先秦法家制定的律令典章。到了唐律时期，立法实行"一准乎礼"，《唐律疏义·名例》对此进行了解释，认为"德礼为政教之本，刑罚为政教之用，犹昏晓阳秋相须而成者也"。至此，官方的律令典章制度也成为儒家文化的组成部分。

从律令典章形式来看，法律出现了引礼入法的演变。礼的功能是教育，法的功能是惩罚。战国时期的《法经》是法家思想制度化的体现，规定了"王者之政"的要领，即"王者之政莫急于盗贼"。但汉唐以后，受儒家"天人合一"思想的影响，法律的发展经过汉朝《九章律》等的

---

[1]《荀子·君道》。

演进，到隋朝的《开皇律》、唐朝的《唐律疏议》，中华法系逐渐形成了独树一帜、特色鲜明的制度化模式。唐朝是中国封建法律文化的辉煌时期，唐律以"一准乎礼，而得古今之平"著称于世，成为完备的封建法律形态。《唐律疏议》是唐高宗永徽三年（652年）编定的律文，是我国历史上保留下来的一部最早、最完整的封建法典和注疏，其立法理论体现了"德礼为政教之本，刑罚为政教之用"的特色。

北宋之后，儒学向理学发展，正式形成了儒家理学天理、人情与国法相衔接的"天人合一"思想。宋明时期出现了许多著名儒家学者，如周敦颐、王安石、苏轼父子、张栻、朱熹、陈亮、陆九渊、王守仁等。理学的根本特点是将儒家的社会、民族及伦理道德和个人生命信仰理念相结合，构成更加完整的哲学和信仰体系，从而形成了理高于势、道统高于治统的政治理念，为抑制君权、推动中国政治的平民化和民间参政提供了理论支持。具有逻辑理性特征的"天理""天道"取代了粗糙的"天命"观和人格神，这是中国及世界哲学思想史上的一次重大飞越。

张载是北宋理学创始人之一，提出了许多心性论的命题，如"天地之性"与"气质之性"，"天理"与"人欲"，"心统性情"，"穷理尽性"等。他是中国哲学史上第一位明确提出"天人合一"概念的儒学代表，他提出："儒者因明致诚，因诚致明，故天人合一。"[1]朱子以天理、人情关系论解读义利问题，指出："义者，天理之所宜。利者，人情之所欲。"到了王阳明那里，天理已经变成了个人心中之理，人情，本性也。王阳明说："除了人情事变，则无事矣。喜怒哀乐非人情乎？自视听言动以至富贵贫贱患难死生，皆事变也。事变亦只在人情里。"王阳明的再传弟子李贽则直接将人心之理转换成人欲，认为穿衣吃饭就是人伦物理。在这里，人欲已经转变成人情。

宋明时期，随着儒家理学人物将天理、人情推到高于国法的地位，礼与法的融合变得更加紧密，用法来保障教育的实施。科举制度始于隋

---

① 《正蒙·乾称》。

代，在唐代得到了进一步的发展和确立，《唐六典》对此有明确规定。《唐六典》全称《大唐六典》，是唐朝一部行政性质的法典。《唐六典》始撰时，准备按照《周礼》六官体例编写，但实际是以唐代诸司及各级官佐为纲目。典籍的首卷为三师、三公、尚书都省，以下依次分卷叙述吏、户、礼、兵、刑、工六部，其中，由礼部主持科举考试，有关科举考试制度规定在《唐六典·尚书礼部》卷中。《明会典》继承了这一立法体例，并对科举制度进行了完善。《大明律》适应形势的发展，按六部职掌分为吏、户、礼、兵、刑、工六律，变通了体例，与《唐六典》面目已不尽相同，特别强调"明刑弼教"。为了维护科举考试的公正，《大明律》规定："凡作弊诸犯及不按律受刑者，皆杖一百、徒三年。"明太祖朱元璋洪武三年（1370年），诏定科举法，应试文仿宋"经义"。成化年间，逐渐形成比较严格固定的八股文格式。八股文也称制义、制艺、时文，是明清科举考试的一种文体。

清末改制标志着中华法系近代化的开始，作为道德规范的礼从法律体系中分化出来，开始失去法的效率。1903年7月，清政府移植西方法律体系，开始制定商法，同年即起草公布了《商人通例》和《公司律》，并于1904年实施，法治观念开始更新。在法律修订计划中，《大清律例》是当时修律的主要目标。到了1907年8月，《大清刑律草案》编纂完成，法治教育也就与天理人情的道德教育完全分离开来。

二、中华法系治世之道的制度文化特色

"天人合一"思想在中国古代法律中的体现十分丰富，"人法地，地法天，天法道，道法自然"更是中华法文化天理、人情教育观的道德化、制度化体现。中华民族作为一个农耕民族，依赖土地获取生活资源，农业是主要生产方式。与西方法律文化中将土地视为"物"不同，中国农民将土地视为"衣食父母"。法家以奖励耕战而得势，儒家提倡的宗法制更是将"人法地"具体化、制度化，形成了具有鲜明中华民族

特色的传统社会土地法，体现了"天人合一"的教育理念。

（一）"人法地"制度文化的天理人情教育观

清代龚自珍在《五经大义终始论》中说："圣人之道，本天人之际，胪幽明之序。"在"天人合一"观的影响下，他在《农宗》篇中提出了国家、宗法、礼乐都源于"农"的理论，说明了土地法是传统制度文明的重要内容。中国土地法的立法历史从井田制、田律到户婚律，再到20世纪20年代的土地法单列，逐步在土地农业中深深植入了浓厚的宗法情感德性因素。

神农氏是传说中的农业开拓者，也是农耕文化的创始人。远古人民过着采集和渔猎的生活，神农氏发明制作木耒、木耜，领导人民开展农业生产，并且通过"结绳为治而统其事"①。《易经·系辞》中提到神农"斫木为耜，揉木为耒，耒耜之利，以教天下"。《礼纬含文嘉》中也有神农"始作耒耜，教民耕种"的记载。三代时期，奴隶主贵族的土地私有制产生。《周礼》《汉书》等记载，西周及以前的夏、商都实行井田制，所有耕地在理论上"莫非王土"。每一里见方的耕地都以"井"字形的深沟分隔成相等的9块，中央一块是"公地"，由8户人家共同耕种，收成全部归领主；四周的8块每户一块，各自耕种，收成归农民自己。土地不得买卖，每3年换土移居（轮换耕地与住房）。

春秋时期，随着铁制农具、牛耕的出现，井田制逐渐瓦解，出现了以家庭为单位的"私田"。但无论是井田制还是"私田"，宗法制与土地资源的占有、使用和流转始终紧密相连。宗法制度是由氏族社会父系家长制演变而来的，是贵族按血缘关系分配国家权力和土地资源，以便建立世袭统治的一种制度。龚自珍说："周之盛也，周公、康叔以宗封。其衰也，周平王以宗徙。"《孟子·梁惠王上》记载："五亩之宅，树之以桑，五十者可以衣帛矣；鸡豚狗彘之畜，无失其时，七十者可以食肉

---

① 《说文解字·序》。

矣；百亩之田，勿夺其时，数口之家可以无饥矣。"这也反映了"私田"是以家族所有的形式出现的。

自耕农法律保护的体系化是从秦朝开始出现的，"使黔首自实田"证明了封建私有土地的确立。根据1980年在四川青川出土的秦武王二年（公元前309年）的《为田律》，秦国法律规定在每顷私人土地上的四角堆起四尺高、四尺见方的"封"，"封"即土堆，"封"与"封"之间以两尺宽、一尺高的"埒"连接，作为地界标志，土地的私有规模按照爵位来规范，有一定限制。汉朝还确立了以农为本的基本国策。贾谊在《论积贮疏》中指出："世之有饥穰，天之行也，禹、汤被之矣。即不幸有方二三千里之旱，国胡以相恤？……夫积贮者，天下之大命也。苟粟多而财有余，何为而不成？……今殴民而归之农，皆著于本；使天下各食其力，末技游食之民，转而缘南亩，则畜积足而人乐其所矣。"因此，中国古代的农民地位比乐工、商人高，甚至还可以被举荐为官职。诸葛亮在《出师表》中自述："臣本布衣，躬耕于南阳。"强调了农民的尊严与地位。封建官员在落魄之时常归依田园，如陶渊明在《归园田居》中说"开荒南野际，守拙归园田。方宅十余亩，草屋八九间。榆柳荫后檐，桃李罗堂前"，展现了对农业生活的向往。

西汉中后期以后，土地兼并现象严重，逐步形成了一些士族大户的庄园经济。士族指世代为官的名门望族，经济实力雄厚，思想上崇尚门第。曹魏政权实行的九品中正制，是士族制度形成的重要标志。东晋南朝时，士族非常重视编撰家谱，强调家族土地占有制度。但士族大户的庄园经济是以封建社会等级政权为基础的，三国两晋南北朝时期，各朝代都试图实施某种土地制度以控制土地，这些制度在不同程度上调整了当时的土地所有权，如西晋的"占田制"和北魏的"均田制"，但都以宗法制为基础。这种土地制度对中国封建土地制度产生了深远影响，促进了以家族占有土地为特征的小农经济的形成，加深了农民对土地的情感。

在唐律中，土地权益与户婚制度紧密相连。唐律中的《户婚律》主要规定了户口、赋役、田宅、家庭、婚姻等问题。土地有公田和私田之分，公田是归朝廷或皇室所有的土地，私田是归地主所有的土地，但这种私田与西方国家的私人土地有区别，私田不能自由买卖，《户婚律》中有"卖口分田"之罪。国家对私人占田有限制，对任意占用过限者处以相关刑罚。唐末以后，随着门阀士族的衰落，官僚士大夫地主土地占有制度迅速发展。如唐朝诗人刘禹锡《乌衣巷》所描述的："旧时王谢堂前燕，飞入寻常百姓家。"两宋时期，废除均田制、承认土地私有权。为此，地主阶级的政治学家们提出了重建宗法制的要求，他们在各地建立起同姓同宗的宗族组织，制定了田宅买卖"先问亲邻"等制度，加强了宗族制度与土地制度的联系。[①]《大明律》是中国法制史上具有代表性的法典之一，确立了对荒地的先占原则，虽然废除了田宅买卖"先问亲邻"的法定程序，但推行"申明亭""乡约"制度，加强了宗族组织在乡村管理中的地位，进一步将土地占有、使用、流转的制度民间化和人情化。清朝时期，宗族制度进一步发展，族规和乡约成为法制体系的组成部分，《大清律例》规定宗族对户婚田土有调处、裁决之权。

（二）"地法天"制度文化的天理人情教育观

考察中华民族农田水利法制发展史，不难发现，"天人合一"的水文化与传统农耕制度文明的孕育和发展关系密切。水常流不息，能惠及一切生物，载舟浮桥，水力输运，能容万物。在中国传统文化中，水被视为"有德的君子"。孔子认为君子遇水必观。水没有高低之分，好像法律，所以人们将水与公平、法律联系在一起。许慎《说文解字》载："灋，刑也，平之如水，从水。廌，所以触不直者去之，从去。"《无量义经·说法品》亦载："法譬如水，能洗垢秽。"老子对水也有自己的独特见解："上善若水，水善利万物而不争，处众人之所恶，故几于道。"

---

① 陈晓枫、柳正权：《中国法制史》，武汉：武汉大学出版社，2012年版，第705页。

这些都生动地反映出水的公平、无私和包容。

地法天，是说只有风调雨顺，老百姓才能安居乐业。以水寓法，是老百姓对为官者的期许。李悝在《汉书·食货志》中指出："治田勤谨，则亩益（增产）三斗。不勤，则损（减产）亦如之。"西门豹治邺的故事广为流传，但人们常常忽视故事背后的法治环境。西门豹是战国时期魏国人，曾任邺令。他初到邺城时见这里人烟稀少、田地荒芜、百业萧条。后微服私访才知百姓为"河伯娶妇"所困扰。原来，魏国邺郡屡遭水患，女巫勾结官员，假借河伯娶妇之名榨取民财，造成百姓生活困难。西门豹惩治了地方恶霸，颁布律令，禁止巫风，教育民众。他亲自率人勘测水源，发动百姓在漳河周围开掘了十二条渠，使大片田地成为旱涝保收的良田。引漳十二渠被认为是我国见诸文字的最早的大型引水渠系统工程，百姓因此而家给户足，生活富裕。

从农耕文明的历史来看，水的问题应该是最重要的。从尧舜时期的司空，到先秦的川衡和泽虞，再到秦汉的都水长丞、东汉的河堤谒者，直至隋唐水部郎，历史上对水资源的统一管理思想一脉相承。过去，地方官员的职责之一是治水。隋炀帝开凿大运河，为扬州水陆漕运提供了便利，使得经济重心逐渐南移至长江流域，以扬州、成都（益州）为东西两个中心，当时的谚语称"扬一益二"，唐朝后期有"天下之盛，扬为首"的说法。在干旱少雨的地区，水成为农业生产和农民生活的稀缺资源，如甘肃是中国灌溉农业发展较早的地区，然而到了明清时期，政府大力移民开发边疆，开荒大军涌入河西走廊，导致过度农垦，使湖面开始萎缩。许多明清时期的县志中特设《水案》一章，记载县域间、上下游间争水的纠纷。清代乾隆《镇番县志》记载："河西讼案之大者，莫过于水利一起，争讼连年不解，或截坝填河，或聚众毒打。"这些冲突往往致人命伤亡，其激烈的程度即使令官府严判也难以根本遏止。

水资源对农耕文明的重要性，促成了中央对水资源的统一管理。美国学者魏特夫在《东方专制主义》中指出，由于中国的水利工程需要集中大量劳动力和管理资源，因此这种水文化造成了中国封建社会政治权力的集中和专制。魏特夫看到了中国传统制度文明与水文化的关系，但其评价失之偏颇。在中国"天人合一"的传统水文化中，水是公平、德性的象征，正是水赋予了中国传统制度文明德性特征，中国法文化才有一种人法地、地法天的家国情怀。

三、中华法文化的教育理念之原型

中华法文化是社会主义核心价值观的源泉之一，让法律成为文化，需要将社会主义核心价值观融入法律，推动传统法文化的天理人情观念的创新性发展。

与道家"道法自然"的"法治"观念不同，早期儒家思想以先王、圣人为法权依据，提倡"礼治""人治""德治"，反对"道法自然"。孔子主张"道之以德、齐之以礼"①，"为政在人"，"文武之政，布在方策，其人存，则其政举；其人亡，则其政息"②。孔子还提倡"仁"，认为"克己复礼为仁"③，"仁者、亲也，从人从二"④。"仁"的本意是"爱人"。

儒家礼乐文明的秩序构建，体现了中国传统文化"天人合一"价值理念追求的人性之美。法律不仅应当是权威的规则，还应该让人乐于遵守。《论语·学而》记载："有子曰：'礼之用，和为贵；先王之道，斯为美。'"这里的"和"不仅与"法"和"礼"相联系（应包括"乐"），也与"美"以及先王之道相互联系。《礼记·乐记》指出："礼乐之说，管乎人情矣。"这说明，礼乐政治的施行不是来自外在的强制，顺应人性的教化方式是政治实践的最重要方式。在中国历史上，周王朝

①《论语·为政》。
②《礼记·中庸》。
③《论语·颜渊》。
④《说文解字》。

以"尚文"为特色，其中最重要的表现就是对人民进行持之以恒的礼乐教化。①如果"礼"脱离了"乐"，而只是"隆礼重法"，那么这样的"礼治"和"法治"就不是建立在"天人合一"的人性基础上。而在西方法律文化中，其制度设计往往充满理性崇拜和功利色彩，法律主客体呈现二元化的对立，自然法与人定法、天理与人情也就始终难以统一起来。

随着近代西方法治思想的传入，儒家"天人合一"的价值理念受到了挑战。1923—1924年，中国思想界发生了著名的"科玄之争"，即关于科学与人生观关系问题的学术论争。新儒家代表人物之一张君劢在清华大学发表了题为"人生观"的演讲，主张科学无法支配人生观。对此，丁文江、胡适等人进行了反驳，他们坚持科学对人生观具有决定性作用。两派之间关于科学与文化的关系展开的激烈辩论升华了儒家"天人合一"话语体系的思想内涵，中华法文化开始与西方近代法治文化接轨并转型。现代以来，随着中华文明从农耕文明、工业文明向生态文明的转型，出现了新的"天人合一"话语体系研究热潮。"天人合一"的中华法文化所孕育的天理、人情教育观，以及人与自然和谐共生的发展观被挖掘出来。在当代生态危机和环境问题频发的背景下，"天人合一"理念被重新阐释为人与自然、法治精神与实在法的和谐的理想状态，从而被视为文化瑰宝。

中华法文化中"礼"和"法"的结合，形成了中国传统法律文化的伦理法特征。与西方将自然法实体化为人法、物法不同，中国传统文化并不把自然界视为"物"。土地（包括草原、森林等广义的土地）对于人们来说是"家"，承载着生活的记忆和情感。而西方法律文化中的"物法"主要是调节人对土地等自然资源的占有、使用、收益和处分行为。中国传统文化是以"天人合一"为核心的文化，维系人与土地关系的纽带是"家庭"，没有土地就没有"家园"。因此，中华法文化中的天

---

① 刘成纪：《中国美学与传统政治文明》，《光明日报》2017年01月16日。

理人情观念蕴含着修身、齐家、治国、平天下的教育理念，可以作为我们判断良法善治的标准。国家法律只有与天理、人情相通，公民知法守法尊法的法治精神才能养成。

四、中华传统教育法律制度文化的特质

源于中华法文化中"天人合一"的教育理念，中华传统教育法律制度文化具有礼治与法治相统一的特质。礼治主要是道德教育，而法治则主要体现为科举制度。我国历史上推行的科举制度，虽然争议不断，但也推动了我国古代教育的普及和发展，延续和弘扬了德法兼修的制度文化。

由此可见，中国古代的学校教育体系虽然强调了学习的重要性，但是这种教育不是与生活教育、职业教育相挂钩的，而是主张"学而优则仕"，存在与市场经济的平等、自由等权利观的矛盾，从而导致了近代中国法治精神培育的缺失。中国古代的法治教育体系，以官学为重，法家是历史上以法治为核心思想的重要学派，但是其教育理念是学在官府。商鞅指责"儒学"为"虱子"，认为"儒学"不过是一些"高言伪议"不切实际的"浮学"，主张采取"燔诗书而明法令"[1]，"壹教则下听上"[2]，实行"置主法之吏，以为天下师"[3]，让教育的权力掌握在新兴地主阶级的手中。汉朝时期，儒学再次兴起，虽然推动了官学与私塾两种教育形式的发展，但儒学只重视"礼治"而不重视"法治"。自隋唐时期起，国子监领导中央官学系统，各地政府管理地方官学，教学内容以教授儒家经典为主。这一系统为后来的宋、元、明、清所承袭，是科举制度时期的主要教育体系。除官学以外，民间盛行的主要教育形式还有书院，后来书院教育逐步官学化，最终成为官方教育体系的一部

①《韩非子·和氏》。

②《商君书·赏刑》。

③《商君书·定分》。

分。官府教育的局限性导致了大众法治教育的缺失。

私塾是我国古代社会一种开设于家庭、宗族或乡村内的民间幼儿教育机构，虽然在一定程度上弥补了学在官府的不足，但其规模较小，且缺乏制度保障。西周时期，塾只是乡学的一种形式。《礼记·学记》提道："古之教者，家有塾、党有庠、术有序、国有学。"塾的主持人是年老告归的官员，负责在地方推行教化。对于修身、齐家、治国、平天下的终身学习理念，私塾也曾作出贡献。但是，到了近代，私塾逐渐与社会发展的要求脱节，因此受到了质疑。提倡新教育的人批评私塾不开设算术、历史、地理等课程，知识覆盖面过窄，且教材长期不变，知识逐渐陈旧。

科举制度是通过考试选拔官吏，并采用分科取士的方式。科举制度自隋朝大业元年（605年）开始实施，将读书、应考和做官三者紧密结合起来，让所有参加者都有成为官吏的机会。宋神宗时期，国子监开设律学，设律学教授，专门教授法律。其学员分作两类，大致相当于今日的在职教育与大学生专门教育，学习内容为律令及断案，凡朝廷新颁布律令，都及时送往律学馆令学生习读。到了明清时期，科举考试命题限制在《四书》《五经》，科举制度逐渐僵化。清朝光绪三十一年（1905年）举行最后一科进士考试后，科举制度被废除。科举制度虽然培养出了一大批善于治国安邦的名臣与才俊，但是到晚清时已成为严重束缚知识分子的枷锁，暴露出种种弊端，吴敬梓因此创作出了《儒林外史》这部讽刺科举的名著。显然，中国要想摆脱被动挨打的局面，必须发展近代新教育和学校制度。

第二节　中华法系与英美法系的交流互鉴

英美法系，亦称"普通法系""判例法系""海洋法系"，是指以英国普通法为基础发展起来的法律的总称。中华法文化的近现代化发展过程，是在受到英国法律文化的冲击后开启的。

一、英国法治教育与教育法治的协同演变

英国法律文化的形成源自金雀花王朝的亨利二世，他是英国普通法的奠基者。亨利二世在英格兰进行了一系列法律改革，并创立了牛津大学和剑桥大学，逐渐形成了普通法的文化传统。

（一）英国普通法文化对大学法治教育的影响

自18世纪以来，随着英国科学技术和商业贸易的不断发展，特别是在第一次工业革命的推动下，牛津大学和剑桥大学提供的民法和教会法教育无法满足社会的发展需求，与美国社会息息相关的普通法登上了大学讲座的大雅之堂。威廉·布莱克斯通的《英国法释义》论述了英国法的基本原理和英国民主政体的形成基础，对英国和美国的法律界和法律研究影响深远，促成了普通法的近代化，获得了"法律圣经"的美誉。

威廉·布莱克斯通，英国著名的法学家、法官。曾在牛津大学潘布洛克学院学习，并获民法学学士学位。离开牛津大学后，他进入了四大律师会馆之一的中殿律师会馆学习普通法。1746年，他从事律师事务，但不是很成功。1749年，他担任法庭记录官，1750年进入牛津大学万灵学院学习并获民法学博士学位。布莱克斯通认为，大学是进行法律教育的最佳场所。他在牛津大学开设一门关于英国法的讲座课，成为英国大学教授英国法的第一人。其主要著作《英国法释义》系统地阐述了英国法，并认为英国法可以与罗马法和欧洲大陆的民法相媲美。他效法盖尤斯的《法学阶梯》，将英国法分为人的权利、物的权利、对私人的不法行为以及公共不法行为四卷。正是通过以类似于法律科学的体系性和逻辑性的方式对普通法的基本制度原则进行抽象总结，布莱克斯通赋予普通法一种理性化、清晰连贯的结构框架，从而使其成为有价值的学术研究对象，可以在大学里进行教授和研究，标志着英国法学的诞生。需要

注意的是，当时在大学法学教育中，与欧洲大陆的其他大学类似，英格兰的大学仅教授教会法和罗马法。因此，《英国法释义》是一本系统论述英国普通法的著作，对英美法系普通法律文化的发展产生了巨大影响。

1882—1909年，戴雪在牛津大学兼任英国法教授。他继承了布莱克斯通的普通法传统，认为一个社会的文明进程和这个社会的法律发展密切相关。他提炼出《英宪精义》的三大原则：议会主权，法治原则，宪法法律和宪法惯例并重。戴雪认为，法律家的宪法学研究对象只能是法律，惯例与它并没有直接关联，惯例的主题不是法律，而是政治。戴雪将宪法学引入英国法的教学体系，进而重构了整个普通法。①

（二）分析实证法学派对英国法律文化的影响

虽然牛津大学开设了法律课程，但长期以来盛行文科教育，法学教育并不受重视。在19世纪早期，法律、医学和神学等专业研究在牛津大学和剑桥大学虽然具有重要地位，但这些课程仅仅是上层建筑，其根基仍是以经典为基础的自由教育。只有少数学生追求专业课程，大多数学生则局限于古典文学的学习。英国的法学家约翰·奥斯汀被认为是将法学推到科学地位的分析实证主义法学的奠基人。奥斯汀认为法学只应研究"实际上是这样的法"，即实在法，而不是像自然法学家那样研究"应当是这样的法"，即理想法或正义法。他曾考察德国的法学教学和法律科学，1826年任伦敦大学法学院创校院长和第一任法理学教授，著有《法理学范围》和《法理学讲义》。奥斯汀在《法理学范围》中提出，法律是主权的命令，成功地将法律和法律规则与宗教、道德、惯例和习俗区分开来，从而将法学作为一门科学推到大学教育的课堂。不过，他也强调了大众教育的重要性，认为大众教育可以培养民众对法律权威的信

---

① 何永红：《公共性与宪法研究：戴雪〈英宪精义〉意图考》，《政法论坛》2012年第5期。

任。奥斯汀在伦敦大学讲学时，并不受欢迎，来听他课的学生非常少。在他去世后的几十年中，他的著作才颇具影响力。哈特认为奥斯汀对英国的法理学和法学教育有深刻的影响。

英国著名法哲学家、新分析实证法学派的重要代表人物哈特于1929年毕业于牛津大学，在牛津大学学习古代史、哲学和法律，并获哲学博士学位。1932年，他成为大法官法庭律师，1952年担任牛津大学法理学讲座教授，后任布拉塞诺思学院院长。[①]哈特是20世纪70年代新分析实证法学派的创始人。1957年，他在哈佛大学发表题为"实证主义和法律与道德之分"的学术报告，反驳了富勒的观点，揭开了法律实证主义和自然法学说两大派之争。富勒也是西方法学界最有影响的人物之一，他认为法律是使人的行为服从规则治理的事业，这一论断是非常符合教育法定义的。哈特创建的新分析实证主义法学坚持认为道德与法律是分开的，不过在与富勒的争论中，他还是吸收了自然法的一些观点。这种法律观避免了命令观的片面性，并试图在法律的命令观和法律的社会观之间搭建一座桥梁。哈特认为，分析实证主义法学的代表奥斯汀的学说（法律即强制命令）不能解释教师等角色的社会责任和道德责任问题。在《法律的概念》中，哈特创造性地提炼出一系列具有强大解释力的分析性概念，如"承认规则""规则的接受""内在和外在的视角""内在和外在的陈述""法律的有效性"等。通过这些分析性概念，哈特描述了一个以人们普遍接受的实践为基础的，第一性规则与第二性规则相结合的法律结构图景。内在观点的提出，进一步强调了法学教育的重要性，也说明了教师法律责任包含最低自然法的道德责任和社会责任的原因。

分析实证法学的出现并没有改变英国普通法的传统和法治教育的状况，但催生了英国大学教育法律的发展。哈特提出的"承认规则""改

---

① 舒国滢：《赫伯特·L·A·哈特：一代法哲学大师的陨落》，《比较法研究》1996年第4期。

变规则""规则的接受"虽然是对梅因的"地美士第—达克—习惯法—法典"法律进化理论的发展，但更深刻地说明了发挥人的主观能动性对法律进化的影响。法律进化不仅是自然过程，也是人的改造过程，是文化进化的过程。对于教育法治和法治教育这一文化问题，教育法治的发展更是与法治教育的发展紧密关联。由于历史上英国大学具有自治特性，因此相对而言，英国政府较少颁布与高等教育有关的教育法令，高等学校在教学、科研和学术等方面享有自主权。但是自1960年以来，英国发布了20多个高等教育法令，强化了教育立法进程，加强了行政机关对高校自治的法治干预。1988年，英国政府通过了《教育改革法》，赋予国务大臣415项新权力，调整普通法的某些准则，以更好地适应教育发展的需求。

分析实证法学在英国法律文化中的主导地位，随着新自然法学的复兴而发生了变化。德沃金是继哈特之后担任牛津大学法理学首席教授的一位美国学者，他毕业于哈佛大学，继承了富勒的新自然法学观点。在大学期间，他曾到牛津大学交流学习，并成为哈特的学生。德沃金与哈特等实证主义法学派的观点不同，他认为法律不仅是规则和法律责任，还应该包含政策和原则。在政治和法律制度的背后，更应该有一种"不可克减、不可动摇"的道德性权利，它能反映出立国的基本共识与宪法精神。德沃金的新自然法学观点，凸显了教育法律发展中教师权利、学生权利保障的重要性，使得普通法文化传统中的高校自治权利得以彰显。以德沃金为代表的新自然法学派与以哈特为代表的分析实证法学派虽然在教育法律体系的范围上存在争议，但并没有改变英国普通法文化的分析实证特色。

（三）留学教育对中英两国法律文化交流互鉴的影响

严复是清末民初接受新式教育的知识分子。1877年，严复被公派到英国留学。当时，英国正处于维多利亚时代，经济稳定，文化逐渐繁荣，自然科学蓬勃发展。达尔文、赫胥黎、斯宾塞等人的思想开始盛行，生物进化论与社会进化论对严复产生了重要的影响。1879年，严复回国，在福州船政学堂任教。严复翻译了斯宾塞的著作《社会学研究》，并将其命名为《群学肄言》，又创造性地翻译了赫胥黎的《进化论与伦理学》，并取名为《天演论》。严复虽然学的是工科，但他对英国普通法的教育有着深刻的体会。他认为，英国很重视法治实践的技能教育，强调"律令为吏也；律师为专业二也"[①]。在严复看来，中国古代有律学、刑名法术之学，但律学仍然只是对律令的注释，还不是科学意义上的法学。1912年，严复担任北京大学校长时，面对中西学并存、体制混乱的局面，他向教育部提交了《分科大学改良办法说帖》，大胆提出他的教育体制改革思想，针对文科、法科、理工科、农科、商科等领域提出了具体的改革办法，开启了中国近代高等教育体系的理论探索。

如果说严复推进了法学进入大学的课程体系，那么伍庭芳则促进了中国对英国律师制度的借鉴。伍庭芳是清末民国初杰出的政治家、外交家和法学家。1974年，他自费留学英国，进入伦敦大学学院（另一说为林肯律师学院）攻读法学，获博士学位。随后，伍庭芳回到香港，成为一名律师，是香港立法局第一位华人议员。他后担任修订法律大臣、会办商务大臣、外务部右侍郎、刑部右侍郎等职，与沈家本共同参与清末修律工作，主持起草各项新法，积极推进律师制度的引入。他在担任南京临时政府司法总长时，主持制定律令，对民国律师制度的建立和宣传起到了重要的作用。

1949年后，一些留学英国的法学教师对新中国法学教育和法治实践发挥了重要作用。起草中华人民共和国第一部宪法的四位顾问之一的周鲠生是一名著名法学家。他早年在日本早稻田大学留学，并参加了同盟会，1913年转赴欧洲留学，1921年获英国爱丁堡大学法学博士学位。随后，他返回中国担任上海商务印书馆总编辑，1922年任北京大学教授、

---

① 《原富》戊部篇一按语。

政治系主任，1930年任国立武汉大学教授、政治系主任，1945年任国立武汉大学校长。周鲠生在担任国立武汉大学校长期间，除了扩大、充实原有的文、法、理、工四个学院外，还恢复了农学院，并增设了医学院，使武汉大学发展成为一所多科性的高水平综合性大学。

二、美国法治教育与教育法治的协同演变

被公认为实用教育典范的美国大学法学教育，其普通法的课程设置展现出惊人的生命力。在大学这种具有高度自治权的法人组织中，教育法治主要通过司法救济，逐步将学校、教师和学生的权利融入大学的行政管理和教学活动中。

（一）美国普通法文化对大学法治教育的影响

约瑟夫·斯托里，美国法学家，1811—1845年任美国最高法院大法官。在任职初期，他将混乱的海事法整理成一套协调而合理的理论。在"马丁诉亨特的租户"案中，斯托里代表大多数法官作出判决，确立了最高法院审查州法院判决的权力。除了担任法院的职务之外，1829年起，斯托里开始在哈佛大学担任法律教授，并参与建立了哈佛大学法学院。他撰写了很多文章和著作，其中著名的有《法律注释》，这部著作阐释了宪法、衡平法和法律的其他方面，开创了哈佛大学法学教育的新时代。

霍费尔德是继奥斯汀之后，分析法学的典型代表，他是哈佛大学法律学博士，同时担任斯坦福大学、耶鲁大学教授，其主要著作是《适用于司法推理的基本法律概念》。他发展了奥斯汀的"主导法律观念"，并将其命名为"法律关系"。他用相对关系和相关关系来展现法律基本概念，从而提出了八个基本的法律概念，即无权利、权利、义务、优先权、无资格、权力、责任和豁免，并称之为"法律的最低的共同标准"。他试图将分析法学的成果与司法实践结合起来，帮助学生、法院和律师

准确分析法律制度和运用法律推理。霍费尔德还曾担任美国法学院教育协会主席，不仅对美国当时的法学教育产生了广泛影响，也为推进美国法律体系的完善作出了贡献。

1923年，美国法学会成立，并编纂出版《法律重述》，将司法方面浩繁的判例加以总和整理，对那些尚有适用价值和效力的法律原则和法律规范进行重新阐释，然后按法典形式，分编、章、节、条系统排列，分类编纂成册，以达到使错综复杂的普通法简化和系统化的目的。这不是立法，也不是创造新规范，而是对当时尚有效的普通法规定以条文的形式加以"重述"，为法官和法学研究工作者提供方便。法律重述共包括九个领域：代理权、法律冲突、合同、审判、财产、赔偿、安全、民事侵权行为和信托财产。由于美国很多大学的资产是信托财产，《法律重述》中也有很多高校管理方面的案例阐释。

（二）社会法学派对美国法律文化的影响

《普通法的精神》是西方社会法学派的创始人罗斯科·庞德20世纪30年代的著述，该书在回顾英美法系普通法的发展历程、精神内涵和影响的基础上，反思美国当时的法律信仰问题，对法学教育的发展产生了重要的影响。在《法律与道德》中，庞德指出，对分析法学家而言，法律是制定法；对历史法学家而言，法律是习俗；对哲理法学家而言，法律是自然法。因此，不能也不应为每门社会科学划出精确的边界线。法学和立法不能被严格、直接地划分开来，两者都以政治伦理学和社会伦理学为前提。庞德是"社会学法学"运动的奠基人，强调社会科学对法学的建设性意义，认为社会学的法理学像实用主义一样，是一种考虑法律和应用法律的新方法。威廉·詹姆斯认为，相对于自命是权利和方法的理性主义，实用主义具有全副武装而且富于战斗的精神。①而庞德正是从詹姆斯的理论中汲取了"实用主义"这一方法而形成了社会法学

---

① 詹姆斯：《实用主义》，刘将译，北京：京华出版社，2000年版，第30页。

观念。

在探讨引导法律实施的共同法律价值时，卡尔·卢埃林与庞德展开了理论争鸣。卢埃林是美国现实主义法学的重要代表，曾任耶鲁大学、芝加哥大学、哥伦比亚大学法学教授，也是美国《统一商法典》的起草人。卢埃林在其论文《现实主义的一些现实主义——答庞德院长》中，较全面地阐述了现实主义法学的基本思想。庞德认为法律的概念中包括了法律规则的划分，而现实主义法学却对法律规则的作用和地位持有特殊见解。卢埃林反对将法律规则作为法律学习和法学研究的中心，主张在法律课程中增加非法律素材，关注司法官员的行为和文化背景。

现实主义法学与社会法学的思想碰撞对美国普通法的发展具有重要的影响。1925年，美国批准了《美国法典》的编纂工作，对生效的公法、一般法和永久性法律（不包括独立宣言、联邦条例和联邦宪法）进行正式汇编，解决法律的确定性与不确定性问题。《美国法典》中有一个教育法主题，将美国建国以来国会制定的有关教育领域的法律加以整理汇编并编入《美国法典》第20卷。这一卷共包含80章，依据法案颁布时间依次编入相应主题：既有教育类型维度的特殊教育、职业技术教育、成人教育，又有组织机构维度的教育部、国家动物园、国家植物园、国家艺术委员会、国家博物馆和美术馆等，亦有教育内容维度的环境教育、经济安全教育等，同时还穿插教育主体、教育活动、学校类型等不同维度的主题，但这些主题缺乏内在逻辑联系，缺乏统筹相应章节的分编设置。这表明《美国法典》在处理法律与教育的关系问题上，更注重服务于教育活动，来满足不断变化的社会需求。所以，美国并没有建立专门体系化的教育法典。

（三）留学教育对中美两国法律文化交流互鉴的影响

容闳对中国近代第一所大学北洋大学的建立与发展作出了重要贡献。容闳小时候跟随父母到澳门谋求生计，并进入英国教会创办的莫里森纪念学校就读。道光二十六年（1846年）底，容闳赴美留学，进入了马萨诸塞州的孟松预备学校。道光三十年（1850年），容闳从预备学校毕业后考入耶鲁学院，成为该校的第一位中国学生。留美的学习经历使容闳认识到高等教育的重要性。他说："至大学之给学位，亦非有金钱之效用。惟已造就一种品格高尚之人材，使其将来得有势力，以为他人之领袖耳。大学校所授之教育，实较金钱尤为宝贵。盖人必受教育，然后乃有知识，知识即势力也。势力之效用，较金钱为大。"[①]1870年，容闳与李鸿章见面时，建议官费派学生赴美留学。1872年，容闳带领30名学生从上海出发前往美国，自此中国留学史的大幕开启。在这批留学生中，有"中国铁路之父"詹天佑、清华大学首任校长唐国安、北洋大学（今天津大学）校长唐绍仪和梁敦彦等杰出人物。

1895年，盛宣怀上奏章程，以美国哈佛大学、耶鲁大学等为蓝本，开办北洋大学。北洋大学是中国第一所现代大学，开创了中国近代高等法学教育的先河。在北洋大学学习期间，王宠惠以第一名的优异成绩毕业，获得"钦字第一号考凭"，成为中国大学的第一张毕业证书持有者。王宠惠于北洋大学法科毕业后，先到上海南洋公学（上海交通大学前身）任教，1901年赴日本留学，致力于法政研究。1902年，他转赴美国，先就读于加利福尼亚大学，后转入耶鲁大学攻读法律博士，从而系统地接受西方现代法学训练，成为近代中国具有世界影响力的法学大家之一。1922年5月，胡适和王宠惠等人在《努力周报》上发表了《我们的政治主张》，提出了"好人政府"的口号，倡导教育救国。

在学习国外优秀法律文化的同时，留学生也很重视中华优秀传统法律文化的传承与发展。1925年，清华学校成立大学部，筹办"国学研究院"，以在国内造就今日需用之人才。梁启超应聘为国学研究院导师，和王国维、陈寅恪、赵元任并称为国学研究院四大导师。1928年，学校

① 容闳：《西学东渐记》，徐凤石、恽铁樵等译，钟叔河导读、标点，北京：生活·读书·新知三联书店，2011年版，第27页。

更名为国立清华大学。1929 年，根据南京国民政府的《大学组织法》，规定三院以上方得称为大学，要求各大学改"科"为"院"，院下设系。清华大学正式设立法学院、文学院、理学院。在改为大学后，清华大学采取大法学之理念，法学院下设政治学、经济学二系，法律学系因学校经费不充裕等原因暂缓设立，法律课程被附设于政治学系之中。当时政治学系开设的法政课程有法学专业课程、政治学概论、行政学原理、近代政治制度等，主要法政教员有留美归来的萧公权、燕树棠、钱端升、张奚若等。①

那个时期，采用英美法系法学教育模式最有名的应当是东吴大学法学院。东吴大学由美国基督教监理会于 1901 年创立于苏州，是中国第一所以教授英美比较法为特色的法学院，董康、王宠惠等当时国内法学名人都曾受聘担任教授。1927 年，东吴大学法律系更名法学院后，吴经熊担任院长。吴经熊曾在密歇根大学法学院学习，后赴巴黎大学、柏林大学访学，师从德国新康德主义法学派代表人物施塔姆勒，是一个精通中西方法律文化的法律人。1934 年，吴经熊向哈佛大学法学院院长庞德推荐杨兆龙，录取其为博士研究生。杨兆龙拿到博士学位后，庞德建议他赴大陆法系国家进一步深造，以便对英美法系和大陆法系能有更加精深的造诣。杨兆龙遂以研究员的身份赴德国柏林大学法学院学习，师从库洛什教授。1945 年 10 月，杨兆龙向司法部部长谢冠生提出建议，获准邀请哈佛大学法学院庞德教授来华，协助中国策划战后法制重建工程。庞德在《改进中国法律的初步意见》中称赞中国的法律制定得很好，足以跻于最优良的现代法典之林，同时也指出存在的不足，如民事诉讼程序可以更加简化。

1949 年后，院系调整，充分体现了国家教育价值观的转变。同时，国家需要大量的技术人才，教育的重心应放在与经济建设直接相关的工程和科学技术教育上，要求高等教育按产业部门、行业，甚至产品设立

① 陈新宇：《近代清华法政教育研究（1909—1937）》，《政法论坛》2009 年第 4 期。

学院、专业，以培养特定领域尤其是工程技术领域的专家。于是，在1952年的院系调整中，东吴大学法律系并入华东政法学院，发展成为如今的华东政法大学；而清华大学则转型为红色工程师的摇篮，清华大学法学院的主要法学师资调到了新设的北京政法学院。

第三节　中华法系与大陆法系的交流互鉴

大陆法系，又称民法法系、成文法系等，是指包括欧洲大陆大部分国家从19世纪初以罗马法为基础建立起来的、以1804年《法国民法典》和1896年《德国民法典》为代表的法律制度，以及其他国家或地区仿效这种制度而建立的法律制度。大陆法系有公法与私法的区分。

一、法国教育法律文化的特征

法学作为中世纪法国大学的传统学科，主要讲授教会法（神法）和民法学，而教育法则属于神法的范围。然而，法国大革命后，教育法逐渐从神法中独立，并纳入主权国家的行政法体系，从而形成了具有较强公法文化特征的教育法。

（一）从教会法中独立出来的教育法

法国近世政治思想家让·博丹出生于宗教改革的动荡时期。他在青年时期就读于图卢兹大学，曾担任大学教师，也是一名职业律师。他主张由法国国王实施中央专制来取代派系纷争。16世纪70年代，博丹任王室检察官及法国三级会议代表，并被聘为宫廷法律顾问。[①]1576年，他发表了《国家六论》，在西方政治和法律思想史中，他第一个系统地论述了国家主权学说。

国家主权学说的兴起以及罗马法的复兴，动摇了教会法在法国的统

---

① 何勤华编：《西方法学史读本》，上海：上海交通大学出版社，2010年版，第226页。

治地位。18 世纪，法国奥尔良大学法学院声名显赫，因为被誉为法国民法典之父的罗伯特·约瑟夫·朴蒂埃就在该大学法学院从事罗马法的教学和研究工作。朴蒂埃从奥尔良大学法学院毕业，继承了父亲在王室法院的职务，之后担任奥尔良大学的法国法教授，是当时法国私法学的代表学者。美国法学家庞德说："没有朴蒂埃，则无法兰西法。"[1]1748 年，也就是在朴蒂埃正式就任奥尔良大学罗马法教授职位之前的一年，他出版了自己的第二部民法著作，即三卷本的《潘德克吞》。朴蒂埃的《潘德克吞》出版之后既引起了欧洲其他国家学者的广泛关注，也引起了法国当时的掌印大臣、著名学者亨利·弗兰索瓦·阿格索的关注。阿格索因此任命朴蒂埃为法国奥尔良大学的罗马法教授。从 1761 年起，朴蒂埃撰写了以《债权论》为基础的一系列关于法国具体部门法的专论，这些专论对《法国民法典》的编纂产生了深远的影响，朴蒂埃因此也被认为是法国私法的奠基者。

1789 年 8 月，法国颁布《人权宣言》，直接确立了教育法从教会法中独立的合法性基础和宪法依据。1791 年宪法通过后，该宣言作为前言被纳入宪法。1795 年，法国宪法明确规定了受教育权。拿破仑对教育十分重视，他说："在我们的一切制度中，公共教育是最重要的。现在和未来，一切都得依靠它。"[2]拿破仑与教会于 1801 年签订《教务专约》，促进了初等教育的发展，但亦增强了教会对学校教育的影响。

费理从小就受到启蒙思想和资产阶级革命思想的熏陶。他中学毕业后便到巴黎学习法律，并于 1851 年成为一名实习律师。他深受哲学家孔多塞关于国民教育改革的报告的影响，并在此基础上形成了教育世俗化的思想，他的目的是建立一个没有上帝、没有国王的社会。然而，直到第三共和国建立（1871 年）之后，法国天主教的势力仍十分强大，教育界更是天主教教会的天下。费理在任教育部部长与总理时期，通过有关

① 何勤华编：《西方法学史读本》，上海：上海交通大学出版社，2010 年版，第 227 页。
② 郑祖铤：《近代各国改革的比较》，长沙：湖南出版社，1991 年版，第 150 页。

教育立法，解散耶稣会。法国议会通过1881年和1882年两项法令（史称《费理法案》），规定了小学教育的免费、义务与世俗化制度。在高等教育方面，他成功消除了神职人员在大学的影响力，正式取消了帝国大学神学院。1889年，私立的巴黎天主教大学内建立神学院，使得传统意义上的老巴黎大学神学院"重生"。但法国实行政教分离政策，1905年通过了政教分离法，随后巴黎天主教大学也被剥夺了"大学"之名，改为"学院"，并被排除在公立教育体系之外。

（二）教育行政公法文化的形成

近代行政法起源于法国，教育活动也较早纳入行政管理。著名法学家、政治思想家西耶斯撰写的《论特权》于1788年11月问世，书中猛烈抨击两个特权等级（教士、贵族），宣传政治制度改革。在很大程度上，西耶斯的政治理论影响甚至催生了现代法国的公法原则。1789年8月26日，法国制宪会议通过了《人权宣言》，此宣言以古典自然法学家的思想为指导，核心内容是确认和保障人的自然、不可让与、神圣的人权。

在第一代人权的意义上，受教育权被视为一种公民与政治权利，是一种无须国家干预、限制的自由的个人权利。1828年，法国首次设立公共教育部，负责制定和实施公共教育和国民教育领域的政策，所有公立大学均由法国教育部统一领导和管理，国家垄断学位与文凭，统一规定并组织教学人员的招聘、任命、待遇与晋升，拥有主导的权威地位。19世纪70年代，法国出现了许多开创性的行政法学者，代表人物包括拉弗里耶尔、奥柯、狄骥等人。他们的理论使得法国教育行政公法文化最终定型。拉弗里耶尔提出了国家行政行为的二元理论，将国家行政行为分为权力行为和管理行为，区分了高校外部管理行为与内部管理行为，前者属于公法调整范围，后者属于私法调整范围。奥柯则认为高校内部管理行为也属于行政行为，应当接受行政审判的管辖。这种理论观点成为日后狄骥"公共服务理论"的源泉。在《宪法学教程》中，狄骥论证了公用事业机构和受教育权，将行政行为定位为公务行为，破解了大学为公法人还是私法人的难题，与卢梭的个人权利主义理论共同构成了法国公法学界的两大支柱。

莫里斯·奥里乌于1892年出版的《行政法与公法精要》是法国行政法学历史上第一部系统阐述行政法的理论著作。奥里乌认为，只有在足够发达的"行政制度"下，才能有真正的行政法。从这个意义上来说，行政法与国家的"行政制度"之间存在着必然的联系。按照奥里乌的制度理论，对个人活动的限制和负担，不仅为行政活动提供本身所需要的资源，也是政府公共服务的物质源泉。按照奥里乌的界定，高等学校是"公立公益机构"，依托国家的"行政制度"运行，具备公务法人的特征，应当具有一定的行政权限。

法国教育立法早期以单行法为主，主要是一些阶段性的行政法。1989年的《教育指导法》，全面梳理了教育应当具有的原则、功能、体制等，并且明确了国家教育改革的价值取向：学生应是教育的主角而不是单纯的接受者。为了通过法治促进现代化的教育改革，1991年2月，法国教育部设立了教育法典编纂委员会，启动了汇总有关教育的法律和法规、编纂法典的工作。1999年12月16日，法国立法机关通过第99-1071号法律（第1条），授权法国政府采用"（政府）法令"形式编纂和通过教育法典的"法律单元"，其内容涵盖了"总体和共同条款""中小学教育""高等教育""人事制度"，并于2000年6月正式发布。①由于这部法律是通过立法机关授权行政机关编纂的，其法律效力明显不同于《法国民法典》，而且是在教育改革过程中编纂的，很多制度还不明确，因此它只是方向性、框架性的政策性规定，并不是对既有教育单行法的体系化汇编，所以说《法国教育法典》仅仅是名义上的"法典"。

① 龚向和、李安琪：《教育法法典化的国际实践与启示》,《湖南师范大学教育科学学报》2022年第2期。

（三）法国学者关于法律文化与教育的关系思考

孔多塞是18世纪法国启蒙运动时期最杰出的代表之一。尽管他从小在浓重的宗教氛围中生活，但是他似乎对宗教和耶稣会的教育无甚好感。他醉心于科学，并且表现出出众的才华。与卢梭的自然教育理论不同，他更积极看待人类进入理性和科学时代的可能性前景。孔多塞认为教育是一项权利，是大众启蒙和自由的基础。他主张实现教育上的自由、平等、博爱，倡导建立一个人人都能自由、平等地接受世俗教育的共和制教育体系。孔多塞关于教育的思考并非单纯地就教育而论教育，他更多地将实施公共教育视为大众实现自由平等和维护共和制度的重要路径。他主张设置高等教育的专门学校，主张学术自由和高校自治，提出了为专门研究人员提供平台的要求。他率先提出应区分为应用和研究两个方面的教育理论。他也是法国革命领导人中为数不多的几位公开主张女性应该拥有与男性相同的财产权、投票权、工作权以及接受公共教育权的人之一。孔多塞的主张推动了法国议会通过《关于公共教育组织法》，该法明确了公共教育的义务，其中包括男女皆可接受教育的原则，开创了法国公共教育的历史。另外，法国政府还成立了各种教育机构，包括教师培训学院和教育监督机构等，以确保公共教育的有效实施。

在行政法的推动之下，大学学科课程体系变得更加实用。《关于公共教育组织法》要求国家必须在专门的地方设立高等专科学校，为青年人提供学习科技、医学、艺术等专业的场所。此类高等专科学校以军事、科技类为主；课程设计逐渐摆脱了中世纪教会大学以文学、医学、神学、法学为主的束缚，积极鼓励开设实用性课程；在法学教育中，除了民法，还开设行政法课程。同时，该法还规定必须创办新型的科学研究机构，摒弃中世纪教会大学陈旧的教学思想和办学方式。1819年3月24日，在巴黎大学法学院创设了"行政法讲座"，以满足有产阶级与市民对国家租税、警察行政、土地征用、公共工程建设事业等方面行政法知识的需求。到 1837 年，法国全国各大学的法学院均设立了"行政法讲座"。依托于巴黎大学法学院和普瓦捷大学法学院，行政法学形成了"巴黎学派"和"普瓦捷学派"，积极推动了法国大学治理中行政权力的发展。①

普瓦捷大学成立于 1431 年，近代哲学奠基人笛卡尔于 1612 年在普瓦捷大学攻读法学博士。毕业后笛卡尔对职业选择犹豫不决，于是决心游历欧洲各地，专心寻求世界这本大书中的智慧。笛卡尔和培根一样，高举新哲学的大旗，认为经院哲学是一派空谈，只能引导人们陷入根本性错误，不会带来真实可靠的知识，主张必须用新的方法建立起新的哲学原理。自此，哲学研究开始重视科学认识的方法论和认识论。经院哲学以圣经的论断、神学的教条为前提，利用亚里士多德的三段论法进行推理，得出符合教会利益的结论，这是一种盲目信仰和抽象论断的方法，笛卡尔呼吁追求真理时必须对一切保持怀疑，只有这样才能破旧立新。笛卡尔将怀疑看成积极的理性活动，主张以理性作为公正的检查员。他相信理性的权威，要把一切放到理性的尺度上校正。

18 世纪的法国，伴随着市场经济的发展和资产阶级革命的酝酿，启蒙学者提出了丰富和较为系统的公民教育思想，以抨击封建专制教育，从而培养资产阶级共和国合格的公民。启蒙学者强调公民应具备政治美德，倡导对民族国家、民主政治和法律的热爱，并从教育领导权、教育对象、教育内容以及方法途径等方面构建了公民教育的蓝图。启蒙学者的公民教育思想为封建臣民教育向现代公民教育的转变提供了重要的思想基础，奠定了大革命后法国公民教育的理论基础，同时也启迪了一大批欧美教育思想家。巴黎大学法学院"行政法讲座"的首任教授杰兰德认为，管理公民权、处理教育文化事务、保卫各种产业和管理公共财产属于行政法的范畴。以福卡尔为代表的普瓦捷学派坚决反对"巴黎学派"关于教育行政法的观点，主张教育行政管理应尽可能与人权研究相

① 何勤华：《法国行政法学的形成、发展及其特点》，《比较法研究》1995 年第 2 期。

结合，认为教育法是从人权宪法中分离出来形成的一门独立科学。

然而，直到1946年，法国宪法才明确规定国家保障儿童及成年男女获得一般教育、职业教育及文化的均等机会，并应设立各级非宗教的义务教育机构。可是，平等的受教育权利是否可能实现，理论界还是有不同看法。布尔迪厄是法国当代最负盛名的社会学家、人类学家、哲学家，他的文化再生产理论强调学校教育活动作为符号暴力对再生产不平等所起的作用，学校通过构建有利于精英阶层的文化而实现社会再生产。布尔迪厄的研究发现，家庭背景不仅影响子女获得高等教育的机会，而且影响其在校的专业学习情况，家庭背景较好的大学生往往学业优异。

二、德国教育法律文化的特征

德国的教育法学可以说是法学与教育学融合的产物。从18世纪末到19世纪上半叶，哲学已经在相当程度上摆脱了神学的束缚，成为德国大学的最高学科。教育学发端于大学的哲学院，是对哲学的应用，并与法学从相对独立发展到相互交叉融合，形成了具有鲜明理性主义特征的德国教育法律文化。

（一）教育刑法文化

德国刑事立法的历史可追溯到德意志神圣罗马帝国时期的《加罗林纳法典》。该法典是1532年德意志帝国中央议会根据皇帝查理五世的命令，以帝国名义颁布的一部刑法和刑事诉讼法典，共179条。它无次序地列举了犯罪行为和对犯罪行为的各种惩罚，以刑罚异常残酷为特色。这部法典被广泛采用，对德国封建法的发展起到了重要影响。

安塞尔姆·里特尔·冯·费尔巴哈是刑法科学的创始人，他提出了罪刑法定、罪刑均衡等原则，被称为"近代刑法学之父"。费尔巴哈在20岁便获得哲学博士学位，24岁又获得法学博士学位，先后在耶拿大学和基尔大学任教，此后又赴兰茨胡特大学（慕尼黑大学前身）任教。1813年，他成为巴伐利亚王国刑法典的起草人，这一法典是世界上第一部将大部分的启蒙思想落实为条文的刑法典。

弗朗斯·冯·李斯特既是刑事社会法学的杰出代表，又是刑法学的现代学派（新派）创始人。李斯特于1869年起就读于维也纳大学，深受耶林的影响。在1883年的著作《法律中的目的思想》中，李斯特将耶林《为权利战斗》的思想引入刑法学，充实了现代刑法学中"法益"的概念。1874年，他取得法学博士学位后，在奥地利的格拉茨担任刑法教师，并先后在马尔堡、哈勒和柏林等地开办刑法研究所。1882年，李斯特在马尔堡大学的演讲中阐释了其目的刑思想，认为法律以各种规范形式将侵害法益的犯罪规定出来，刑罚通过剥夺犯罪人的法益来保护法律秩序，从而实现保护法益的目的。李斯特所主张的目的刑、保护刑理论经过不断的批判和改造，形成了教育刑理论。[1]教育刑理论认为，刑罚的目的在于改造和教育犯罪人，使其能够重新融入社会。从关注犯罪行为到关注犯罪人，从惩罚刑到教育刑，体现了德国教育学发展对刑法文化的影响。《德意志帝国刑法典》问世时，是刑事社会法学对古典学派统治刑法理论进行变革的时期。古典学派的理论代表是康德的意志自由论，他认为刑法的本质是对犯罪的报应。康德首先承认了社会道德观念的正义性和社会中人的意志自由。在他看来，作为一个有理性、属于理智世界的人，个体只能从自由的观念来思考自己意志的因果性。作为意志自由个体的人，必须对自己的行为负责。而李斯特则从社会政策的角度寻求犯罪的原因，将刑法的报复刑转变为教育刑。

拉德布鲁赫师从李斯特，却形成了新康德主义自然法的教育刑法观念。在魏玛民主立宪国家时期，拉德布鲁赫以学者身份参与政治生活，他亲自完成的《德意志通用刑法典》中，最引人注目之处是废除死刑、

---

① 何勤华主编：《法学群星闪耀时：50位外国法学家的故事》，北京：中国法制出版社，2020年版，第247—248页。

监禁刑和名誉刑，理由是这些刑罚只有在报复理念中才能找到根据，而法典所坚持的矫正思想则无须依赖于此。

（二）家庭教育私法文化

《法国民法典》公布之后，欧洲许多国家都受到它的影响，或者直接采用它作为自己的民法典，或者以它为模式制定自己的民法典。在近百年内，欧洲没有出现一部足以与《法国民法典》相匹敌的民法典。当《德国民法典》问世时，资本主义已在向垄断阶段过渡，工业高度发达，这种情况对两个法典关于亲权监护和家庭教育的规定有显著的影响。《德国民法典》是德意志帝国在1896年制定的，并于1900年1月1日施行，之后被德意志共和国、德意志联邦共和国继续适用，至今仍然有效。这是继《法国民法典》之后，大陆法系国家第二部重要的民法典。

基尔克的《民法典草案和德国法》被称为对《德国民法典》第一稿（以下简称"草案"）的起诉书。基尔克的批判理论基础来自萨维尼，他认为法律应反映人民真实的生活关系中的规则，而草案却完全忽视了那些源于德国历史，并且在人民生活之中体现民族精神的公序良俗。同时，草案打破了存在于德国家庭和社会成员之间的伦理联系和相互信赖的关系，而代之以非人格化的极端个人主义原则。随着时代的发展，1979年修订的《德国民法典》在亲属法上进行了彻底的改革，亲权由以父权为本位逐渐发展为以子女为本位，将未成年子女从"亲权"权力中解放出来，而代之以"父母照顾"。

（三）教育行政法的发展

德国行政管理学家施泰因首先倡导国家运用法律对教育事业进行干预。作为黑格尔哲学的信徒，施泰因并不希望社会历史的进化直接从谋求公众权利的社会运动中产生，而要通过有权进行社会管理的"互利的共和体"的政治调节来实现。在《行政学》中，施泰因试图将社会需求、社会利益和社会问题状况与政治制度的控制潜力之间错综复杂的调解过程进行简化，使其具有可操作性。他认为，教育是国民的公共事务，只能由代表国民一般权利的国家来干预。

在施泰因的理论基础上，德国当代行政法之父奥托·迈耶提出了完备的特别权力关系理论。他认为，高校和学生之间的关系构成了一种公法上的特别权力关系。公立高校是一种封闭性营造物，学生与高校之间的关系是一种"紧密型持续关系"。在《德国行政法》中，迈耶基于"特别权力关系"理论，将高校视为行使教育行政权力的公共组织，即"公营造物"。公营造物之使用者不得享受法治国有关法律保留、行政救济等的保护。

（四）德国教育宪法文化的发展

受教育权写入宪法始于1919年的《魏玛宪法》。该宪法第二编为"德国人民之基本权利与基本义务"，其中第四章为"教育及学校"。该章第一百四十二条规定："艺术、科学及其学理为自由，国家应予保护及培植。"第一百四十三条规定："青年教育，由公共机关任之。其设备，由联邦各邦及自治区协力设置之。"第一百四十四条规定："教育事务，在国家监督之下，国家亦得令自治区参与之。学校之监督，应由以教育为主要职业及有专门学识之官吏担任之。"[①]德国宪法还明文规定教养儿童的权利和义务属于父母。德国幼儿教育的重要特色是将教育的责任归于父母，在婴幼儿阶段，父母是家庭教育的主人。

《魏玛宪法》是现代宪法的源头。在魏玛共和国时期，学校教育的宗旨是：以德国人民精神和民族和解为前提的道德教育，培养国家公民意识的政治教育，促进个人潜力发挥的能力教育。宪法中还有学术自由的规定，强调在公众学校课堂上应尊重不同的思想。

第二次世界大战后，德国的教育之所以特别重视人的尊严，培养独

---

① 杜仕菊：《欧洲人权的理论与实践：以欧洲社会现代化进程为视角》，杭州：浙江人民出版社，2009年版，第160页。

立思考能力和民主意识，注重解决问题的方法，摈弃暴力，这与德国经历了"黑色教育"有着莫大的关系。在联邦德国，《魏玛宪法》被《德意志联邦共和国基本法》代替，该基本法在一定程度上继承了《魏玛宪法》的传统。1969年修改《德意志联邦共和国基本法》，成立联邦教育和科学部，加强了对各州教育立法的指导。1994年，统一后的德国出台了更为严格的教育法律，其中规定，那些公开赞同、否认或者美化大屠杀的人将受到轻则罚款、重则长达五年监禁的处罚。经过多年自我反省式的教育之后，德国绝大部分青年都崇尚民主和自由。

三、大陆法系对中华法系发展的影响

"法系"这个词，最早是由日本东京大学教授穗积陈重提出来的，原称"法族"，即"法律家族""法律大家庭"的意思。穗积陈重认为，世界上存在五大法律家族，即五大法系：中华法系、印度法系、伊斯兰法系、英美法系、大陆法系。所谓中华法系，是指以《唐律》为代表，由古代中国、朝鲜和越南等国家的法律共同组成的一个法律大家庭。

（一）留学教育对中日两国法律文化交流互鉴的影响

日本的封建制度源于唐王朝，而大化改新是日本由蒙昧走向制度化的一个开始。明治维新后，日本积极吸收欧美法律文化，成为继承西方法律文化的国家。日本东京大学成立于1877年，由东京开成学校与东京医学校在明治维新期间合并改制而成，初设法学、理学、文学、医学四个学部和一所大学预备学校，是日本第一所国立综合性大学，也是亚洲最早的西式大学之一。1947年，学校正式定名为东京大学。

穗积陈重，1876年以文部省留学生的身份远赴英国进修法学，后又转入德国柏林洪堡大学留学，深入研究以德国法为中心的欧洲大陆的法律制度和法学。作为立法者，他参与起草和编纂了日本民法、民事诉讼法和户籍法，对明治中期以后日本继受大陆法系发挥了重要作用。作为学者，他受到达尔文的生物进化论和斯宾塞的社会进化论的深刻影响，成为与梅因、萨维尼齐名的历史法学派代表人物。他还是日本法理学的创始人，最先开设日本的"法理学"课程。梁启超在《中国法理学发达史论》中最早使用"法理学"一词，也是其对穗积陈重思想的吸收。从救亡图存的角度出发，梁启超高度肯定教育的作用，他认为国家的强弱与教育息息相关，变法维新要靠教育来实现。

日本东京法政大学于 1905 年专门设立了法政速成科，对清末乃至近现代中国影响甚大。曾经在该速成科学习的有宋教仁、胡汉民、沈钧儒、张居正等，担任教员的有民法学者梅谦次郎（东京法政大学校长）、刑法学专家冈田朝太郎（东京帝国大学教授）、宪法学者美浓部达吉等人，他们皆为日本法学名家。清末法律改革家沈家本、伍廷芳等人聘请了一些日本大学的教授和留学生参与修律。例如，沈家本与留学人才合作，主持制定了《大清民律》《大清商律草案》《刑事诉讼律草案》《民事诉讼律草案》等一系列法典。

从日本留学回来的一些法律专家，还创办了以培养法官人才闻名的朝阳大学。朝阳大学创办于 1912 年，是私立的专门法科大学，设有法律、经济等学科，以法科教育为盛。1949 年以后，朝阳大学更名为中国政法大学，但并不是现在的中国政法大学。1950 年，人民大学成立法律系，很多教师来自当时的这个中国政法大学。

（二）留学教育对中法两国法律文化交流互鉴的影响

1901 年 7 月，两江总督刘坤一和湖广总督张之洞联合奏请《湖广、两江总督会奏三疏》，提出"育才兴学之大端"四项："一曰设文武学堂；二曰酌改文科；三曰停罢武科；四曰奖励游学。"

马建忠，震旦大学和复旦大学的创办人马相伯的弟弟，1876 年公费留学法国。1877 年，他通过了巴黎考试院的文科和理科考试，成为第一个取得法国高中会考毕业证书的中国人。马建忠曾在政治学院和法学院学习，1879年获得政治私立学校（巴黎政治学院前身）法学学位。当时的政治私立学校授予三种文凭，分别为外交学、行政学和不分专业的文凭，马建忠取得的是不分专业的文凭。为了获得这一文凭，马建忠必须同时学习外交学和行政学的课程，外加一门外语。[①]在1878年写给友人的书信中，马建忠特别强调了政治学院教学中重视实学的特点："而其因时递变之源流，与夫随时达变之才识，则为政治学院所考论，而政治学院孜孜所讲求者，则尤为相时制变之实学也。"[②]回国后，他进入李鸿章幕府协办洋务。

李石曾是中国社会教育家，也是中法大学的创办人之一。1902年，李石曾随驻法公使孙宝琦前往法国。在巴黎，李石曾入蒙达顿农校学习，毕业后又入巴斯德学院和巴黎大学学习生物学。李石曾在他编译的《法兰西教育》一书中，初步介绍了法国的教育状况，认为法国与中国的国民习性较为相似，也是好义之国。1920年，李石曾在北京创办了中法大学，采纳了法国学制之所长，设立了文、理、医、法等学科和附属中学、小学。中法大学培养了许多杰出的毕业生。[③]

由于法国法学教育与中国"学而优则仕"的传统有着某种层面的契合，因此法国大学法学院的教育模式更容易被引入中国。王世杰是一位政治家和教育家，曾经留学英国、法国，1917年获英国伦敦大学政治经济学学士学位，1920年获法国巴黎大学法学博士学位。学成归国之后，他受蔡元培之邀担任北京大学教授，第二年又被聘为北京大学法律系主任。1924—1926年，王世杰应邀赴广州筹备建立中山大学。1927年，他被任命为国民政府首任立法委员，并担任法制局局长，邀请专家学者草

[①] 朱明哲：《法学知识的跨国旅行：马建忠和19世纪末的法国法学》，《政法论坛》2020年第1期。

[②] 冯桂芬、马建忠：《采西学议：冯桂芬 马建忠集》，郑大华点校，沈阳：辽宁人民出版社，1994年版，第160页。

[③] 茹宁：《浅析民国时期法国高等教育模式的移植》，《中国地质大学学报（社会科学版）》2013年第1期。

拟、修订《中华民国刑法》等。1933年5月，王世杰转任教育部部长。当时国内各种公立和私立大学较多，文法科招生规模较大，而实业发展所需理工农医专业人才缺乏。所以，王世杰在任内大力整顿大学院系的重复设置，限制文法科招生，扩大理工农医科招生，并制定留学政策，重用留学生。

史尚宽于15岁留学日本，并于1922年春获得法学学士学位，1922年秋赴德国入柏林大学研究法律。1924年，他转至法国巴黎大学研究政治经济，了解了大陆法系民法发展的前沿动态。1927年，他返回中国，受中山大学校长戴季陶之邀到广州担任法科教授，同时还担任戴季陶校长的秘书。回国后，史尚宽曾躬预民法、宪法及其他重要法典之起草和制定，他的著作《民法全书》对后世的法学研究产生了深远影响。

1949年后，留学教育对中法法律文化交流仍有很大影响。王名扬被视为新中国行政法学的启蒙者和奠基人。1941年，他从武汉大学毕业后，考入了国立中央大学（重庆）研究生院行政研究所攻读硕士学位，师从行政法学权威留美博士张汇文。1943年获得硕士学位后，王名扬在武汉大学法律系任讲师。1948年，他成为国民政府最后一批公派留学生，前往法国巴黎大学法学院深造。1953年，他获得巴黎大学行政法学博士学位，并于1958年回到祖国。1958—1962年，王名扬在北京政法学院（中国政法大学前身）理论教研室工作。1983年，他参加了中国第一部行政法统编教材的编写工作。1989年，他的专著《法国行政法》出版，被称为行政法学研究的"概念工具百宝箱"。

（三）留学教育对中德两国法律文化交流互鉴的影响

杰出教育家蔡元培和民国宪法之父张君劢均为留学德国的杰出人物，他们同为马相伯的弟子。马相伯于1903年以"中西大学堂"的理念创办了震旦学院。"震旦"为梵文，含"东方日出，前途无量"之意。震旦学院是中国近代第一所私立大学，其教育理念也深深影响了蔡元培、张君劢等人。

蔡元培多次赴德国求学、考察，他将在德国的求学称为"游学"，而不是"留学"。因为他的目的是汲取知识、开阔眼界，而非单纯获得学位。1908年，蔡元培申请入读柏林大学，但因不能提供中学毕业证书而无法注册，最终选择前往莱比锡大学。虽然原出国计划是学习教育学，但他在莱比锡大学注册的是哲学系，其选修课程众多，呈现跨学科的特点。在莱比锡大学，蔡元培最佩服哲学家、实验心理学创始人冯特和历史学家兰普莱西，每学期都选修他们的课程。课堂学习之外，蔡元培十分注重研究德国的教育制度，翻译了许多德国教育家的著作。他对德国大学教育制度的观察与思考，使他从泛泛的教育救国论者转为学术救国或大学救国论者，这为他后来的教育改革之路奠定了基础。被称为"民国宪法之父"的张君劢与德国渊源颇深，他多次前往德国，或留学或讲学。1906年秋，张君劢考入早稻田大学经济科，1910年获政治学学士学位，1913年赴德入柏林大学攻读政治学博士学位。张君劢对德国《魏玛宪法》给予了极高的评价，在1922年和1946年宪法的起草中，力主规定公民的受教育权。

第四节　中华法系教育法治精神的传承与发展

习近平总书记指出："法律是成文的道德，道德是内心的法律，法律和道德都具有规范社会行为、维护社会秩序的作用。"[①]法安天下，德润人心。法律的有效实施有赖于道德的支持，而道德的践行也离不开法律的约束。法治和德治不可分割，国家治理需要法律和道德协同发力。2019年1月，习近平总书记在中央政法工作会上指出，要"坚持以法为据、以理服人、以情感人，既要义正词严讲清'法理'，又要循循善诱讲明'事理'，感同身受讲透'情理'，让当事人胜败皆明、心服口服"。

---

① 习近平：《加快建设社会主义法治国家》，《求是》2015年第1期。

一、法治精神的含义

法治理念和法治精神作为中国法治的"元理论"和"元知识"，只有转化为具体的法律文化、法律知识以及法律思维，才能真正指导法治实践，避免成为浮泛的政治倡导。法理学、法史学等法学专业基础课有着丰富的法律文化课程思政资源，值得进一步开发与探索。①

那么什么是法的精神呢？法国启蒙哲学家孟德斯鸠在《论法的精神》中指出："最广泛意义上的是源自事物本质的必然关系。在这个意义来看，世间万物都有它们各自的法。"②他认为，人类的理性和具体的国家、地区的生活习俗、地理环境、文化历史相结合，构成了法的精神。孟德斯鸠特别强调法律的社会教育功能，他在反思学校教育时指出，法学教育的主要部分是在走出校门后完成的。③

而萨维尼则将法归为民族精神，认为法律具有独特的特性，它就像语言一样是一个民族所特有的，带有一定的民族色彩和特点，存在于一个国家的民族精神之中，并体现着这个国家的民族精神。《论立法和法学的当代使命》是萨维尼在是否应制定全德统一法典的论争中撰写的，系统地陈述了以他为代表的德国历史法学派的基本观点。他认为法律就像语言、风俗、政府制度一样，具有民族特性，是民族共同意识的体现，随着民族的成长而成长、随着民族的壮大而壮大，当一个民族丧失其个性时，其法律也会逐渐消逝。萨维尼认为，法学是一门语文性和哲学性的科学，哲学性等同于体系性，所有的体系都根源于哲学，对纯历史性体系的论述溯源于某种统一性与理念，这种统一性与理念构成体系

① 顾培东：《当代中国法治话语体系的构建》，《法学研究》2012年第3期。
② 孟德斯鸠：《论法的精神：全2册》，祝晓辉、刘宇飞、卢晓菲译，北京：北京理工大学出版社，2018年版，第3页。
③ 孟德斯鸠：《论法的精神：全2册》，祝晓辉、刘宇飞、卢晓菲译，北京：北京理工大学出版社，2018年版，第43—44页。

化论述的基础。[①]

　　笔者认为，法的精神不仅具有地域性，也体现民族性。在中华法系中，天理、人情与国法相互衔接，这反映了中华法文化特有的民族精神。党的十七大报告首次提出"法治精神"这一概念。社会主义法治精神，是坚持党的领导、坚持以人民为中心，为全体中国人所普遍感知和认同的法治精神。习近平总书记在党的二十大报告中强调："加快建设法治社会。法治社会是构筑法治国家的基础。弘扬社会主义法治精神，传承中华优秀传统法律文化，引导全体人民做社会主义法治的忠实崇尚者、自觉遵守者、坚定捍卫者。"因此，法律文化课程应以挖掘和传承中华优秀传统法律文化中的法的精神为必然使命。

二、德礼为政教之本的中华法系法治精神

　　中华法系是世界五大法系之一，源远流长、独树一帜，德礼为政教之本的精神是中华法系的基本特征，为人类法治文明作出了巨大的贡献。

（一）德礼为政教之本的法治精神内涵

　　中国传统的法的观念主要以"刑"为核心，因此，传统上，中国人往往习惯于将刑、律、法等同起来，认为法就是刑法。这种观念源于中国古代法的特殊形式，并在后来的发展中得到加强。刑与暴力相联系，最初主要针对异族，后逐渐扩大到所有违犯礼教的人。刑归根到底是一种"霸道"强制性的压迫法，并长期局限在"五刑"范围内。因此，在中华法系的发展过程中，德礼逐渐成为政教之本，而"刑""法"则为政教之用。与此相比，西方法的观念主要以权利为轴心，这是因为古希腊、古罗马国家的法源于平民与贵族的冲突，从某种意义上说，它们是

---

　　① 杨代雄：《萨维尼早期法学方法论中的三条基本原则》，《中德私法研究》2009年总第5卷。

社会妥协的结果。尽管这种法在一定程度上可能偏向一方，且因国家的强制力而具有压制功能，但它依然是确定和保护社会各阶层权利的重要手段，并因此获得了普遍遵行的效力。

伦理化与宗教性可以说是中西法律文化比较中最为对立的差异。传统中国的法律在西汉以后逐渐受到儒家伦理的影响，儒家伦理的精神和原则日益规范着法律的发展，至隋唐终使中国法律完全伦理化，这一现象延续至清末。儒家伦理使传统中国的法律成为一种道德化的法律，法律成为道德的工具，道德成为法律的灵魂。天理、人情始终制约着国法的运行。中华法系的这种伦理法特色使传统中国法律丧失了独立的品格，但其积极影响也是很明显的，这就是中华法系始终具有一种世俗的、仁爱的人文情怀。相比之下，西方法律文化从古罗马开始就受基督教的影响，到中世纪时，基督教逐渐控制了世俗的法律。虽然近代资产阶级革命使政教分离，法律整体上摆脱了基督教的束缚与控制，但基督教对西方法律的影响至今仍然存在，渗透至西方法律文化的思想和制度深处。

中西法律文化在体系和学术方面也有很大的差异。从某种意义上说，作为中华法系母法的传统中国法律文化是一个具有教育性的体系，而代表西方法律文化的大陆法系和英美法系则更偏向市民性。这种不同的结构形态是由它们所属的社会机制决定的，并随着社会的变化而变化。传统中国法律的学术方面主要表现在对法律的解释与注解，礼乐制度文明也蜕变为礼律制度文明。"律学"与"法学"虽然只有一字之别，二者却反映出两种不同形态的法律文化。应该承认，同为人类文化组成部分的中西法律文化存在差异与冲突的同时，也有相似、相近、相通之处。从根本上说，每一文明都有关于理想社会的设计。虽然不同文明的理想存在差异，但它们都是人类心性的一种体现，都是人类对生活秩序化和正义性的追求。这提示我们既不应忽视不同法律文化之间的差异，也要关注它们基于人类共性的相通性，并努力在人类文化的差异中寻求各种互补的可能，从而实现中国传统教育法律文化的创造性转化与创新性发展。

（二）中华法系教育法治精神的价值导向

党的十九届五中全会通过的《中共中央关于制定国民经济和社会发展第十四个五年规划和二〇三五年远景目标的建议》，明确提出要"建设高质量教育体系"，到2035年"建成教育强国"的宏伟目标，提出建设高质量教育体系，"我国将构建优质均衡的基本公共教育服务体系、构建支撑技能社会建设的职业技术教育体系、构建开放多元的高等教育体系、完善服务全民终身学习的教育体系"。全国人大常委会2021年度立法计划表明要研究启动教育等领域的法典编纂工作，用法典化思维构建现代教育法律体系。那么，如何处理构建终身学习的法治教育体系与教育法典化的关系，成为法学与教育学研究者亟须思考的问题。

教育法与传统民法、刑法、行政法等法律的不同之处在于，教育法的道德教育的价值导向非常强。在《理想国》里，柏拉图以洞穴的比喻生动地阐释了教育理念。柏拉图主张，理应由受过高等教育的哲学王来统治国家，而不主张法治。他的学生亚里士多德则认为哲学王的一人之治并没有法治高明，主张通过法治保障人们获得正确的教育。

卢梭在《爱弥儿》中指出："教育或是受之于人，受之于事物，受之于自然。"《爱弥儿》反映了卢梭的自然主义教育思想，强调按照人类内在本性发展的教育制度的重要性。康德也非常注重教育对人的作用，认为人之所以为人，是教育的结果，他提出教育的理念是"人只有通过教育才能成其为人"[1]，从而将教育法的生成逻辑理解为法哲学中的权利需求。立法是自由的条件，而教育则是对普遍法则的认识，受教育权是天赋的追求自由的权利。康德同卢梭一样，都是从自然人性角度阐述了教育立法的生成逻辑，但又都对理性的教育立法提出了怀疑。黑格尔则

---

[1] 王坤庆：《论康德对教育学的贡献》，《教育研究与实验》2001年第4期。

从客观唯心主义辩证法的角度讨论教育与立法的关系，强调了家庭、社会和国家在教育中的不同作用。黑格尔说："法的基地一般说来是精神的东西，它的确定的地位和出发点是意志。"[①]黑格尔认为，国家是达到特殊目的和福利的唯一条件，只有通过政治国家立法和强有力的政府干预，人们才能通过教育实现理想的生活图景。然而，黑格尔强调了民法法典化的必要性，却未提出教育立法的观点。杜威的"教育即生活"教育理论产生于19世纪90年代，是现代教育理论的代表，将教育与幸福生活的权利、民主主义联系起来。杜威的"教育即生活"教育理论打破了人们对受教育权理解局限于学校教育的误区。在杜威看来，教育是人们日常生活的重要组成部分，构建完整的国家、学校和社会教育体系，体现了人们对美好生活的追求愿景。

终身教育概念最早由英国成人教育家耶克斯利在其1926年出版的《终身教育》中提出。1965年，法国学者保罗·朗格朗在联合国教科文组织召开的第三届促进成人教育国际委员会会议上正式提出"终身教育"这一术语。朗格朗认为，终身教育所意味的并不是一个具体的实体，而是某种思想或原则，或者说是某种关系与研究方法。笔者认为，终身教育体系应包括基础教育、职业教育、大学教育、社会教育与家庭教育的现代化与体系化。在教育法典化中，是按照历史的发展顺序排序，还是按照人的成长规律排序，形成了生活逻辑与法律逻辑的区分。生活逻辑以时间为脉络推进学前教育、基础教育、大学教育、职业教育的构建，同时又按空间顺序构建家庭教育、学校教育、社会教育体系。尽管这种时间与空间的安排便于读者在终身教育体系视域下理解教育法典化的逻辑体例，但它未能充分反映构建终身教育体系的动因、问题与发展动向。寻找教育法典化的教育学原理，是中华法系教育法治精神的重构方向。从终身学习和高质量教育发展的角度来看，受教育权的保障应该是教育法法典化的灵魂。受教育权本质上是一项人权，是以保障个

---

① 黑格尔：《法哲学原理》，范扬、张企泰译，北京：商务印书馆，1961年版，第10页。

体尊严、追求幸福生活为目的的权利。虽然在不同的教育阶段，权利和义务的配置不同，但是，归根结底，"幸福生活"始终是受教育权的根本价值取向。因此，教育法法典化应当以保障受教育权作为根本的价值导向。

三、传承发展中华优秀传统教育法律文化

"修身、齐家、治国、平天下"是中华法文化的精髓，应该得到传承与发展。教育法治之所以为人们高度关注，是因为教育是人们生活世界的重要组成部分，而构建终身学习的教育体系体现了人们对美好生活的追求。改革开放之初，高考的恢复和《中华人民共和国学位条例》（简称《学位条例》）的颁布，为有志青年描绘了一幅美好生活的理想蓝图。《学位条例》在教育立法中发挥了先导作用。

（一）教育法治的雏形

1949年后，关于高等教育培养目标的明确表述最早见于1950年8月教育部颁布的《高等学校暂行规程》中。其中规定："中华人民共和国高等学校的宗旨为根据中国人民政治协商会议共同纲领第五章的规定，以理论与实际一致的教育方法，培养具有高级文化水平，掌握现代科学和技术的成就，全心全意为人民服务的高级建设人才。"

1977年，国务院批转了教育部《关于1977年高等学校招生工作的意见》，扩大了高等教育的入学门槛，法学逐步成为显学。

在中国历史发展进程中，国家对教育立法一直高度重视。《唐律疏议》就是将教育与立法融合起来的典型示例。与大陆法系以民法法典为主题的话语体系不同，《唐律疏议》是以法典的形式展示了儒学"修身、齐家、治国、平天下"的大学教育精神。南宋时，朱熹以"理"的教化来规制"法"的制定与实施。但宋元之后的传统儒学教育轻视职业教育，将儒学教育变成了八股文的教条，限制了人们对科学知识的探索和

追求。

1980年的《学位条例》，是新中国成立以来由最高国家权力机关制定的第一部教育法律，对于重建全社会对知识的尊重和对人才的渴求具有标志性的意义，也促进了我国教育法律体系的初步形成。

（二）教育法治的发展

1978—1994年，我国共出台了三部重要的教育法律，分别是1980年的《中华人民共和国学位条例》、1986年的《中华人民共和国义务教育法》和1993年的《中华人民共和国教师法》。

1980年2月，第五届全国人民代表大会常务委员会第十三次会议通过了《中华人民共和国学位条例》，规定对在高等学校和科研机构的毕业生和科研人员经过严格考核，授予学士、硕士和博士学位，其目的是促进科学专门人才的成长，提升各门学科的学术水平和教育、科学事业的发展。1985年5月，《中共中央关于教育体制改革的决定》指出："高等学校担负着培养高级专门人才和发展科学技术文化的重大任务。"这是中华人民共和国成立以来第一次如此明确地把高等教育的任务归结为培养高级专门人才和发展科学技术文化。

20世纪90年代初，我国的改革开放和现代化建设进入新时期，科教兴国战略成为全社会共识。1993年2月，中共中央、国务院印发《中国教育改革和发展纲要》。《中国教育改革和发展纲要》作为政策性文件，主要起指导作用，但在实际执行中缺乏足够的强制力。因此，推动教育改革发展必须依靠法治手段，将党和国家关于教育改革发展的目标、方针、政策用法律形式固定下来，这不仅对教育部门而且对全社会都具有规范作用和普遍约束力。1993年10月22日，第八届全国人民代表大会常务委员会第四次会议上提出了《中华人民共和国教师法（草案）》。该法案明确了教师通过聘任合同与学校建立平等的法律关系，打破了与计划经济体制相适应的教师管理制度，促进了教师队伍建设的发展。

1993 年 10 月 31 日，第八届全国人民代表大会常务委员会第四次会议审议通过了《中华人民共和国教师法》，明确了教师的权利与义务，规范了教师的资格任用制度，并将每年的 9 月 10 日设为教师节。该法旨在保障教师的合法权益，提高教师的社会地位，加强教师队伍的建设。《中华人民共和国教师法》的颁布推动了我国社会主义教育事业的发展。

1995 年，《中华人民共和国教育法》的出台为我国教育立法确立了基本依据，具有里程碑意义。在这一时期，我国教育立法领域进一步拓展，共颁布了五部教育法律，分别是《中华人民共和国教育法》《中华人民共和国职业教育法》《中华人民共和国高等教育法》《中华人民共和国国家通用语言文字法》《中华人民共和国民办教育促进法》，为落实教育优先发展的战略地位提供了法律保障。1998 年 8 月，第九届全国人民代表大会常务委员会第四次会议通过了《中华人民共和国高等教育法》。该法规定，"高等教育的任务是培养具有创新精神和实践能力的高级专门人才，发展科学技术文化，促进社会主义现代化建设"，"高等学校应当面向社会，依法自主办学，实行民主管理"，突出强调了培养高级专门人才和办学自主权。这是中华人民共和国成立以来颁布的第一部高等教育法，全面肯定了我国改革开放 20 年来在高等教育办学理念、培养目标、管理体制等方面所取得的共识。2024 年 4 月 26 日，第十四届全国人民代表大会常务委员会第九次会议表决通过了《中华人民共和国学位法》（2025 年 1 月 1 日起施行），对新中国颁布的第一部教育法进行了全面修改，进一步开启了教育法治的新征程，这对推进我国教育治理体系和治理能力现代化具有重要意义。

（三）新时期教育发展新方位

2012 年 11 月 15 日，十八届中共中央政治局常委与中外记者见面，习近平总书记用十个"更"诠释人民对美好生活的期盼，其中"人民期盼更好的教育"居首位。教育承载着改善民生、增强福祉的功能，关注人的终身发展。从教育体系构建来看,我国在建设教育强国的进程中仍存在一些问题,教育法治还不完善,实现从教育大国向教育强国的跨越依然任重道远。

高等教育在教育强国中发挥着龙头作用。在长期进行"211 工程""985 工程"等重大教育工程建设的基础上,加快"双一流"建设成为新时代高等教育高质量发展的引领性工程。"211 工程"是指面向 21 世纪、重点建设 100 所左右的高等学校和一批重点学科的建设工程,是新中国成立以来由国家立项在高等教育领域进行的重点建设工作,于 1995 年 11 月经国务院批准后正式启动。1998 年 5 月 4 日,时任国家主席江泽民在庆祝北京大学建校 100 周年大会上代表中国共产党和中华人民共和国中央人民政府向全社会宣告:"为了实现现代化,我国要有若干所具有世界先进水平的一流大学。"1999 年,国务院批转教育部《面向 21 世纪教育振兴行动计划》,正式启动"985 工程"。2016 年 6 月 7 日,教育部发布"教育部国务院学位委员会国家语委关于宣布失效一批规范性文件的通知",宣布《关于继续实施"985 工程"建设项目的意见》《"211 工程"建设实施管理办法》等规范性文件失效,已失效的规范性文件不再作为行政管理的依据。2019 年 11 月 28 日,教育部发布声明,已将"211 工程"和"985 工程"等重点建设项目统筹为"双一流"建设。政法院校、师范院校如何在法治理念的传播中发挥作用,成为重要问题。

党的二十大报告突出强调要加快建设教育强国,"加快"一词表明教育在支撑社会主义现代化强国建设方面的作用愈加凸显,也体现出加快教育强国建设的紧迫性。教育是国之大计、党之大计,对国家富强、民族振兴、社会进步、人民幸福具有重大意义。因此,全面实现社会主义现代化必须首先实现教育现代化,建设社会主义现代化强国必须率先建成教育强国。从加快建设教育强国、科技强国、人才强国的内在逻辑来看,加快建设教育强国摆在首位。不论是科技的创新突破,还是人才的培养造就,都需要优质教育的源头活水,都需要教育提供基础性支撑,教育强国是全面实现其他各项强国目标的人力资源基础。①

2023年5月29日，习近平总书记在中央政治局第五次集体学习时提出完善教育对外开放战略策略、增强我国教育的国际影响力和话语权的明确要求。西方法学教育历史悠久，分析研究西方国家法律文化教育的重要举措和发展经验，对加快我国教育法律文化建设仍具有重要参考价值。但是，学习国外优秀法律文化时，不能迷失文化的主体性。自2024年1月1日起，《中华人民共和国爱国主义教育法》开始施行，我们应该深刻认识爱国主义教育的时代意义，以中国式现代化全面推进法治教育与教育法治的高质量发展。

---

① 石国亮:《党的二十大锚定教育发展新方位》,《中国教育报》2022年12月27日第2版。

第五章　大学生日常生活的
法律文化教育

法律与日常生活密切相关，法律系统不能与生活世界隔绝而成为一个封闭的系统。法律文化教育的需求正是源于生活世界的实际需要。对大学生来说，在日常生活中开展法律文化教育具有重要意义。

第一节　大学生日常生活的法治教育问题

青年强则国强，大学生是国家的未来栋梁。培养大学生的法治观念和法律文化意识对国民法律文化水平的提升至关重要。

一、教育即生活的法学阐释

高校学习阶段是大学生踏入社会生活的前奏。不仅是课堂学习，大学生在饮食、住宿、恋爱、休闲等日常生活中，也面临着许多法律相关的问题，因此，大学生应该掌握一些关于日常生活的法律知识。

德国法学家耶林就非常重视大学生的法治教育问题。1872年他进入哥廷根大学从事教学工作，在那里他编写了两本与教学有关的书：《不附判决之民法案例》和《日常生活中的法学》。在《日常生活中的法学》中，耶林设定了一些日常生活中的场景，如列车、车站、家庭生活，并探讨了不同主体之间的法律关系。例如，父亲给孩子零用钱属于何种法律关系？虽然这些法律关系和法律行为由于其标的微不足道而几乎不会引发诉讼，但对法学教育却非常有用，因为它们可以引导初学者从法律的视角去思考生活中的事件。耶林的这两本书在法学教育中开创了新的风气，使日常生活的法治教育课程成为法学专业的重要组成部分，这两本书也成为许多国家法律文化教育的必备参考书。

我国教育学家陶行知于1915年赴哥伦比亚大学教育学院学习，其间哲学家和教育家约翰·杜威关于"教育即生活，学校即社会"的观点对陶行知产生了很大的影响。1917年，他回国先后担任南京高等师范学校、国立东南大学教授、教务主任等职。陶行知结合中国实际提出了"生活即教育""社会即学校""教学做合一"三大教育思想，不久为全国教育界所采用。他指出："我们此地的教育，是生活教育，是供给人生需要的教育，不是作假的教育。人生需要什么，我们就教什么。人生需要面包，我们就得过面包生活，受面包的教育；人生需要恋爱，我们就得过恋爱生活，也受恋爱的教育。"①

20世纪60年代，高等教育经历了进一步的发展和变革，各国大学不断增多。大学生日常生活的法律文化教育属于通识教育，因为法律基础知识在中小学阶段就已经学习过或接触过，而大学中也设有法学专业。因此，出现了大学生日常生活的法律文化教育是否有必要、大学到底是实施精英教育还是通识教育等争论。大学中的各学科相互之间的冲突变得愈加复杂，而选择的多样性让人们感到困惑。欧美主要资本主义国家爆发了此起彼伏的学生运动，法律系统与生活世界的冲突促使高等教育管理进行变革。高等教育的法治进程也就成了法科大学生与其他专业大学生都应该关注的问题。

在大学生的生活世界中，虽然法律可以用来组织和稳定社会生活，但是它也会在一定程度上规制个人的自由。哈贝马斯是德国当代重要的哲学家之一，他提出"生活世界"的概念，认为人们在日常沟通理解的

① 陶行知：《陶行知文集》，太原：山西教育出版社，2021年版，第3页。

基础上，以语言为媒介进行交往的环境就是生活世界。哈贝马斯认为，生活世界是人们日常交往的舞台，它给人们提供了一个背景知识，使人们能够相互理解、形成共识，在这个背景下，生活世界成为行为主体协商、互动、维护社会规范的"信念储蓄库"。①同时，生活世界又是在交往活动的实践中形成的，生活世界和交往活动之间是一种互动关系，是一种个人自主与公共自主相互沟通协调的辩证关系。哈贝马斯认为，生活世界所包含的文化、社会和个性三个方面的要素在社会交往的过程中不断再生产，具体而言，在语言交往的过程中，文化和传统得到了更新，社会组织得到了整合，个人吸收了文化传统而被社会化。现代社会虽然贯彻了法律秩序和道德原则，但是这些法律秩序和道德原则越来越不适应具体的生活形式。个人在社会化进程中所获得的认知能力和知识，逐渐建立在抽象的普遍观念上，从而与生活世界分离。

哈贝马斯等西方马克思主义学派对大学生生活世界精神和价值失落的忧虑有一定的合理性，但其公共领域的观念却带有很强的假想性，并不能为大学生提供学习、劳动和工作的规范引导。习近平总书记在庆祝中国共产党成立100周年大会上的重要讲话中提出"两个结合"，即"坚持把马克思主义基本原理同中国具体实际相结合、同中华优秀传统文化相结合"②，是当代中国马克思主义理论的重要创新。中华法文化中修身齐家治国平天下的观念深刻阐释了个人与集体、家庭与国家之间的良性互动关系，这一教育理念应成为当代大学生传承与实践目标。

修身齐家治国平天下是中华优秀传统文化的重要组成部分，日常生活中的衣食住行同样蕴含着治国平天下的学问。1999年底，教育部等下发了《关于进一步加快高等学校后勤社会化改革的意见》，明确了高校后勤服务"社会化"改革的内涵。然而，高校后勤服务的社会化所带来

---

① 尤尔根·哈贝马斯：《交往行为理论（第1卷）》，曹卫东译，上海：上海人民出版社，2018年版，第81页。

②《习近平著作选读》（第二卷），北京：人民出版社，2023年版，第483页。

的功利性与高校后勤服务本身的公益性之间的矛盾，长期以来制约了对大学生进行有效的生活教育。2020年3月20日，中共中央、国务院印发了《关于全面加强新时代大中小学劳动教育的意见》（以下简称《意见》），就全面贯彻党的教育方针，加强大中小学劳动教育进行了系统设计和全面部署。高校后勤中有大量的生活和生产劳动机会，例如教学区与宿舍区的卫生保洁、餐饮服务等，这些活动不仅超越了专业课程，还能有效培养学生的生活自理能力及服务社会的责任感。此外，学校超市运营、建筑维修、园林绿化等领域，还能为相关专业学生提供实习实训的机会。这正契合《意见》对高等学校要"结合学科和专业积极开展实习实训、专业服务、社会实践、勤工助学等，重视新知识、新技术、新工艺、新方法应用，创造性地解决实际问题，使学生增强诚实劳动意识，积累职业经验，提升就业创业能力"的要求。

二、对大学生进行法治教育与依法管理的意义

虽然大学生大多是成年人，但在心理和生理上尚未完全成熟，因此需要将日常生活品行教育与学问教育结合起来。美国教育学家威廉·詹姆斯指出："在我们这些受到过（所谓的）高等教育的人中间，绝大多数人都已经远远地离开了自然。我们被教养得只会去挑肥拣瘦，只会猎奇斗艳，小看平常生活。我们的脑海里塞满了各种抽象的慨念，习惯于油腔滑调、冗言赘语、滔滔不绝。在这种具有较高功能的文化中，与我们较为简单的功能相联系着的特殊快乐之源常常枯竭，我们对生活中更基本更普遍的善和快乐却日益茫然和退钝。"[1]如当下中国的大学寝室多采用四人间、六人间或八人间模式，偶发的矛盾和冲突也可能会引发违法犯罪事件。所以，法治教育必须与依法管理相结合，以帮助大学生在复杂的社会环境中找到正确的方向。

当然，高校对大学生的管理不是在限制其教育权，而是在保障其教

① 万俊人、陈亚军编选：《詹姆斯集》，上海：上海远东出版社，2004年版，第205页。

育权。《中华人民共和国高等教育法》明确规定，法律要保护高校大学生的合法权益。如对于成年男女大学生在婚恋关系中的同居问题，高校应该如何依法管理？高校管理应该从适当性原则出发，一方面，学校既应该放权，尊重学生的合法权益和自由；另一方面，对大学生日常生活中的一些违规行为不一概以惩罚了之，而要做到合理监管。高校可通过开设婚恋道德方面的课程，加强对大学生的思想教育工作，引导大学生正确认识和处理学业、工作与爱情之间的关系。

作为青年群体，大学生在校园内享有无忧无虑生活的同时也面临即将踏入社会的焦虑。在这个敏感的年龄阶段，社会应当给予他们多一些关心和重视。高校则应承担起引导学生树立健康积极的婚恋观的责任，做好学生的思想政治工作。在法律教育到位的同时，也应结合道德教育，积极感化学生。

第二节　高等教育制度与大学治理

高等教育制度在法律层面上通过立法、执法和司法等手段，确认、保障和规范高等教育事业的顺利进行。同时，不能忽视其教育意义，法律的普及与实践有助于法治观念的传播。在高等教育领域，更需要坚守法治的精神。

一、国外高等教育制度与大学治理的演变

（一）法国高等教育制度与大学治理

在法国，巴黎综合理工学院是一个享有盛名的高等院校。该校创立于1794年，在法国公共安全委员会的主持下，中央公共工程学院（1795年更名为巴黎综合理工学院）应运而生。1805年，拿破仑将其改设为军校，直至1970年，巴黎综合理工学院始终保持军校与工程师学校的双重

身份。①巴黎综合理工学院在法国高等教育界的威望源于其极具选拔性的入学竞考，学生需经历大学预备班和大学校单独考试的重重考验。从巴黎综合理工学院毕业的有哲学家奥古斯特·孔德等名人。

　　法国的高等教育体系包括三种类型：综合性大学、大学校和高等专科院校。综合性大学涵盖了几乎所有的学科领域，可以颁发学士、硕士和博士学位。大学校则属于高等专业学校，实施精英教育，具有典型的法国特色。巴黎综合理工学院就是这种学校，其工程师文凭不仅是一种职业资格证书，还相当于硕士学位证书。工程师院校的教学管理具有充分的灵活性，重视产学合作，确保毕业生的就业，而综合性大学则很难做到这一点。

　　1968年，法国大学生运动和工人罢工的"五月风暴"向政府和社会揭示了法国教育制度乃至整个社会体制的内在矛盾，迫使统治阶级不得不考虑改革法国的高等教育。戴高乐总统批准了由时任教育部部长富尔命名的《高等教育方向指导法案》，即《富尔法案》。该法案明确规定了法国高等教育的性质、任务、办学原则、组织结构及教师队伍等方面的要求。1984年，《法国高等教育法》重申，在自治、参与和多科性原则的基础上，法国高等教育发展的目标是现代化、职业化和民主化。这波教育改革浪潮也影响了巴黎综合理工学院。自1970年起，巴黎综合理工学院不再是军校，同时成为法国的精英大学之一，并具备授予学士、硕士和博士学位的资格。

　　二元制下大学与大学学院之间的差异及其所反映的入学机会不平等、扩张中的教育质量和效益问题、中央集权与大学自治之间的矛盾，激发了法国全国性的学潮，最终迫使政府于1997年进行大学改革，将高等教育改革纳入法治化进程。此次改革旨在提高学科和专业设置的社会适切性，方便学生选择和调整学习方向，增加实践教育环节，提高毕业率和就业率。2013年，法国颁布了《高等教育与研究法》，通过立法对大学

_____

① 张力玮：《法国工程教育：传统特色与创新发展》，《世界教育信息》2017年第3期。

学术委员会和学生社团的职责进行调整，加强了教师和学生在大学治理中的民主权利保障。

（二）德国高等教育制度与大学治理

在德国，柏林大学的改革已经成为近代大学的典范。按照洪堡的新人文主义思想，教育不应当像启蒙时代那样仅仅关注目的和实用，其宗旨不单纯是培养为国家服务的人，而是全面培养人的精神与品格。这种教育改革使德国大学教授的公务员身份和大学自治有机结合起来，从而实现学术自由与国家控制的有机统一。

从管理体制上来说，德国各州高等教育规划不受联邦政府干预，高校之间只存在类型差异，而无等级之别。德国大学的课堂教学中，很少有特定书籍被规定为"教材"。由于没有统一的教材，教师上课时无法照本宣科，讲课的内容可能来自多本书，也可能来自教师自己的研究成果和经验。德国高等教育起步虽晚，但居于世界领先水平，这与德国高校教师水平是分不开的。在德国大学中，教授是国家公职人员，另外设有编外讲师和额外教授，其资格需经国家严格的考试获得。而且，各州之间展开人才竞争，形成了德国特有的高校师生流动制度，这也对德国高水平教师形成产生了重要影响。

在学生管理方面，通常德国大学只允许学生注册一所大学。不过，德国大学充分尊重大学生在学习中的主体地位。德国大学实行学分制，对学制没有限制。学校的管理主要体现在学期初的注册和学期末的考试上，学生在校期间修满规定的学分，便可申领毕业证书。至于具体的某一位学生在某一学期选择哪些课程、哪些课程参加考试，完全由学生自己决定。在不同的大学，相同的课程还可以互换学分。

但是，这种教育管理体制只适用于大学，不包括高等职业学校。1985年，联邦德国修订了1976年颁布的《高等教育总纲法》，要求高等专科学校也将教学和科研相结合，以此协调大众化教育与英才教育，并加强高校与社会的合作。1990年两德统一后，1993年德国又对《高等教育总纲法》进行了修改，提出了有关教学改革、保障综合性大学科研、加强高等专科学院等发展建议。

（三）英国高等教育制度与大学治理

英国高等教育制度是一套历史悠久、资源丰富、师资力量雄厚的教育体系，高等教育系统的财政支持主要来自政府拨款和学费收入，但英国大学在组织与行政管理上均属自治。

伦敦大学是一所由各级学院和研究院组成的公立学院制大学，是英国教育平权的先行者。进入19世纪，产业革命推动了文化科学的发展，促使大学适应新的需要，研究和开设相应的新课程。但当时的牛津大学和剑桥大学仍恪守古典教育的传统，同时，非国教派教师也遭到古典大学的排斥。许多有识之士，如具有自由主义思想的非国教派人士、重视科学发展的世俗学者以及一些工业资本家中的开明人物，都有建立新大学的强烈愿望，形成了强烈的办学思潮。在社会有识之士的推动下，英国开始了"新大学运动"。

19世纪初，著名诗人汤玛斯·凯普贝尔通过募捐在伦敦建立起了具有民主主义、自由主义精神的第一所高等学校——伦敦大学学院，拉开了"新大学运动"的序幕。学院的校务会确定了办学的基本教育目的和课程设置等。学院以自然科学为主，教授语文、数学、物理学、精神道德科学、英国法、历史、经济等课程，尤其重视医学教育，不进行宗教教学。伦敦大学学院的成立在社会上产生了很大的反响，也引起了贵族与国教会的嫉妒。1829年，在英国议会议长、国教会教士和坎特伯雷主教的推动下，经国王乔治四世的批准，国教派在伦敦也成立了一所一般教育的学院——国王学院。国王学院除开设古典语文、宗教与道德等学科以外，还开设了自然科学、经验哲学、伦理学、商业原理、现代外语等学科，并重金聘请著名法律专家、医学专家来校教授法律、医学等课程。至此，伦敦大学学院与国王学院成为并存对峙的两个新式高等教育机构。后来，由于二者都努力进行授予学位的教学试验，1836年经王室批准合并为伦敦大学，并举办了首次文学学士、法学学士和医学博士的考试，后又举办文学硕士和法学博士的考试。

19世纪下半叶，在伦敦大学的带动下，"新大学运动"得到了进一步的发展。同时，也带动了牛津大学、剑桥大学两所古老大学的改革，在加强与社会联系、扩大受教育对象和推进课程改革等方面发生了重要变化。在"新大学运动"的带动下，其他城市的职业学院也相继成立。20世纪中期，职业学校和技术学院得到了更多的政府支持和公共关注，成为英国教育体系中不可或缺的一部分。20世纪80年代，英国发布了一系列高等教育改革咨询报告，要求拓宽高等教育的入学途径，提高成人、女性、少数民族和贫困家庭子女接受高等教育的比例，并改革课程内容，调整学位结构等。英国于1988年颁布了《教育改革法》，以立法形式确认了以上文件提出的关于高等教育的政策建议。例如，多科技术学院和师范性质的高等教育学院获得了独立法人地位，不再受地方政府管理。1992年，《继续教育和高等教育法》将所有多科技术学院升级为大学，废除了二元制，建立了统一的高等教育体制。

（四）美国高等教育制度与大学治理

美国的高等教育制度属于地方分权制，但联邦也通过一些高等教育立法来指导各高等院校结合实际进行大学治理。加州大学伯克利分校是一所世界著名的公立研究型大学。1866年，私立的加利福尼亚学院购买了现今伯克利的土地，由于资金短缺，该学院和州立的农业、矿业和机械工艺学院合并，建立了伯克利加州大学。大学起初沿用了殖民地时期私立学院所实行的法人-董事会制度结构，从1952年开始，加州大学以一个大学行政系统的身份从伯克利的校园分离。加州大学现在仅仅是一个加州政府对公立大学的管理机构，设有主席等职务，领导加州大学10

个校区（分校）。每个加州大学的校区都拥有极大的自主管理权，并设有自己的校长，以校长为代表的行政权力在大学治理中占有主导地位。伯克利分校是加州大学的创始校区，也是美国最自由、最包容的大学之一，该校学生于 1964 年发起的言论自由运动，对美国大学的校园治理产生了深远影响。

1960 年公布的《加利福尼亚州高等教育总体规划（1960—1975）》明确了公立高等教育系统化发展的基本模式，为加州较好地解决一系列系统性矛盾提供了制度保障。该规划的主要制定者克拉克·克尔深入思考了一个倡导民主主义和平等主义的社会究竟应如何构建高等教育的结构框架及发展途径，这种思考和探索的结果在上述总体规划中得到了明确体现。该规划最重要的历史价值之一在于其对大众化时代高等教育数量与质量共同发展的追求，而这种对"普及与卓越"理念的坚守也正是加州公立高等教育系统获取成功并赢得社会广泛赞誉的关键所在。总体规划的很多观点被 1965 年的《美国高等教育法》所吸收，该法律规定各州必须建立一个高等教育协调机构，对高等教育进行分类，并建议特定院校开展不同类型的教育。

在克拉克·克尔对加州大学的教育改革政策的指引下，加州大学伯克利校区的法社会学研究得到了很大发展。法学与社会学、教育学等多学科发生交叉，培养了一批具有跨学科研究能力的创造性人才。塞尔兹尼克，加州大学伯克利分校教授、社会学家，第二次世界大战后美国法律社会学的主要代表人物之一。他在 1940 年曾师从默顿专攻组织理论，属于早期制度与组织研究的哥伦比亚学派。深受韦伯、帕森斯和默顿的影响，塞尔兹尼克认为美国在 20 世纪 60 年代出现的权威危机以及与之伴随的对法律的非难的根源在于当时的社会动荡。塞尔兹尼克由此引申出，强制力不过是法治的外在条件之一，法的概念在于"权威"。他认为，现代社会的法治应回应底层社会文化的需求。在高等教育领域，教育政策需要满足不同阶层人的呼声，法治就是在这种平衡中促进教育发展。他的学生波顿·克拉克也成为美国高等教育学家，克拉克强调大学治理必须与一定的制度背景结合，而且制度供给不是一种固定的结构框架下的产物，而应该是大学这一学术机构在知识生产的过程中制度需求的回应。总之，制度设计不能脱离生活世界。

二、高等教育法的精神

在西方教育体系的历史形成过程中，学位制度体现了大学教育与职业教育分层发展的状态与矛盾。西方国家通常通过教育层次对职业教育与大学教育进行分类，学位制度则属于大学教育的荣誉，这导致了很长时间人们对职业教育的轻视，使高等教育法的价值导向存在很多结构性矛盾。1789年，法国资产阶级国民议会通过《关于公共教育组织法》，要求国家必须在特定地区设立高等专科学校，为青年人提供学习科技、医学、艺术等专业的场所。1808年，拿破仑在法国教育体系中建立了中学毕业文凭制，能够进入高中并通过考试的人数极为有限，因此能够接受高等教育和获得文凭的也就是少数精英人士，平民则只能到职业院校学习。19世纪的德国，也制定过严格的中学升留级制度和毕业考试制度，规定只有通过考试的毕业生才有资格进入大学，文科中学成为升入大学的唯一通道。

西方高校历史上就有学术自治传统。随着国家教育立法的介入，逐渐形成了大学自治与法治相结合的现代治理体系。例如，法国是实现法典化比较早的西方国家，《法国民法典》成为大陆法系的标杆，但也正是其对作为私法的民法典的重视阻却了作为行政法的教育法典的产生。1806年5月，法国颁布了《有关帝国大学的构成法》，将巴黎大学改为帝国大学，这意味着巴黎大学已经不再是单纯意义的高校，而是带有行政管理色彩的教育管理机构。1808年，拿破仑颁布了《大学组织令》，建立了法国的高等教育体制，该体制一直沿袭到1968年。1968年"五月风暴"期间，巴黎大学学生要求学术自由和校园民主，迫使当时的戴高乐总统不得不考虑改革法国的高等教育体制，批准了以当时教育部部长富尔命名的《高等教育方向指导法案》（即《富尔法案》）。该法案提出了自主自治改革原则，重新建构了大学的治理结构。自 1968 年《富尔法案》实施以来，法国高等教育模式不断演化。2013 年颁布的《高等教育与研究法》正式赋予大学自主权，使大学在治理上更具学院式民主。自此，法国不再垄断学位和文凭的授予。

与法国相比，德国大学更重视自治。在德国的高等教育体系中，柏林大学的办学模式具有典型性。柏林大学依据创校者威廉·冯·洪堡"研究教学合一"的理念建立，强调大学在管理和学术上的民主性，将影响学位授予和撤销的学术规范纳入大学自治的范围。但是，柏林大学的这种学位制度和办学模式也造成了大学教育与社会服务之间的隔阂。所以，尽管德国实现了民法法典化，教育法法典化却不受重视。

在法典化话语体系不占主导地位的英美法系国家，一直沿袭着大学自治的学位制度。在经历工业革命的 18 世纪中叶，传统牛津大学、剑桥大学等大学的教育模式和学位制度遭遇了新的挑战。在社会有识之士的推动下，英国开始了"新大学运动"。这些新大学的共同特点是教育面向大众，并注重大学教育与社会服务的结合。"新大学运动"的开展，使英国出现了大学推广运动，促进了开放大学的形成，学位授予的对象和条件也变得更加多样化了。在美国，芝加哥大学等大学的创办，进一步将大学教育的功能拓宽到社会服务各个领域，以高校自治为主的大学治理模式逐渐隐退，国家制定教育法来调整教育结构的法治功能逐渐加强，学位制度的价值导向也朝学术研究与社会服务相结合的方向转变，各类教育立法显著增加。由于美国高校治理相对灵活，因此成为实施教育法法典化的典型。

美国大学自治和法治国家的理念促进了美国高等教育管理体制的多样化，但也产生了思想政治教育方面的问题。第二次世界大战以后，伴随着第三次科技革命的展开、知识经济时代的到来，西方社会日益变成一台精密的机器，大学也被视为一个生产某种工业产品和满足政府需求的实体。年轻人的迷惘和其与日俱增的社会责任感产生了激烈的碰撞，美国高校的治理模式也被迫改造。1965 年，美国《高等教育法》的颁布实施，增强了联邦政府对各州高等教育的干预力度，促使美国联邦政府资助各州高等教育的政策更加完善和人性化。

三、建构在党的领导下自治、法治和德治相结合的大学治理体系

从我国教育法律体系形成的历史来看，高等教育立法和大学法人制度的构建蕴含着教育立法生成的双重逻辑：一方面体现为受教育者对知识和能力提升的追求，另一方面则体现为国家对人才的需求。学位制度不仅表明学位是受教育者能力等级和学术水平的客观标志，也是国家给予学位获得者的一种荣誉和鼓励。

实现中国大学治理，首先需要理顺《中华人民共和国学位法》（简称《学位法》）与《中华人民共和国高等教育法》之间的逻辑关系。从两部法律的规范内容来看，《学位法》属于学术法，其立法依据主要是宪法中的学术自由权；而《高等教育法》则属于教育行政管理法，其立法依据主要是宪法中的受教育权。所以，在我国高校的教育行政管理中，《高等教育法》《学位法》对本科生和研究生有不同政治、品行标准考核的规定。《学位法》只对"有舞弊作伪等"学术行为的学生撤销学位，而《高等教育法》则规定大学可以对旷课等其他违法违纪的受教育者处以开除学籍的处分。由此可见，《高等教育法》对学生品德教育的要求更高，更偏向于"行政法"。目前，学界对高校授予学位行为的性质主要有两种不同的观点：其一，该行为属于行政许可；其二，该行为属于行政确认。笔者认为这两种观点都将《学位法》归入教育行政法，将学位授予单位简单归为行政授权主体。如果将《学位法》界定为"学术法"，笔者倾向于学术水平确认说。尊重高校授予学位的自主权有利于

促进学术研究与创新发展。同时，学位的授予不是对受教育权的保护而是对学术水平的肯定。学术水平确认说与行政确认说虽然在观念上相似，但高校作为特殊法人组织与行政主体是有区别的，前者是从高校自主权的角度界定高校授予学位的行为性质，而后者则是从行政主体的角度来界定的。

其次，中国大学治理还应该加强高校意识形态的阵地建设。这就需要从法治理念上厘清党对高校意识形态的领导与学术自由的关系。学术自由最早出现在德国邦联的州宪法中。《中华人民共和国宪法》中学术自由体现于第四十七条的规定，即"中华人民共和国公民有进行科学研究、文学艺术创作和其他文化活动的自由"。大学固然应该倡导学术自由，但自由不是放任自流，需要有合法性的规范引导。哈贝马斯的《在规范与事实之间》从公共领域的商谈理论出发，对法治国的原则进行了新的概括，涉及人民主权原则、全面保障个人权利原则、行政合法原则、国家与社会相分离原则。哈贝马斯的公共领域理论以西方国家出现的俱乐部、咖啡馆、沙龙、杂志和报纸等公共领域为理想模型，认为其形成了政治权威重要的合法性基础。哈贝马斯公共领域理论突出了文化在社会发展领域中的重要地位。然而哈贝马斯论述的公共领域理论特指自由资本主义时期出现的公共领域，但在当代社会，网络这一新兴媒介在很大程度上改变了人们的交往和生活方式，使得公共领域也发生了结构上的转型。因此，大学作为学术自由的领域与政治公共领域的边界已经被打破，大学课堂、学生社团等公共领域需要重新进行规范性建构。

由于中国与西方对学位制度与高等教育法的关系界定不同，中西方的学位制度也有很大区别。西方国家的学位制度大多是自治的，其高等教育法则是政府对高等教育进行指导的立法产物，所以两者之间的许多矛盾难以解决，从而使得大学自治与法治的协调变得较为困难。与西方国家的教育立法模式不同，我国采用统一的立法体制。高校依法行使自主办学权，因而不存在大学自治与法治之间的矛盾。《学位法》与《高等教育法》虽然是分开立法，但两者之间不存在难以协调的法律冲突。正是由于《学位法》和《高等教育法》的相互补充和协同发展，促进了高校治理体系和治理能力的现代化。同时，党委领导的校长负责制在立德树人方面发挥了重要作用，与西方高校相比，这种制度具有通过思想政治教育来提升高校治理能力的先进性。当然，由于治理价值导向的不同，《学位法》和《高等教育法》的立法体例和立法思路必然有区别。《学位法》主要围绕学位授予权展开，《高等教育法》主要围绕党委领导的校长负责制、依法自主办学等法人治理结构展开。因此，构建现代大学法人制度需要考虑《学位法》与《高等教育法》之间的逻辑关系和相互衔接问题，从而形成在党的领导下，自治、法治和德治相结合的大学治理体系。

第三节　法律文化与大学生的家庭教育

从中华法文化的角度看，法学专业教育是培养大学生成才，而通识的法律文化教育则侧重于培养大学生"成人"，提倡以人文主义思想为核心的文化教育。婚姻家庭和性别平等是现代人文教育的重要主题，当代大学生应该学习相关的法律文化知识。

一、大学生婚姻家庭观教育的意义

什么是家庭教育？在《中华人民共和国家庭教育促进法》中，家庭教育是指父母或者其他监护人对未成年人的教育，这是一种狭义的家庭教育。笔者认为，广义的家庭教育应该包含对大学生婚姻家庭观的教育。

在《大学》八个条目中，修身是根本。修身意味着加强自身修养，提高自身素质。齐家则是管理好自己的家庭、家族。家庭关系包括夫妻关系、父母子女关系，这是礼乐制度文明的根本。黑格尔也认为，爱是家庭的基础，家庭是充满爱和伦理的，没有家庭也就没有市民社会和国家。不过，中西方对婚姻家庭观的人性看法有许多不同。西方文化认为人性是天赋的，男性和女性的人权是平等的，如爱尔维修认为自爱，或者对自己的爱，无非是自然铭刻在我们心里的感情。而中华文化则从婚姻家庭的整体视角看待人性，从"阴阳协调""天人合一""格物致知"的视角来处理天、地、国、亲、师之间的关系。

在西方国家，自由思想是现代民主制度的基石，深刻地影响了西方国家的宪法理论与宪法秩序的构建，也影响着西方人的婚姻家庭法律关系的形成。然而，20世纪初，这种以个人权利为本位的人权观和国家观，在西方法治话语体系中受到了一定的批评。长期以来，在西方性别平等教育实践中，存在女权问题的争论，值得我们思考。马克思认为男女之间的关系是人和人之间最自然的关系。[①]马克思和恩格斯在著作中多次论述了他们所主张的婚姻家庭关系，认为婚姻必须保有爱情并以爱情为基础，爱情可以使一个人成为真正意义上的人。[②]婚姻家庭的基础，需要遵守一定的法律制度，现代家庭中夫妻双方的法律地位是完全平等的。[③]在家庭关系处理中，马克思主义者着重强调父母对子女的养育教导，认为孩子的发展能力取决于父母的教导。

在中国，家庭一直是中华法文化中的重要主体。《孟子·离娄》指出："人有恒言，皆曰天下、国、家，天下之本在国，国之本在家。"在中华法文化中，夫妻关系是阴阳不可分的整体，有父母才有子女，而不像西方法文化中那样，认为夫妻关系是独立个体之间的契约关系。当然，中华法文化中也存在男女不平等的法律问题。

---

①《马克思恩格斯全集（第四十二卷）》，北京：人民出版社，1979版，第119页。

②《马克思恩格斯全集（第二十九卷）》，北京：人民出版社，1972版，第515页。

③《马克思恩格斯选集（第四卷）》，北京：人民出版社，2012年版，第82—85页。

二、大学生的家庭教育对中华法系家国情怀的传承作用

2018年5月2日，习近平总书记在北京大学师生座谈会上强调："我们常讲，做人要有气节、要有人格。气节也好，人格也好，爱国是第一位的。我们是中华儿女，要了解中华民族历史，秉承中华文化基因，有民族自豪感和文化自信心。"①2019年2月3日，习近平总书记在2019年春节团拜会上说："没有国家繁荣发展，就没有家庭幸福美满。同样，没有千千万万家庭幸福美满，就没有国家繁荣发展。我们要在全社会大力弘扬家国情怀，培育和践行社会主义核心价值观，弘扬爱国主义、集体主义、社会主义精神，提倡爱家爱国相统一，让每个人、每个家庭都为中华民族大家庭作出贡献。"②2022年6月8日，习近平总书记在四川考察时说："要推动全社会注重家庭家教家风建设，激励子孙后代增强家国情怀，努力成长为对国家、对社会有用之才。"③

"修身、齐家、治国、平天下"构成了中华法文化礼乐制度文明的核心价值观。在中华文化中，礼是一种塑造家国情怀的道德规范。1920年，罗素访问俄国和中国，并在北京讲学一年，主张中国应该借鉴俄国的道路，受到了当时马克思主义知识分子的欢迎。他在《中国问题》一书中说："我们的文明的显著长处在于科学的方法；中国文明的长处则在于对人生归宿的合理解释。人们一定希望看到两者逐渐结合在一起。"④

西方是海洋文明，其法律制度中的民商法特色鲜明；而中华法文化则根植于农耕文明，体现出强烈的家国情怀。瞿同祖在《中国法律与中国社会》中，沿着宗族、婚姻、阶级、巫术与宗教、儒与法的脉络，论

---

① 习近平：《论党的青年工作》，北京：中央文献出版社，2022年版，第148页。

② 习近平：《在二〇一九年春节团拜会上的讲话》，《人民日报》2019年2月4日。

③《习近平关于社会主义精神文明建设论述摘编》，北京：中央文献出版社，2022年版，第292页。

④ 罗素：《中国问题》，秦悦译，上海：学林出版社，1996年版，第153页。

述了家族主义与刑法、行政法之间的关系，阐述了儒家与法家对理想社会秩序具体内容与实践方法的差异甚至对抗，最终走向折中调和的方向。从中国法制史的角度看，家庭作为法律主体的定位与农耕文明有很大关系。例如，汉律中出现了田律从单行法到编入户婚律的转变，至此家庭在中华法系的法典中显得愈加重要。

1951年的婚姻法首次确立了婚姻自由原则。《中华人民共和国宪法》第四十九条明确规定："婚姻、家庭、母亲和儿童受国家的保护。"这表明家庭在中国特色的宪法秩序构建中发挥了重要作用。而西方国家的民法是市民法，更重视契约自由，所以也催生了公民与国家之间存在社会契约的宪法国家观。英国法学家梅因认为，所有进步社会的运动，都是从身份到契约的运动。所以，在近代以后，身份权逐渐衰落，最终被契约权所取代。近现代和当代的身份权内容与中世纪以前的身份权的内容发生了本质上的变化。例如，我们现在说的亲权已从过去的父权转变为以关爱与抚养未成年子女为核心的权利义务。

中华法系与西方法治文明中家庭在家庭教育法方面的定位是不同的。西方法律更多体现男权思想，资本主义社会从身份到契约演变后，又出现了女权的法律，这些都是以个人自由、个人人权为依据的。而中华法文化更倾向于从家庭整体来构建法律秩序。《中华人民共和国宪法》第四十九条强调"婚姻、家庭、母亲和儿童受国家的保护"，与传统文化的家国情怀有很大关系。研究宪法中家庭与母亲的身份权利，有助于我们思考当代家国情怀教育在铸牢中华民族共同体意识中的作用。费孝通的《乡土中国》比较了西方契约型的城邦社会与中国传统乡土农耕社会的结构，认为传统乡土中国不太可能产生现代宪法意识和法治意识，只能形成差序格局的家国观念。然而，关于中国传统社会差序格局的观念好像并不适合有着家国情怀的士大夫。中国传统社会中的士大夫从小受到家教，教育他们应具有天下理想和济世情怀，如"孟母三迁""岳母刻字"便体现了古代贤母的育人理念。范仲淹说："居庙堂之高则忧其民，处江湖之远则忧其君。"李白在《南陵别儿童入京》中写道："仰天大笑出门去，我辈岂是蓬蒿人。"这些例子都表明，古代读书人和士大夫群体既胸怀天下，又对家庭有着深深的爱。正因为有着家国情怀的古代读书人和士大夫的流动，中国传统社会的整体结构才不是一个静止社会，这有利于巩固中国传统社会高度统一的单一制国家结构。

中华法文化蕴含着丰富的家国情怀教育资源。随着中华法文化的现代化发展，我们应吸收中华法文化的家国情怀的优点。实行单一制国家结构形式是中华法系的特色之一，与西方国家采用的地方自治、联邦制的国家结构完全不同，所以，我们不能用西方国家的契约思想来塑造中国的家庭观和国家观。苏力的《法治及其本土资源》和梁治平的《寻求自然秩序中的和谐：中国传统法律文化研究》均在中国传统法律文化中探求中华法系的精神，揭示了中华法系中家与国、礼与法之间的复杂关系，以及古代法治的治理之道。苏力和梁治平都认为西方的法治话语体系与中国的法治话语体系存在显著差异，其根源在于中国强调国与家的关系，而西方则关注个人自由、平等与国家之间的互动。在当代法治秩序构建中，传统乡土中国的社会结构和法律文化在当代社会已经发生了根本性变化，传统的乡土社会已经转型为城乡一体发展的现代社会，其中对家国关系的研究需进一步思考与定位。我们要建设的法治，必须是符合现代国家要求的法治。宪法作为国家根本大法，确立了中国特色社会主义道路、中国特色社会主义理论体系、中国特色社会主义制度的发展成果，我们应该将爱国主义教育与法治教育结合起来，倡导对当代大学生进行家园情怀的教育，以当代宪法精神推动对传统法律文化话语体系的创新性发展。

第六章　法律文化与社会教育

现代学校教育与社会发展息息相关，大学法学教育同样迫切需要与社会教育紧密结合。作为文化的法律，往往根植于日常生活中基本的人情世故，这形成了大众的法律认知。而大众的法律认知又深刻影响着法律的制定和实施，因此，法学教育必须实现法律与社会之间的有效沟通。大学生在社会中实习、实训是一种广义的社会教育形式，但由于法学专业大学生通过在法院、检察院和律师事务所等场所实习，习得从业知识和能力的过程属于书第七章面所介绍的法律职业教育，是大学法学教育的延伸。所以，本章所介绍的社会教育主要是指大学生作为普通个体从社会生活实践中获得法律知识。

第一节　高等学校教育与社会教育

教育和社会相互依存，难以分割。从与学校教育、家庭教育并行的角度来看，社会教育一般是指影响个人身心发展的社会教育活动，包括课外阅读、文体娱乐、实习，以及其他让人受到启发和积极影响的社会活动。

一、社会教育的内涵

社会教育与学校教育是相对而言的。学校教育根据个体才能择优遴选社会精英，发挥社会合理化分层功能。早在光绪二十九年（1903年），在《游学译编》第九期的《教育泛论》中就已将教育划分为家庭教育、学校教育和社会教育三大类。宣统元年（1909年），我国正式设立简易学堂，兴办了工人半日学堂、农民耕余学习班及阅览处等各类社会教育事业。1912年，临时政府教育部设立了社会教育司，开始正式使用"社会教育"这一术语。

本书所指的社会教育是广义的社会教育，是在家庭、社会和国家概念框架下进行解释的。在《法哲学原理》中，黑格尔认为家庭教育是一种爱的教育，市民社会教育则是法的教育，国家教育才是爱和法结合的伦理教育。黑格尔的"社会教育"建立在其"市民社会"理论的基础上。根据黑格尔的论述，市民社会概念可定义为由私人生活领域及其外部保障构成的整体。他首次将市民社会从政治国家中剥离，从学理上阐述了社会教育对法律的影响。黑格尔的教育观继承和发展了康德、费希特以来德国古典哲学的传统，他用哲学的思辨揭示家庭、社会和国家的不同教育本质。他所提出的国家概念并非指现存的国家制度，而是精神的国家理念。黑格尔用唯心主义观点对国家与社会进行了区分，认为市民社会是"外在的国家"，是主观意志与个人利益的结合体。国家以它至高无上的意志与伦理精神，将整个民族凝聚为一个有机的统一体。基于家庭教育和社会教育各自的局限性，他提出国家有对市民社会的自然人进行精神伦理教育的责任和义务。

学校教育的产生和国家对学校教育的管理是随着市民社会的发展而发展的。黑格尔说："教育学是使人们合乎伦理的一种艺术。它把人看作是自然的，它向他指出再生的道路，使他的原来天性转变为另一种天性，即精神的天性，也就是使这种精神的东西成为他的习惯。"①黑格尔的教育价值取向之所以具有一定的历史地位，是因为他超越了卢梭等的自然教育观念和歌德、洪堡等的新人文主义教育理论，提出了带有国家主义倾向和制度文化色彩的教育见解。这也是黑格尔将他所处时代的教育问题置于家庭、市民社会和国家等广泛场域加以审视的根本原因。

黑格尔的市民社会理论强调法治教育的重要性，但同时又将法律视为一种抽象的精神现象。在黑格尔看来，市民社会并不仅限于一个生产、交换和消费的"需要的体系"，它还有更为深刻和广泛的伦理性。黑格尔在市民社会的范畴内肯定了法律的合理性，认为法律的核心任务是维护个人的权利。在《政治经济学批判》中，马克思批判了黑格尔"市民社会"理论的抽象性和神秘性，并由此提出了唯物主义的法律本质观以及劳动的社会教育价值。马克思指出："法的关系正像国家的形式一样，既不能从它们本身来理解，也不能从所谓人类精神的一般发展来理解，相反，它们根源于物质的生活关系。"②因此，学校教育实际上是随着劳动分工而产生的一种社会现象。学校教育，尤其是法治教育，不能独立于社会之外。

二、高等学校教育与社会教育的区分

与美国大学教育与社会教育紧密相连不同，德国将大学教育与社会教育区分开来。马克斯·韦伯作为德国的政治经济学家和社会学家，被认为是现代社会学和公共行政学最重要的创始人之一。在韦伯看来，学术不是一份职业，而是一种态度；尽管学术作为职业可以谋生，但更重要的是，学者应该是将学术当成志业的人，他们努力超越前人，并接受自己的学问被超越的事实（教出比自己强的学生）。他不在教室倡导他

---

① 黑格尔：《法哲学原理》，范扬、张企泰译，北京：商务印书馆，1961年版，第170—171页。

②《马克思恩格斯文集（第二卷）》，北京：人民出版社，2009年版，第591页。

的立场，而是保持价值中立，让学生明白各种选择的后果，从而自主作出选择。①

哈贝马斯吸收了黑格尔的市民社会理论和韦伯的合理性思想，提出了公民社会及公共领域的理论。在黑格尔的市民社会理论看来，市民社会的法的教育是学会斗争。而在哈贝马斯的公共领域的理论中，法的社会教育是让学会民主的合作和商谈。哈贝马斯批评了韦伯的工具理性思想，强调了人类社会的交往理性。他所称的公共领域，指的是一个国家和社会之间的公共空间，市民们可以在这个空间中自由表达意见，不受国家的干涉。其意指的是一种介于市民社会中日常生活的私人利益与国家权力领域之间的空间和时间，其中个体公民聚集在一起，共同讨论他们所关注的公共事务，形成某种接近于公众舆论的一致意见，并组织对抗武断的、压迫性的国家与公共权力，从而维护总体利益和公共福祉。例如，大学生的学生社团可以通过程序正义而打造为大学生理性商谈的公共领域。大学教师和学生不能只关心学术，还应该关注文学、政治公共领域。

哈贝马斯是西方马克思主义法兰克福学派第二代的中坚人物。法兰克福学派是当代西方的一种社会哲学流派，也是"西方马克思主义"的一个流派，是以德国法兰克福大学的"社会研究中心"为中心的由社会科学学者、哲学家、文化批评家所组成的学术社群，创建于1923年。该学派以批判的社会理论著称，其社会政治观点集中反映在马尔库塞、哈贝马斯等人的著作中。在西方社会科学界，法兰克福学派被视为"新马克思主义"的典型，并从理论上和方法论上以反实证主义而著称。②他们最大的特色在于建立所谓批判理论，不同于传统社会科学要以科学的、量化的方式建立社会经济等的法则规律，他们更深入探讨历史的发展和人的因素在其中的作用，以及大学与公共性的问题，主张彻底消除

① 马克斯·韦伯：《学术与政治》，李菲译，成都：四川人民出版社，2020年版，第48页。
② 丁智勇：《法兰克福与德国社会学的发展》，《国外社会科学》1995年第2期。

高校中的专制结构，实现高校的民主化。

　　相比之下，卢曼用系统与环境这一对"区划"来描述大学与社会功能分化的社会图景。以大学法学专业教学为例，在大学生模拟法庭和专业实习过程中，我们都能发现法律对各种情感的、道德的、信仰的信息近乎麻木不仁。专业的律师在面对当事人的情感时，必须保持理性，他们会准确地将客户提供的信息进行分类和整理。对于卢曼来说，法律系统与生活世界是分离的，法律就是理性的规则。对于大学法学教育来说，正视现代社会的功能分化就意味着承认法律也是现代社会的一个子系统，发挥着特有的稳定行为期待的功能。卢曼认为，他的学术使命在于用一种具有普遍解释力的社会学理论来分析日益复杂的现代大型社会，而这种使命是建立在描述性立场之上的，旁观者视角应当是建立这种社会学理论首先应采取的视角。

　　尽管卢曼的研究风格倾向于纯学术，他的理论阐述与韦伯的价值中立也有相似之处，但他认为大学法学教育应该与社会教育是统一的，都是一种专门职业技能教育。与卢曼不同，哈贝马斯的公共领域理论旨在走向"交往"理性而缺乏社会实践性，与马克思的学校教育理论旨在"社会实践"的批判的向度上有所不同。在马克思主义者看来，实践是检验真理的唯一标准，大学阶段的理论学习应该与社会生活实践结合起来。大学教育与社会教育虽有区分，但二者是辩证统一的关系。

三、高等学校教育与社会教育的协同

　　大学生社团是大学生将学校教育与社会教育相结合、自发接受法律文化教育的一种重要的方式。《中华人民共和国高等教育法》第五十七条规定："高等学校的学生，可以在校内组织学生团体。学生团体在法律、法规规定的范围内活动，服从学校的领导和管理。"该规定明确高等学校的学生在法律规定的范围内有权组织社团，同时也需遵守学校的管理规定。

学生组织团体主要目的是培养生活技能和适应社会的能力。学生社团以自治为主，在学校管理体制中，大学生社团管理模式相对单一。社团内部从社长（会长）、副社长（副会长）到部长、副部长再到理事（委员），形成了体系化管理层级。在社团外部，社团处于校团委管理之下，同时还接受社团联合会或者学生会社团部管理，院级社团还要接受院团委的管理。这样的管理方式属于上下级的管理模式，社团要服从学校这些机构的管理。现在的学生社团是一种科层结构。通常来说，年级高的学生在社团内担任更高的职务，随着年级的升高，学生通过竞选的方式从理事（委员）逐级上升。高职位的成员通常拥有较强的策划和组织能力，对社团活动的各个环节考虑更周全。同时，高职位者还要承担社团的管理责任，尤其是对低职位者和部门人员的管理。年级、工作经验的优势以及管理的责任导致学生社团，尤其是管理部门形成等级。

学校是学生生活学习的综合性场所，社团活动是还没有真正走入社会的大学生的主要社交活动之一。倘若大学生能在社团活动中学习民主、责任、自由的社会交往理念，他们的法律意识很可能会大大提升。做好学校教育与社会教育的协同发展，是其中的关键。思想道德教育是我国社团的特色，我国高校学生社团也是在党的领导下，开展各式各样的活动。例如，各学校成立的升国旗、义务劳动等学生社团，通过学生自主地接受教育，使思想政治教育目标和教育法的价值追求得以更好地实现。1998年颁布的《中华人民共和国高等教育法》在2015年、2018年进行了修订，随着时代的发展，这部法律更加注重让学生参与社会实践，实现全面发展，强调培养社会责任感。当然，由于《中华人民共和国高等教育法》只是简单规定学生有组建社团和参加社团活动的权利，为此2017年教育部颁布的修订版《普通高等学校学生管理规定》增加了许多具体规定。与2005年的《普通高等学校学生管理规定》相比，增加了成立团体需要书面申请及报批登记年检制度，加强了学校教育引导和学生自治能力提升的相关制度建设。

第二节　天理人情观与一般人法律认知

大学法学教育是学术性的，重在培养我们的法律逻辑，而社会实践教育则旨在让我们兼具法律逻辑和社会知识，并将二者融会贯通、因地制宜灵活应用。4·14辱母杀人案和昆山反杀案等案件显示了天理人情与一般人法律认知在司法案件中的合理性和正当性。那么，一般人对法律的认知又是通过什么途径获得的呢？它可能源于社会阅历、人际交往的经验，也可能源于文学作品、电影和电视剧等，这些都构成了社会教育的一部分。

一、天理人情观与一般人法律认知对法律适用的影响

一般人法律认知是指公众根据社会生活的经验，对法律行为、法律后果等从天理人情方面进行的判断。虽然一般人法律认知有其合情合理的方面，但又不与法理完全吻合，这说明中华法文化中的天理人情观与一般人的法律认知在法律适用中仍有区别。

（一）天理人情观对法律适用的影响

天理被称为"法上之法"，体现了善良、公平、正义、秩序和自然法则，也就是法理学中探讨的"法理"。人情并非个人好恶或私情，而是人之常情和社会情感，体现了公众对某些事件的看法和态度，反映了法社会学研究的人情世故。法治国家建设的根基在于人民群众对法律的信仰，一般人对法治的信仰程度决定了法治社会的建设深度。习近平总书记指出："要树立正确法治理念，把打击犯罪同保障人权、追求效率同实现公正、执法目的同执法形式有机统一起来，坚持以法为据、以理服人、以情感人，努力实现最佳的法律效果、政治效果、社会效果。"这一论述深刻阐释了在执法办案中兼顾法理与情理的重要性。

人情是人之常情。《礼记·礼运》指出："何谓人情？喜、怒、哀、惧、爱、恶、欲，七者弗学而能。"《礼记·问丧》中提道："思慕之心，孝子之志也，人情之实也。"《荀子·荣辱》："夫贵为天子，富有天下，是人情之所同欲也。"《韩非子·难言》："激急亲近，探知人情，则见以为谮而不让。"《管子·权修》："人情不二。"朱熹将天理与人情分割开来，认为天理是天地万物运行的自然规律，而人情则是人所固有的本心，是人的自然追求。但人欲是人在成长过程中逐渐生长出来的贪欲，人的本心与天理应是合一的。只有去除掉人心中的贪欲，才能达到人情与天理合一的状态。

国法只有符合天理、人情，才能增强人们的法律信仰。法律的信仰需要通过法治实践去培育，一般人的法律意识及对法律规范的了解，在一定程度上虽然是与天理人情相吻合的，但仍存在不符合的情况。大学生在大学学习法律知识时，往往对法治理想充满热情，可一旦进入社会，会发现一些不符合法理和理想中的正义的情形。也就是说，一般人的法律认知并不与天理、人情完全统一。在现实社会中，一般人的法律意识存在多元性，少数人甚至不知晓国家基本法律框架。这使得他们很容易在不知法时触犯法律；当自身合法权益受损时，也很难通过法律途径保护自己的权利。

法官在审理受社会关注的案件时，应通过天理、人情来说明判决的法理，而非屈从于一般人法律认知的舆论影响。例如，在昆山反杀案中，随着认定于某某的行为属于正当防卫、不负刑事责任的通告发布，该案件终于得到了解决。在这个案例中，国法与人情相结合的应用至关重要。再比如，在涉及孩子监护权的离婚案件中，应多考虑孩子在家庭中的成长环境、心理感受以及传统文化习惯等方面的需求。最终的判决结果既要符合法律规定，还应满足普通民众的价值共识，体现天理、人情和国法的良好结合。

（二）一般人法律认知对法律适用的影响

文化是一种社会现象，是人们长期创造形成的产物，同时也是一种历史现象，是社会历史的积淀物。确切地说，文化涵盖了一个国家或民族的历史、地理、风土人情、传统习俗、生活方式、文学艺术、行为规范、思维方式、价值观念等。因此，如何让法律成为文化，从本质上来说是如何让法律和法治意识深入人心，进而逐渐成为民族文化的一部分。所以，一般人法律认知虽然与天理人情并不等同，但对法律适用却有很大的影响，需要认真对待。

西方法律文化常常从抽象的个体人来理解一般人的法律认知。康德说人的自由意志是一切道德的基础。在无意识状态下发生的行为，人们是不承担法律责任的，这一点在民法和刑法中均有体现。由于西方法律文化认为民法是自然法的体现，因此，对民法的认知是自然而然的，个体的观点与一般人法律认知没有区别。而在刑法领域，很多犯罪属于法定犯，并且适用罪刑法定原则，所以出现了个人的法律认知与一般人法律认知的区别。德国的一些新康德主义刑法学者提出了一般人法律认知，即文化规范对法律适用的影响问题。德国著名刑法学家宾丁，在其著作《规范及其违反》中系统阐述了"规范论"思想，奠定了他在后期古典学派中的地位。"规范论"产生了巨大影响，使德国刑法学进入了新的时代。古今中外，人们通常将犯罪概括为"违反""触犯"刑法的行为，"罪犯""犯人"这些称呼也因此而来。很显然，犯罪人违反的不是刑法规范本身，而是其背后的文化层面的规范，真正支配人们日常生活的是"文化规范"。

新康德主义法学提出的"文化规范"虽然与我国法律文化中的礼乐规范有一定相似之处，但二者的功能是不同的。西方更多是从一般人法律认知来理解"文化规范"，而中国法律文化则更多是从天理、人情来推导法律的运行规律。天理是不为尧存、不为桀亡的，人情与天理是统一的，一般人的法律认知并不与天理、人情相等同，有些一般人的法律认知甚至是不符合天理、人情的。法律的制定和实施需要由专门从事法学教育的职业工作者承担，法律制度是立法者通过"类型化"手段对生活事实进行提炼、归纳、形塑，从而形成法律规范的集合，并使之与天理、人情相吻合。但"类型化"可能造成日常世界和法律世界的"区隔"。从日常语言理解法律规则是一般人探讨法律问题的基本思路，所以一般人法律认知并不总是符合天理、人情的。为了使一般人的法律认知与天理、人情相吻合，法律应为一般公众所理解、认可，以便法治思维能够被广泛接受，逐渐内化为习惯性的思维方式，从而使法治成为公众的生活常态。因此，在中华法律文化中，礼为本，刑为用，天理、人情构成了法律适用的法理依据；而在西方法律文化中，体现一般人法律认知的"文化规范"只是法律规范的补充，一般人违法性认知的认定只有在符合犯罪构成要件的基础上，判断行为是否具有有责性时才适用。

二、提升一般人法律认知水平的社会教育路径

法律条文对于非法律专业者来说往往水平难以理解且内容枯燥，因此，除非迫切需要，大多数人不会主动阅读法律条文。此外，从一般人法律认知形成的教育路径上来说，很多人的法律知识是通过阅读文学作品、观看电影电视等途径获得的。

（一）英国法律文化社会教育的案例分析

丹尼尔·笛福是英国启蒙时期现实主义小说的奠基人，被誉为"欧洲小说之父"。他出生于伦敦，受过中等教育，但没有接受过大学教育。他早年选择了经商，经营内衣、烟酒、羊毛织品等，游历广泛。1692年，他经商破产，因而不得不用各种方法谋生。他曾充当政府的秘密情报员，同时从事写作。1702年，他发表了政论《消灭不同教派的捷径》，反对国教压迫不同教派人士，因而受到罚款和监禁处罚。在狱中他仿希

腊诗人品达罗斯的颂歌体写了一首《立枷颂》，讽刺法律的不公。笛福在 59 岁时开始创作小说，1719 年发表了他的第一部小说《鲁滨孙漂流记》。该书成功地塑造了一个理想化的资产者形象，倡导个人奋斗的社会风气。卢梭指出，《鲁滨孙漂流记》是实施儿童教育的理想教材，英国甚至将它列为必读书目，广泛应用于各类学校。

社会公众的法律意识多来源于文学作品等。很多杰出的大作家都有大学法学背景，他们的身上总是有着法律人的影子，以法律人特有的眼光来剖析社会。狄更斯因家境贫困未能接受大学法学教育，但他在辍学后成为律师事务所学徒，并曾在法院担任审案速记员。

当然，由于文学作家不是专门法学教育者，读者也要学会将文学作品的法律性与文学性进行区分，通过自学或者咨询法律专家提升法律认知水平。英国法律史学家霍德乌兹关注法律与文学的关系。他在《作为法律史学家的狄更斯》中对涉法文学在法律文化研究中的意义进行了肯定。文学和法律都是对时代的反映，会关注一些共同的话题，比如复仇、犯罪等，因此从文学作品中获取法律知识是可行的。法律史学者承担着通过研究还原历史的任务，但必须要有充分的素材。因此，法律史研究面临的第一个困难就是素材的选择。通过对那些具有官方性质的成文法、案例汇编进行研究，人们可以对纯粹的法律史有一定的了解。但是法律史研究不能仅仅是对历史上的法律规范的研究，它关注的范围也应该包括各个时代的人们的生活、社会背景等。单纯的官方性质的素材不足以全面反映一个时代的法律状况，因此需要挖掘其他素材。因此，涉法文学对于法律文化研究的一个重要意义就是弥补材料的不足。

（二）法国法律文化社会教育的案例分析

在看到涉法文学对法律文化教育的价值的同时，我们也应当清醒地认识到涉法文学具有的缺陷。涉法文学研究的文学素材相较于官方素材而言，真实性较差，当二者发生矛盾时，往往官方法律素材更具有可信性。因此涉法文学研究的规范性问题也是一个迫切需要解决的问题。

在法国高等教育领域之外，文学、语言、科学和艺术作为中学教育的内容被推广开来。法国的很多作家具有大学法学教育的背景，所以他们的文学著作中有很多法律故事。例如，雨果从1848年开始积极倡导普选权、免费教育、保障工人和妇女权益，以及废除死刑、消灭贫困等。法律学习背景使得他对那个时代法律所扮演的不体面角色进行了猛烈抨击。他的《悲惨的世界》就描述了盗窃犯、脱逃犯在宗教法和世俗法中的不同责任。

法国历史学家托克维尔认为，法国的作家们不仅为法国大革命提供了思想基础，还将自己的情绪气质传递给大众，使得文学习惯渗透到政治领域。托克维尔出身贵族世家，前期热心于政治，1838年出任众议院议员，1848年二月革命后参与制订第二共和国宪法。他认为，虽然法国革命表面上演变成了"摧垮一切"的无政府主义，但它本质上是一个政治集权的过程，这种体制破坏了社会自发组织的能力，导致了一种既能忍受一切，又能使一切人痛苦的民族文化。

（三）美国法律文化社会教育的案例分析

由于文学作品带有较强的感情色彩和个人偏好，因此对同一部文学作品往往会有不同的法律解读。中国文学比较重视情节，讲究天理人情的统一，对法律认知更为情感化；西方文学比较重视个人心理，人物个性比较复杂，对法律认知相对理性。

阅读美国批评现实主义文学作品之所以对一般人法律认知提升有很大作用，主要与当时美国的社会教育途径的多样化发展有关。首先，美国批评现实主义文学作品的产生是对当时美国社会生活和生产实践需要的反映。美国于19世纪后半期完成了工业革命，开始了城市化进程，大量农村人口进入城市，政府需要对新市民进行教育和培训。这一需求促使心理学家将研究重点从意识转向适应性行为。此外，为了提高工业生产的效率，还需要对工人的活动效果进行研究。其次，美国批评现实主义文学作品是美国行为主义心理学在社会教育中发挥作用的体现。行为主义心理学认为心理学是一门纯粹的自然科学。行为主义心理学批评了传统的意识心理学，认为要使心理学取得与生物学、物理学等自然科学同样的地位，就必须放弃心理学研究中一切主观性的概念，而采用更客观的研究方法。社会教育理论是运用行为主义心理学解释人在社会环境中学习的行为主义理论。它在华生、赫尔、斯金纳等人的学习理论基础上发展而来，着重阐明人如何在社会环境中学习，从而形成和发展其人格特征。德莱塞是美国小说家，出生于破产小业主家庭，童年在苦难中度过，中学没毕业就去芝加哥独自谋生，长期在社会底层奋斗。他在青年时期任报刊记者和编辑，并开始从事文学创作。1917年后，他开始倾向于社会主义，成为倾向社会主义的美国现实主义作家。他的代表作《嘉莉妹妹》《美国的悲剧》均以芝加哥为背景，真实地反映了当时美国社会的状况。《美国的悲剧》里，案件的审判表面上手续完备、十分民主，实质上却不过是争权夺利的阴谋和骗人的把戏，使美国民主政治的虚伪本质暴露无遗。

（四）苏俄法律文化社会教育的案例分析

苏俄高等教育的发展历史是与俄罗斯、苏联及世界科学和文化的发展紧紧联系在一起的，阅读苏俄文学作品可以知道其大学教育是如何在知识教育与社会教育中进行政策选择的。一般人阅读苏俄文学作品，如屠格列夫、托尔斯泰、高尔基等作品也可以获得对苏俄法律的基本认知。

屠格列夫是19世纪俄国的一位批判现实主义作家，曾就读于莫斯科大学、彼得堡大学，并在毕业后到柏林留学，专门研究黑格尔的辩证法，主张学习西方的现代化，废除俄国的封建专制制度。其代表作之一《猎人笔记》揭示了俄国农奴制下农民和地主之间法律关系，阅读这部小说就可以让我们提升对俄国封建农奴制度的认识。

托尔斯泰出身于贵族家庭，1844年入喀山大学东方语言系，攻读土耳其、阿拉伯语，因期中考试不及格，第二年转入法律系。他不专注于学业，对社交生活情有独钟，同时对哲学，尤其是道德哲学产生了浓厚的兴趣，他喜爱卢梭的学说及其为人，广泛阅读文学作品。托尔斯泰的代表作有《战争与和平》《安娜·卡列尼娜》《复活》等，在这些小说中，他对人性进行了深入的思考，因而被誉为"俄国革命的镜子"，是具有"最清醒的现实主义"的"天才艺术家"，阅读其作品就可以大致了解俄国革命的全貌。

高尔基是苏联无产阶级作家、诗人、评论家、政论家。高尔基的成名作为人生三部曲：《童年》《在人间》《我的大学》，是描述个人成长和奋斗经历的经典作品，高尔基的"大学"就是到"社会"这所"大学"学习。

文学作品来源于社会生活，但作为艺术创造，它所传达的法律知识与从社会这所"大学"中实践获得的法律知识并不完全相同。1932年，苏联政府对高等教育进行了较大幅度的调整与改革，主要是加强高等学校与社会的联系。文学创作与法学教育都要与社会实践相结合，如果仅阅读书本而不去实践，一般人法律认知水平就不能提升。这种教育体制对新中国的法学教育产生了很大影响，但也出现了过度强调社会生产劳动教育而忽视文化知识学习的问题，使法律、法学仅被视为上层建筑，而非文化的组成部分。

三、建构书香中国的法治社会教育方式

习近平总书记向首届全民阅读大会致贺信时表示："希望全社会都参与到阅读中来，形成爱读书、读好书、善读书的浓厚氛围。"不少发达国家也出台了促进阅读的法律和规划，推动社会各界对阅读的关注，保障全民阅读的实现。比如，美国于1998年出台了《卓越阅读法案》，

2002年出台了《不让一个孩子落后法案》。日本于2001年出台了《关于推进儿童读书活动的法律》，2005年出台了《文字印刷文化振兴法案》。

（一）阅读是一种有效的社会教育方式

文化是知识和技能，也是人们借助劳动这一中介和自然界、社会相统一的特殊体现。人们通过劳动为自然界留下人类的印记，同时塑造自身，所以文化也具有"人化"的特点。

新中国成立初期，为了提高人们的文化素养，1949年12月第一次全国教育工作会议决定：争取从1951年开始，进行全国规模的识字运动。新中国成立以后，中央人民政府教育部设社会教育司，主管社会教育工作。社会教育的任务是宣传马克思列宁主义、毛泽东思想，宣传中国共产党的方针、政策，普及科学文化知识，开展群众性的文艺、体育活动，以提高广大人民群众的思想觉悟和科学文化水平。自1950年6月中央人民政府政务院发布《关于开展职工业余教育的指示》以来，我国社会教育取得了显著成就。

从文化的教育学概念来看，阅读无疑是最古老的传统和社会教育方式之一。早在两千多年前，西塞罗就提出过文化等同于哲学或者说心灵的培育。这很显然是将文化同个人心智的发展联系起来，进而联系到知识、智慧和理解力的获得。从法律文化意义上理解，守法是公众对法律文本的认同与接受，并将其内化为自身行为的过程。阅读优秀作品可以有效提高公众的法律文化意识。法律文化是指在一定社会物质条件的影响下，人们对法律现象的态度、价值观、信念、心理、情感，以及相关学说理论的有机结合。法律文化的结构有两个层面：一是物质性的法律文化，诸如法律规范、法律制度等，亦曰制度形态的法律文化；二是精神性的法律文化，诸如法律学说、法律心理、法律习惯等，亦称为观念形态的法律文化。法律意识是观念形态的法律文化的基本构成要素，反映了人们对法律和法律制度运行的心理、思想与评价。法律文化观念是一个国家法律制度运行的内在逻辑。它表现在受历史传统制约的人们关于法和法律的态度、价值观、信念、心理等之中，直接或间接、有形或无形地影响着社会主体的法律实践和行为，进而在很大程度上规制着一个国家的法律模式及其发展走向。在法律文化教育体系中，公众法律意识的提升居于核心地位。日本著名法社会学者川岛武宜认为，法律文化表示的内容虽然主要是法律制度等，但基本精神根植于人们的观念、意识中。因此，我们应养成爱读书、读好书、善读书的习惯，寻找法学、文学等作品与社会发展的契合点，让法律文化教育更容易为公众所接受。

（二）经典文学作品阅读有利于提升公众法律文化素质

在培养一个人完整的知识结构、人文素质、道德情操等方面，应首选传统纸质书本阅读。作为文化的法律，存在于文学著作阅读等通识教育之中，广泛阅读可以提升公众的法律意识。恩格斯称赞巴尔扎克的《人间喜剧》提供了法国社会的现实主义历史，列宁称赞托尔斯泰是俄国革命的镜子；鲁迅的小说是中国社会从辛亥革命到第一次国内战争时期的一面镜子[①]。鲁迅的思想高度代表了"五四"思想启蒙的高度，我们可以从鲁迅对中国小说的评述中感受中国传统文化的教育意义。

鲁迅的《中国小说史略》最初是发给学生的油印本讲义，后来经过鲁迅的反复修改，发展成为具有学术意义的铅印本。鲁迅自1920年起在大学讲授小说史，直至1926年8月离开北京，六年间他先后在北京大学、北京高等师范学校（后更名为北京师范大学）、北京女子高等师范学校（后更名为北京女子师范大学）、北京世界语专门学校等高校任教，影响深远。

鲁迅还指出《红楼梦》的开创性意义。《红楼梦》之前的中国小说的

---

① 王富仁：《中国反封建思想革命的一面镜子：〈呐喊〉〈彷徨〉综论》，北京：北京师范大学出版社，1986年版，第88页。

人物刻画较为单一，而《红楼梦》里的人物是"圆形人物"。因此，鲁迅评价《红楼梦》所叙为真实的人物，不同于以往小说中"非黑即白"的二元对立脸谱型人物，他们生动鲜活、富有魅力，展现了当时社会的真实人性及其婚姻家庭方面的法律文化。

（三）网络时代大学生法律文化社会教育的挑战及应对

随着现代信息技术的发展，数字化和智能化资源越来越多地参与并影响着人们的社会生活，网络阅读已成为人们重要的阅读方式。2022年10月，习近平总书记在党的二十大报告中指出："推进教育数字化，建设全民终身学习的学习型社会、学习型大国。"①

教育是时代的产物，教育内容、特点和要求随着时代发展而不同。21世纪人类已经迈入信息化社会和互联网时代，以云计算、大数据、人工智能等为代表的现代信息技术正以惊人的速度改变着人们的学习方式，传统学校教育面临着前所未有的挑战。传统学校教育，以传授知识为主的教育模式已无法满足时代发展的要求。新时代的教育需要超越学校课堂和书本的局限，重视网络时代的社会教育模式创新。现在的大学生，可能更多是采用网络阅读，所以要学会区分虚拟世界与现实世界，真实把握现实世界的体验，以获得真实的社会教育。

网络信息的真实性不仅影响着教育公正，也影响着司法公正。随着网络时代的到来，很多涉法事件受到公众舆论的广泛关注，如何对网络民众进行规范，一直是法学理论与实务部门争论的焦点。法律职业是一项技术性工作，需要有专业技能的法律职业工作者来完成。可是，不管是立法还是司法，都需要公众参与，法学教育工作者和法学专业大学生在其中应该发挥什么样的作用是网络时代给大学法学教育带来的新问题。哈特指出，确定一个社会道德感情的方法不是询问随便凑在一起的

---

① 习近平：《高举中国特色社会主义伟大旗帜 为全面建设社会主义现代化国家而团结奋斗：在中国共产党第二十次全国代表大会上的报告》，北京：人民出版社，2022年版，第34页。

理智健全和有正义感的普通人，这是反理性的。简单地询问街头人群对某种行为的看法，并不能为检验这些看法提供合理依据。哈特认为，我们应当使用我们的理性、共同理解和批评等所有的智力资源，在将一般的道德情感转变为法律问题之前进行理性分析和分类。

笔者赞同哈特的观点，建议建立一种有序的公众参与的网络民意规范化处理模式。例如，美国自20世纪80年代初成立的量刑委员会，以及英国在1999年成立的量刑咨询专题小组和2003年成立的量刑指导委员会，都是一种专家型的公众团队，他们与法院之间就是一种团队合作关系。这类机构成立的主要目的是对公众关于量刑的态度进行广泛调查，形成一个能够反映公众舆论现状的整体性量刑政策，并最终以颁布量刑指南的形式来规范刑罚裁量活动，从而提高公众对刑事司法的信赖。与此同时，通过颁布量刑指南以及具体的刑罚裁量来更好地引导公众对量刑裁判活动的认识和理解，避免公众舆论对刑罚裁量实践的误解。当然，并不是对每一个刑事案件都进行流程式结构改造，但对社会公众关注度较高的案件，则应该保证公众的参与。也正是因为有了公众参与的保障，法院和法官才能独立行使审判权，做到人民司法为人民。

随着现代信息技术的发展，直接参与和间接参与之间的区别逐步弱化，如果法律职能部门能够建立大数据网络民意调研系统，将更有利于立法、司法活动的公众参与，也更有利于对网民进行法治教育。网络民意表达应该是一种有序的民主形式。作为法学教育工作者和法学专业大学生，应该通过正当途径参与网络讨论，保持理性，客观分析网络上的各种观点和法律问题，以提升社会化技能。

第三节　法律文化与社会实践教育

近年来，越来越多的高校在学生毕业前安排实习，主要目的是培养学生将理论知识应用于实际工作的能力，从而为真正步入职场做好准备。在这一过程中，学生也需要学习法律文化。

一、大学社会服务功能的形成

王守仁在《传习录》中提出："知是行的主意，行是知的功夫，知是行之始，行是知之成。"社会实践是在校学生利用假期参加社会活动的一种方式。学生根据学校的培养目标，参与社会政治、经济、文化生活的教育活动，这个过程对大学生的快速成长具有重要推动作用。

自大学存在与发展以来，人才培养、科学研究和社会服务逐渐被认为是大学的三大职能。但这三项职能并非同时出现，而是在不同历史条件下逐渐形成的。美国的教育家吸取了德国改革的经验，"赠地学院运动"和"威斯康星思想"进一步强调大学与社会的联系，凸显高等教育服务社会的功能，使高等教育得到了进一步的发展。大学的社会服务职能起源于美国《莫雷尔法案》，确立于"威斯康星思想"。

威斯康星麦迪逊分校创建于1848年，是一所享誉全球的公立研究型大学。1862年的《莫雷尔法案》规定威斯康星大学有义务开设农学教授农业，尽管到1881年该学院仍只有一名农业学生。20世纪之后，美国资本主义经济的迅速发展对美国高等学校提出了更高的要求，即为美国工业和农业的发展提供更多、更有效的服务。范海斯在一次演讲中强调，大学不应将自己局限在围墙之内，而应发挥其在社会经济生活中的作用，甚至教学和科研也应充分考虑社会需要。"威斯康星思想"标志着大学打破了高等教育的封闭体制，与社会形成一个紧密相连的系统。

二、大学生接受社会实践教育的必要性

社会实践教育是大学劳动教育的重要体现。在《1844年经济学哲学手稿》中，马克思提出"以劳动实践来规定人的本质"的核心论点。马克思认为，劳动不仅是谋生的手段，而且成了生活的第一需要，每个人都能全面而自由地发展。马克思旗帜鲜明地反对将体力劳动作为劳动教

育的唯一实践形式，与此同时他也反对教育者只注重对学生高智力劳动技能的培养，忽视或者摒弃基础社会劳动能力的培养。1866年，马克思在《临时中央委员会就若干问题给代表的指示》中指出："最先进的工人完全了解，他们阶级的未来，从而也是人类的未来，完全取决于正在成长的工人一代的教育。"1878年，恩格斯在《反杜林论》中提出："在社会主义社会中，劳动将和教育相结合，从而保证多方面的技术训练和科学教育的实践基础。"

与马克思所处的时代背景不同，列宁关于劳动教育的思想大多是在无产阶级掌握政权之后提出的。他在《在全俄各省国民教育局社会教育处处长第三次会议上的讲话中》中指出："在资本主义社会里，教育工作的根本缺点之一是同组织劳动这一基本任务脱节。"在列宁的倡导下，劳动教育实施方案被写入苏共中央决议，并成为国家的政策和法令。进入20世纪50年代，很多新知识都是直接来源于社会实践的需要，往往是在解决社会实际问题时产生的。

1972年，以法国埃德加·富尔为首、聚集各国著名教育专家的研究团队，经过一年多时间对世界教育的形势、观点和改革进行调研后，向联合国教科文组织总干事长递交了一份研究报告。《学会生存——教育世界的今天和明天》是1972年联合国教科文组织发布的一份报告。该报告从学会生存的现实角度出发，批判了传统教育制度的弊端，提出了新的教育理念，并从社会实践方面较详细地提出了建议。该报告的基本设想是通过受教育权的民主化实施终身教育，以使每个人有机会获得生存技能，并使人日臻完善，承担各种不同的责任，这就是"学会生存"的基本含义。

在国外高等院校中，勤工助学活动得到了广泛开展。在美国、西欧及日本，年轻人的独立意识与自主要求非常强烈。很多年轻人认为，年满18岁以后，过于依赖父母的资助或政府贷款是一件不太光彩的事。他们认为勤工助学的主要目的首先是赚取学费与生活费，然后才是通过工作了解社会各个领域各个阶层的生活现状，以提高自身适应社会的能力。此外，勤工助学也会让学生的人生观、价值观、道德品性等受到潜移默化的影响。

三、应加强对大学生社会实践教育中劳动权益的法律保障

目前，各高校也秉持理论联系实际的理念，在大学生毕业前给他们安排实习，以提高大学生的就业竞争力。然而，也出现了部分大学生在实习期间合法权益遭受侵害的问题。究其原因，主要在于我国关于高校大学生实习期间的权益保护制度尚不完善，大学生的劳动权与社会上普通劳动者权益保障的分类管理机制还不健全。

由于我国关于大学生实习期间是否具有劳动者身份的法律规范并不完善，在《中华人民共和国劳动法》《中华人民共和国职业教育法》《中华人民共和国民法典》等相关法律中并未明确规定实习生具有劳动者身份，也没有明确实习生在实习期间受伤应由谁承担责任，这给大学生的劳动权益保障带来法律适用的困难。一种观点认为，大学生实习是学校教育课程的一部分，是学校的岗位实习课程，因此大学生在实习期间不具有劳动者身份；而另一种观点则认为，大学生实习期间具有劳动者身份，因为大学生在实习期间，接受用人单位的工作安排，并由用人单位支付劳动报酬，双方形成劳动关系，那么，实习生就具有事实上的劳动者身份。

在法律制度方面，德国为推进大学生实习，在1969年颁布了《联邦职业教育法》，并相继出台了《职业教育促进法》《青年劳动保护法》等一系列法律法规，各州也出台了相关的法律或实施办法。这些法律法规的出台，明确了大学生实习期间的权利，同时清晰界定了用人单位、学校的责任与义务，保障了大学生在实习期间遇到伤害时可依法保护自己的合法权益。另外，德国还设立了专门委员会，对用人单位和学校在学生实习时的分工合作进行监督与指导，对于那些接受大学生实习的用人

单位提供经济补偿，而不愿意接受实习大学生的用人单位也会受到一定的经济处罚。

德国关于保护实习大学生的制度为我国提供了诸多借鉴。首先是立法方面，德国对于实习大学生有完善的立法保护，从政府职责到用人单位职责都有详细的规定，并设有相应的惩罚和奖励措施。其次，实行税收优惠政策，德国对于招聘实习生的用人单位给予税收减免政策，招聘的实习生越多，其税收减免越多。在这方面，我国也采取了一定的措施。2006年，国家税务总局发布了《关于企业支付学生实习报酬有关所得税政策问题的通知》，规定所有与中等职业学校和高等院校签订三年以上期限合作协议的企业，付给学生实习期间的报酬，准许在计算缴纳企业所得税时于税前扣除。目前相关法律仍需进一步完善。

大学生实习期间形成的劳动价值观将影响他们未来的职业发展。所以，面对我国目前这种状况，急需相关法律法规的出台。笔者认为，我国保护实习大学生权益的法律需要进一步完善，国家在立法层面应制定切实可行的法律规范，用人单位及学校也应做到根据法律规范积极履行自身所应承担的责任。同时出台一系列配套政策，确认实习大学生具有劳动者和学生双重身份，以更好地保护其权益。

第七章　法律文化与法律职业教育

2017年5月3日，习近平总书记在中国政法大学座谈会上强调："法学学科是实践性很强的学科……法学教育要处理好法学知识教学和实践教学的关系。要打破高校和社会之间的体制壁垒，将实际工作部门的优质实践教学资源引进高校……法学专业教师要坚定理想信念，成为马克思主义法学思想和中国特色社会主义法治理论的坚定信仰者、积极传播者、模范实践者，在做好理论研究和教学的同时，深入了解法律实际工作，促进理论和实践相结合。"[①]

第一节　如何走进法律职业之门

法律职业教育致力于培养从事相关行业的专业人才，如律师、检察官、法官、法务人员等。由于不同的法律文化渊源，不同国家对法学教育是否属于职业教育法中的职业教育（狭义职业教育）问题是有不同观点的。在大陆法系国家，法学教育就是大学专业教育，不属于狭义职业教育；在英美法系国家，法学教育就是法律职业教育，与狭义职业教育区分不大。在我国，法律职业教育的定位仍面临多重挑战。

[①] 习近平：《论坚持全面依法治国》，北京：中央文献出版社，2020年版，第177—178页。

一、什么是职业教育

职业教育有广义和狭义之分。杜威始终主张广义的职业教育观，认为每个人都应该有一份职业，且职业并不仅限于一种谋生手段。他反对纯粹出于"经济目的"和"实用利益"而进行的职业教育。这种观点对法律职业教育仍具有启示意义。

狭义职业教育源于资本主义社会形成时期对技术工人培训的需要。18世纪中期，西方国家相继完成了工业革命以后，传统的学徒制已经无法满足社会的需要，学校职业教育便应运而生。19世纪中叶后，随着资本主义生产的发展，有些国家设立中等教育阶段，职业教育逐渐向高等教育延伸，出现了高等职业学校教育。清末洋务运动时期，西方职业教育开始被引入中国。1866年，左宗棠奏请设立福州船政局，附设马尾船政学堂，雇佣法国工程师组建技术团队，协助中方设厂、造船，是中国近代学校职业教育的开端。之后，具有实业教育性质的农、工、商等各类学堂纷纷兴起。虽然实业教育学制未定，各类学堂缺乏体系，但中国教育近代化的历程由此开启。

1898年，湖广总督张之洞在湖北武汉创办了湖北农务学堂、湖北工艺学堂和自强学堂等。湖北农务学堂（现华中农业大学）聘请美国农学教习指导研究农桑畜牧之学，湖北工艺学堂（现武汉科技大学）选募东洋工学教习教授理化学和机器学。自强学堂是武汉大学的前身，是中国近代教育史上第一所真正由中国人自行创办和管理的新式高等专门学堂。张之洞任两江总督时也在南京创立三江师范学堂。在清末的"壬寅—癸卯学制"中，规定了"高等实业学堂"和"高等师范学堂"，这两种高等学堂是中国近现代意义上最早的高职院校。

德国采取狭义的职业教育概念。凯兴斯泰纳是德国职业教育发展的一位领导人，他于1877年进入慕尼黑大学学习数学和物理，并兼修教育学和哲学，获得哲学博士学位。大学毕业后，他担任中学教师、校长、督学，并任慕尼黑市教育局局长。凯兴斯泰纳倡导的劳作学校及劳作学校精神为德国的职业教育奠定了基础，他被誉为德国职业教育之父。凯兴斯泰纳认为，教育应实现三大目标：一是使受教育者在国家履行一项职能，即从事一项职业工作；二是受教育者把这个职业当作一个职位，不仅是获得生活所需的手段，而且是为了道德上的自我主张；三是其职业工作应被理解为对社区的服务。让个人认知自己的工作，增长见识，增强意志和力量，是教育的首要任务。

斯普朗格是德国当代著名的哲学家、教育学家与心理学家，他主张不要把职业教育与普通教育机械地分离开来。在他的著作《普通教育与职业教育》中，他深入探讨了职业教育的本质。德国的职业教育起源于德国的理想主义盛行的时代，当时职业教育被纳入德国学制。后来绝对主义兴起，民族意识成长，教育成为培养"公民"的手段。等到这种拘束被解放以后，实用精神逐渐抬头，普通教育开始走向实用的教育，于是职业学校、技术学校等成为训练学生的重要场所。斯普朗格认为，职业教育具有专门教育的性质，因为它培养各种专门的人才；职业学校又具有文化的完整性，除了培养职业人才以外，应附带有普通教育。因此，职业教育与普通教育无法分开。这种思想一直到现在仍然影响到德国的职业教育观念。他强调，职业学校要按照职业教育理论来施教，尤其要提供机会给学生，让他们透过职业教育获得人文化。此外，职业教育学校还应发展指导性的教学，以配合"学生之真正的生活需要"。如果缺乏这种要求，那么职业教育将难以符合实用的原则，也不符合经济的要求。

德国《职业教育法》于1969年规定了高中阶段的新双元制职业教育。新双元制职业教育是指整个培训过程在工厂、企业和国家的职业学校进行，这是一种国家立法支持、校企合作共建的办学制度，即由企业和学校共同担负培养人才的任务，学校按照企业对人才的要求组织教学和岗位培训。该模式是德国职业技术教育的主要形式。但20世纪70年代以后，新双元制职业教育逐渐向高等教育延伸。2005年修改的《联邦职业教育法》也完善了对高等职业教育的规范，确认了"专业学士""专业硕士"等文凭制度。

1997年，联合国教科文组织颁布了《国际教育标准分类》，将教育分为7个等级：学前阶段教育为0级、小学阶段教育为1级、初中阶段教育为2级、高中阶段教育为3级、高中阶段与大学阶段之间的补习期教育为4级、大学阶段教育为5级、研究生阶段教育为6级，并将大学阶段教育（5级）分为学术性为主的教育（5A）和技术性为主的教育（5B）。从上述分类可以看出，5B对应的是我国的高等职业教育，它的发展是全球教育的趋势，而不是某一个国家的现象。《国际教育标准分类》的颁布，使高等职业教育得到了权威性的确认。

1996年5月15日，第八届全国人民代表大会常务委员会第十九次会议通过《中华人民共和国职业教育法》，规范了各级各类职业学校教育和各种形式的职业培训，但法学职业教育并不受其调整。

2022年4月20日，第十三届全国人民代表大会常务委员会第三十四次会议修订《中华人民共和国职业教育法》。该法第二条规定："本法所称职业教育，是指为了培养高素质技术技能人才，使受教育者具备从事某种职业或者实现职业发展所需要的职业道德、科学文化与专业知识、技术技能等职业综合素质和行动能力而实施的教育，包括职业学校教育和职业培训。"法律职业人才的培养有专门法律规定，因此法学教育仍旧没有被纳入职业教育法的调整范围。

二、我国法律职业教育观念的形成

中国古代的学校教育体系，虽然强调了学习的重要性，但是这种教育不是与生活教育、职业教育挂钩的，而是主张"学而优则仕"，存在着重"经学"轻"律学"的倾向。在我国传统文化的"三教九流"职业分层中，师爷（讼师）的地位较为低下。法律职业教育受到重视是从洋务运动开始的。中国封建时期长期没有建立律师制度，直至《大清刑事民事诉讼法》中才首次提到律师。

1901年，清朝政府开始推行"新政"。对于刚摆脱旧式教育的中国而言，急需大批掌握各领域新知识的人才。张之洞被誉为晚清"第一通晓学务之人"，他对中国近代教育的影响极其深远，其教育思想主要体现在兴学育才、中体西用和留学教育三个方面。张之洞在改革书院教育的同时，致力于创办新式学堂。1890年5月，张之洞在武昌创建两湖书院，初设经学、史学、理学、文学、算学、经济学六科，1900年又增开格致、兵操、化学、博物学等课程。书院课程体现中西、文武兼习，教学方法也仿照西方学堂，实行分班按日上课。"中学为体、西学为用"是张之洞的基本教育思想，这一思想在他的重要著作《劝学篇》中有系统论述。他主张"政艺兼学"，而政先于艺，因为"救时之计，谋国之方，政尤急于艺"。从张之洞所说的"西政"的具体内容看，他所提倡的"西政"不同于维新派，因为其中没有包括西方的政体。他反对维新派所主张的"政"，即改变君主专制的政体，实行君主立宪，他所注意的"西政"仅限于学校、律例、劝工、通商等。进入民国后，对法律人才的需求更加迫切，出现了法政专门学校，但民众对法律职业教育的认识还不够。1912年，北洋政府颁布的《法政专门学校规程》对课程、师资规定的标准很低，导致法学教育一直处于低水平。黄炎培对这一情况提出过严肃的批评："一国之才学者，群趋于法政之一途，其皆优乎？"①黄炎培认为，提倡法治教育不是为了做官，而应该是与生活需求、职业需求密切相关。

1986年，中国确立了律师资格考试制度。1995年，《中华人民共和国法官法》和《中华人民共和国检察官法》颁布实施，法院和检察院系统分别建立了初任法官、初任检察官考试制度。2001年6月30日，第九

①朱有瓛主编：《中国近代学制史料：第三辑（下）》，上海：华东师范大学出版社，1989年版，第653—654页。

届全国人民代表大会常务委员会第二十二次会议通过了《关于修改〈中华人民共和国法官法〉的决定》和《关于修改〈中华人民共和国检察官法〉的决定》，规定：国家对初任法官、初任检察官实行统一法律职业资格考试制度。这标志着集律师资格、初任法官和初任检察官三项考试于一身的国家司法考试制度正式确立。2018年4月底，司法部发布《国家统一法律职业资格考试实施办法》，将司法考试变为国家统一法律职业资格考试，法律职业教育的观念才从制度层面予以明确。

三、建立法律职业教育的终身学习制度

2017年5月3日，习近平总书记考察中国政法大学时强调，全面推进依法治国是一项长期而重大的历史任务，要坚持中国特色社会主义法治道路，坚持以马克思主义法学思想和中国特色社会主义法治理论为指导，立德树人，德法兼修，培养大批高素质法治人才。

法律的制定和适用都离不开"人"这一关键因素。什么样的人才能担负起这样的责任呢？毫无疑问，答案是法律职业者（如律师、法官、检察官等）。法学绝不仅仅是简单的理论知识或是冷冰冰的法条解释，更重要的是将其与实践相结合，应用于生活中。立法和司法来源于生活，最终也要应用于生活。高校学生学习法律理论知识，逐渐形成对法律的初步概念，并通过具体案例学会分析、运用法律。但"纸上得来终觉浅，绝知此事要躬行"，要想成为合格的法律职业者，必须接受法律职业教育。到法院、检察院等地实习，是接受法律职业教育的重要途径。适用法律始终要与社会生活相关联，大学生缺乏的正是处理实际事务的能力和生活经验。法律与生活息息相关，与为人处世、人际交往的经验密不可分。所以，要想学好法律，需要树立将理论与实践相结合的终身学习态度。

不论是高校学生、老师，还是法律实务工作者，都应坚持终身学习。法治教育的专门化、职业化发展是社会主义法治国家建设的必然需求，

同时，法律职业教育也应该与法治精神相结合。目前，我国大学法学教育与法律职业培训尚存在一定程度的分离，法学专门教育与公众普法教育相对独立，容易导致法律系统与现实生活的脱节。法律职业作者法律文化素养的不足，可能导致开展相关工作时的法理说服力不足。因此，我们需要改革我国法律职业教育体系，形成法律职业教育与国民教育以及社会普法教育的协同机制。法律职业者要接受人民群众的监督、建议和批评，努力让人民群众在每个司法案件中感受到公平正义。

自 1998 年我国首次提出与终身教育相关的立法议案之后，此类议案几乎每年都会被提出。2001 年 7 月，教育部印发了《全国教育事业第十个五年计划》，其中明确提出了"调研、起草《终身教育法》"的任务。目前，关于终身学习、终身教育和老年教育的规定已散见于《中华人民共和国教育法》《中华人民共和国职业教育法》等法律中。

法律职业教育不同于一般意义上的劳动技能类的职业教育，属于专门教育，具有很强的意识形态特征。这就是说，法律职业者不仅要坚持学习专业的法学知识，注重职业道德和法律共同体精神的培育，还要终身坚持政治理论学习，坚持不懈用党的创新理论武装头脑，凝心铸魂。因此，我国有必要建立法律职业者的终身学习制度。

第二节　英美法系法律职业教育的经验借鉴

英国的法律职业阶层起源于贵族，一般都接受过良好的大学教育或律师学院的培训。尽管美国的法治教育起源于英国，但并未继承英国律师制度中的分级制度等传统，而是随着美国政治、经济和社会的发展，开辟了一条独特的法律职业发展模式。

一、英国法律职业教育的经验

从某种意义上说，英美法律文化的形成和发展与法律职业教育有很大的关系。英格兰律师职业的兴起源于当时的社会变革以及由此产生的社会需求。12世纪中期，亨利二世及其继承者们进行的改革，不仅为英格兰建立了完备的王室法院系统，还提供了与之相匹配的、以令状制度为主的诉讼程序。但这些逐步完善的诉讼程序对当事人的专业知识提出了要求，使得他们不得不求助于专业人士，英格兰的律师职业就是在这样的背景下诞生的。

在文艺复兴时期，具有高等职业教育功能的四大律师学院脱颖而出，吸引了诸多的大学毕业生继续深造。这四所学院分别是：林肯律师学院、格雷律师学院、内殿律师学院和中殿律师学院。林肯律师学院在13世纪由担任爱德华一世法律顾问的林肯伯爵捐赠，作为年轻律师们的研究场所。格雷律师学院的历史可追溯至14世纪，以格雷勋爵命名。内殿律师学院和中殿律师学院取名自历史上曾经存在的圣殿骑士团总部。值得一提的是，牛津大学和剑桥大学虽然很早开设了教会法和民法专业，但与英国普通法的职业教育传统并不吻合。例如，英国著名的法学家和政治家培根、柯克早年都在剑桥大学接受法学教育，但为取得法律资格，培根在格雷律师学院学习过，柯克在内殿律师学院学习过。但是，四大律师学院的学徒制却有一个很大的缺点，那就是受众面太少。

英国的众议院于1846年成立了法律教育专门委员会，对英格兰、爱尔兰和其他主要国家的法律教育状况进行调查研究。《法律教育报告》和《奥姆罗德报告》引发了英国法律教育中的两次重大转型。1846年《法律教育报告》出台以后，英国的新旧大学和法律职业组织实现了法律教育由学徒制到学院制的初步转型。法律教育理事会在皇家委员会的建议下作出了明确规定，凡未取得大学学位者，必须通过入学考试，才能进入律师学院学习。1871年，四大律师学院联合决定实行出庭律师资格强制性考试制度。到1877年，议会通过法案规定律师协会有考试权。通过考试，英国的律师被分为两类相对独立的职业，即事务律师与出庭律师。事务律师属于初级律师，负责直接接触和处理客户的法律事务，包括大量取证和法律文书的撰写，但是不能出庭辩护。到了 20 世纪 60 年代，法学教育才作为大学生的通识教育被公众肯定。大学毕业后，有意从事律师职业的人需要到律师事务所实习并接受职业培训。1971 年的《奥姆罗德报告》指出大学和法律职业组织之间应该加强彼此间的沟通与合作，摒弃"学问""理论"和"职业""实务"这种相对立的思维方式，共同为提高法学教育水平而努力。1971 年以后，在众多思想家、法学家、教育家的共同努力下，大学最终成为法律学术教育的主体，法学博士被视为高等法学教育不可或缺的部分。

英国不存在司法考试，而是采用一种层层筛选的选拔制度来培养法律人才。从当今英国法律教育的制度设计上看，英国法律职业教育的宗旨一直是培养从事实务工作的法律职业人才，而不是法学研究者或法学家。当今英国的法律职业教育分为理论教育和职业培训两个阶段，任何有志于成为律师的学生都必须依次完成这两个阶段的学习。

二、美国法律文化与法律职业教育

美国成立后很长时间，其法律职业制度都处于简陋和有待完善的状态，法律教育体系也不完善。美国的法律专业不同于其他学科，本科阶段不设置相关课程。它其实是大学本科基础教育后的一种专业教育，属于职业教育。

美国的开国元勋大多是法律职业者，有的是哈佛大学、耶鲁大学等名校的毕业生，如杰斐逊、麦迪逊、汉密尔顿等，他们参与起草和制定了《独立宣言》和《费城宪法》。《独立宣言》是世界上第一个以官方文件形式将资产阶级民主思想家的人权设想与理论转化为官方意志的实例，而《费城宪法》是美国政治制度的基础。可以说，律师、法官等法律职业者在推动美国政治发展和法治运行中发挥了重要作用。

1803 年的马伯里诉麦迪逊案，使美国确立了普通法院违宪审查制。马伯里诉麦迪逊案的起因是美国第二任总统约翰·亚当斯在其任期的最后一天，突击任命了42位治安法官，但因疏忽未能及时发送17份委任令。继任总统托马斯·杰斐逊让国务卿詹姆斯·麦迪逊扣下了这17份委任状。威廉·马伯里是这17人之一，他向美国联邦最高法院提起诉讼。审理该案的法官约翰·马歇尔运用高超的法律技巧，判决该案中所援引的司法条例因违宪而失效，从而解决了此案。普通法院违宪审查制的确立，对美国的政治制度产生了重大而深远的影响。

联邦宪法及附随的《权利法案》的通过，标志着古典制宪时代的终结和美国法形成时代的开始。在教育法治方面，美国联邦宪法及其修正案中都没有专门的教育权或教育平等权的规定，但是1868年7月9日通过的宪法第十四条修正案第一款"平等保护条款"构成了教育权平等保护的基础。

纵观美国近400年的高等教育史，是从东部向西部逐步扩散和推进的历史，也是美国逐步改造欧洲大学模式创立美国大学模式的过程。[①]密歇根大学创建于1817年，由密歇根州的州长和法官创办成立，位于美国密歇根州底特律市，是美国历史上最悠久的公立大学之一。在早期发展中，密歇根大学摆脱了传统的英式古典教学理念，引入了欧陆（法国、德国）教育理念的精髓，和英国的古典理念结合。1852年，亨利·塔潘就任密歇根大学的第一任校长，致力于建设一所不仅从事教学和高深学术研究且为大众服务的真正意义上的大学。塔潘以此模式对密歇根大学进行大刀阔斧的改革，促成了密歇根大学发展史上的第一次转机，使之迅速崛起，成为美国中西部州立大学的典范。

南北战争后，美国很多大学开始重视法律职业教育，密歇根大学也开设了法学院。密歇根大学法学院成立于1859年，是美国最古老的公立法学院之一，培养了大量法律学者和法官。哈佛大学也在第一位法学院院长兰代尔的领导下，于1870年开始进行法学教育改革。哥伦比亚大学法学院也较早开设法律博士专业学位，与法学学术研究的哲学博士学位

---

① 邬大光：《伯克利之旅：美国公立大学的翘楚》，《复旦教育论坛》2019年第5期。

区分开来。美国大学法学院的兴盛，促进了法律职业教育从"学徒制"向"学院制"的转变。

美国的法律职业与其他职业之间是可以流动的。富兰克林·德拉诺·罗斯福是美国第32任总统，在其总统任内出台的《退伍军人权利法案》，在美国历史上是一个具有分水岭意义的法律文件，改革了美国传统的高等教育制度，使许多原本无法进入大学的群体有机会接受大学教育，较好地解决了教育的多元性问题。美国许多学者认为这个法案是美国政府自成立以来所做出的最好决策，堪称"改变美国"的法律。

但美国的社会分层现象仍然明显。1954年通过的《布朗法案》不仅带给了黑人公平受教育的机会，而且开启了美国对教育法的研究。从1958年颁布的《国防教育法》开始，美国进行了一系列教育方面的改革。种族平权的"积极行动"，给了少数族裔相当的照顾，使他们能够通过教育系统进入精英阶层。法律职业作为一种社会地位较高的职业，教育水平也要求较高，申请参加律师考试者需毕业于美国律师协会认可的法学院。大学生毕业后从事律师、法官等职业，律师协会、法学会等组织对其职业伦理也有很高要求，以促进其不断学习。美国律师协会是美国全国性的律师组织，当时成立的目的主要是改善法学教育和从业管理标准，并在公共事务上发出法律专业人士的声音，以促进法治和司法管理。经过一个多世纪的发展，该协会已成为世界上最大的法律职业组织，拥有法官、检察官、律师等法律专业人士为会员，设有专门的法学教育部门，负责审批法学院的开设申请，对法学院教育进行评估。

在美国，不存在法律本科教育，只有取得相关专业学士学位后，通过全美统一的法学院评估才能进入法学院学习，在法学院学习三年后，才能取得法律博士学位。美国法律博士与我国法学博士的含义有所不同，这是学生从美国法学院毕业时取得的第一个学位，本质上相当于"法学专业本科"。在美国，获得法学博士学位的毕业生才有资格参加律师考试。申请参加律师考试者还需毕业于美国律师协会认可的法学院。

出于对公众以及司法体系保护的考虑，在申请者递交申请后，需由有关的机构对申请者的个人品质及是否适合从事律师职业进行审查。并非所有考生必须在毕业后才具备考试资格，如果法学院院长确认其已经具备了毕业和取得学位的必要条件，也可以报名参加律师考试。在纽约州，即使没有取得学位，只要完成所有学位课程，也可以参加律师考试。

三、英美法律职业教育的影响

英美普通法由于没有法典化、系统化，因此律师、法官等职业群体的实践技能相对较强。学会像律师一样思考是英美法律文化的特点。

19世纪中叶以后，中国赴欧美留学的学生大多学习实用科学，研习法律等社会科学的可谓凤毛麟角，这可能与公派学生以兴办洋务为主有关。

1906年，清末的修律大臣沈家本和伍廷芳主持拟定了《刑事民事诉讼法》，该法共五章二百六十条。其中第四章"刑事民事通用规则"中专列"律师"一节，共九条，规定了律师资格、注册、登记、违纪处分、外国律师在通商口岸的公堂办案等内容。由于当时以湖广总督张之洞为首的各地督抚大臣认为该法"惟于现在民情风俗，间有扞格难行之处"，因而未能颁布。1909年和1910年，清政府分别颁布了《各级审判厅试办章程》和《法院编制法》，首次从法律上确认了律师活动的合法性，给律师以"存在"的权利，使律师的法庭活动有了法律保障。1911年，修订法律馆重新编纂了《刑事诉讼律草案》和《民事诉讼律草案》，有关律师的规定仍是主要内容之一。这些法规中关于律师制度的设想，以及在此期间租界中已出现的一定数量的中外律师，为民国时期律师制度的正式确立，创造了良好的社会氛围。①

1912年1月，上海出现了我国历史上第一个由律师自发组成的自治

---

① 张志铭：《回眸和展望：百年中国律师的发展轨迹》，《国家检察官学院学报》2013年第1期。

性社会团体：上海律师公会。时任司法总长的伍廷芳，一方面主张效仿西方，全面建立新的法律体系，包括律师制度；另一方面还利用司法总长的身份，在有关律师立法尚未出台、律师制度尚未正式建立的情况下率先推行律师辩护制度。1912年9月16日，北洋政府颁布实施了中国历史上第一个关于律师制度和律师业的单行法规《律师暂行章程》，延续了清末关于律师制度构建的基本思路，标志着中国律师制度的正式建立。1912年底，第一次全国律师考试举行，经考试合格由司法部颁发律师证书者有297人，而1913年则猛增到2716人。

第三节　大陆法系法律职业教育的经验借鉴

在大陆法系国家，职业教育是狭义的，并不包括法律职业教育，法律职业教育归属于大学教育，是一种学术教育与应用教育相结合的体制。大陆法系严格区分实体法与程序法，但是程序法往往被视为从属于实体法，不像英美法系那样受到法官与学者的重视，程序的欠缺对诉讼结果的影响也较小。大陆法系的检察官、法官和律师的法律职业教育没有英美法系那么复杂。

一、法国法律职业教育的经验

在法国，律师是自由职业。法国大革命前的高等法院常常干涉国家的行政事务。1790年拿破仑制定了一部法律，禁止普通法官干扰行政机构行使职务，成立了行政法院负责处理行政争议裁决事务。行政法官常从行政官员中挑选，实习员则从国立行政学院中招募，而进入这个行政学院的学生要经过竞试。同时，建立了以公诉、公开审判、推行参审法庭为特征的现代诉讼制度。检察机关不但是单向的公诉人，也是"法律的守护者"。在职业准入方面，除地方治安法官外，各级法官、检察官都由中央政府任命。

法国的检察官与预审法官之间形成了一种相互合作又各自独立的关系，法官和检察官的位置可以互换，一个人可以在这一阶段当法官，在另一阶段当检察官。法国的检察院设在法院之中，但这并不意味着法国未设有独立的检察机构，也不意味着检察系统依附于法院系统。

法国行政法院的法官和检察官在组织体系上被归为行政官员，但由于享有与普通法官一样的身份保障，因而又被视为司法官员。

法国法律职业制度的变化深刻影响着高等学校法学教育的体制变革。法学教育作为传统综合性大学的优势学科不复存在。法国高等教育体系向各级各类政府机构输送效忠国家的管理精英，专业设置各有侧重。大学校可大致分为三类：首先是行政类大学校，以巴黎政治学院和国家行政学院为代表。其次是理工类大学校，例如1991年组建的巴黎科学与技术学院。理工类大学校授予学生工学学位，相当于工学硕士。最后是高等师范大学校，共有三所，最具影响力者便是巴黎高等师范学院。完成高等师范学院学业者被称为师范毕业生，拥有公务员身份。巴黎政治学院是法国政治学院系统的模型。从1945年开始，在戴高乐将军的倡导下，各地方大学内部开设其他政治学院。

法国不实行统一的国家司法考试，法律职业人员也不要求必须是大学法学院的毕业生，这与其他大陆法系国家有所不同。总结起来，法国实行选拔司法官（法官与检察官）考试和选拔律师职业考试的二元考试模式。法国的法官与检察官属于司法官员，他们被同时录用，而且接受相同的培训。律师作为自由职业者，其录用和培训与法官和检察官完全分离。因此，对于绝大多数人而言，要成为法官、检察官或律师，必须通过不同的考试和培训。大学生如果想成为法官、检察官，就要通过国家法官学院的入学考试，接受职业培训并通过结业考试才有资格。而如果选择律师职业，则必须进入律师学院学习。

2008年，大学法学教学人员的职业协会向最高行政法院提起诉讼，要求撤销2007年的行政命令，该命令承认巴黎政治大学"经济法"和

"法律与司法事业"两个专业的硕士毕业生和法学院硕士毕业生一样具有参加律师学院入学考试的资格。根据这一命令，大学对法律职业教育的垄断不复存在。此前，只有在大学中接受法律教育的人才能进入律师学院。2009年，巴黎政治大学成立了自己的法学院。曾有资深的大学教授指责，巴黎政治大学将要培养的不是法学家，而是"法律的厨师"。对此，巴黎政治大学法学院院长以"法律的厨房"为题出版著作，阐述法学教育理念。正是在这一背景下，2007年的行政命令向巴黎政治大学毕业生打开律师学院的大门具有重要的象征性意义。法学院从此必须面对巴黎政治大学等精英学校在法律职业教育方面的竞争。

对于狭义的职业教育，法国始终将其定位在比高等教育低一级的层次，是在高中阶段进行的职业技术教育。保罗·朗格朗曾就读于巴黎大学，毕业后在中小学任教多年，并活跃于法国成人教育领域，担任过法国职工教育中心主任，倡导成立了法国民众教育运动团体民众与文化会。自1948年起，他在联合国教科文组织中任职，积累了丰富的各级教育工作经验，加上他对现实社会的深刻体验，促使他以批判的眼光对当时的教育状况进行了全面的反思，从而形成了改革旧教育、建立新教育的设想。1965年12月，在联合国教科文组织于巴黎召开的国际成人教育会议上，朗格朗以终身教育为题做了学术报告。他认为，数百年来个人的生活被分成两半，前半生用于接受教育，后半生用于劳动，这一划分毫无科学根据。他主张教育应是一个贯穿全生命周期的过程，因此，需要一体化的教育组织。1965年，朗格朗在《终身教育引论》中提出终身教育的思想。继《终身教育引论》之后，联合国教科文组织出版了国际教育发展委员会的报告《学会生存》，联合国经济合作发展组织出版了其研究报告《回归教育——终身教育的战略》，使终身教育理论日益丰富，大学生就业后在不同职业岗位上的培训成为公民受教育权的内容。

二、德国法律职业教育的经验

在欧洲启蒙运动的影响下，1806—1815年，普鲁士的名臣施泰因和哈登贝格开展了一系列改革，教育改革是其中重要的一环。施泰因1773年起就读于哥廷根大学，在求学期间被英国政治制度吸引，深受伏尔泰、卢梭和塔列朗等人的思想影响。1807年，腓特烈·威廉任命施泰因为王国首相，并授予其广泛的权力以推行改革。1810年，施泰因被拿破仑逼迫逃亡，之后成为首相的卡尔·奥古斯特·冯·哈登贝格注重实用，其1810年颁布的《工业赦令》对普鲁士的职业教育发展也意义重大。法律职业教育虽然一直归属于德国大学学术教育系统，不属于狭义的德国职业教育系统，但后者以实践为导向的教育理念影响了法律职业教育的发展。

1866年，巴伐利亚政府开始强制要求军官必须有中学文凭。读大学的贵族子弟常选择的专业是法学，因为这样能为当法官和行政长官做准备。普鲁士没过多久也提出了硬性的学历要求。哥廷根大学"成了全德贵族阶级所赏识的学校，贵族青年都到那里学习法律和政治科学，同时也在那里学习礼貌和风度"[1]。

德国实行审检合署的制度，但检察系统和法院系统各自独立，律师是"独立的司法机构"。德意志帝国建立后，1877年颁布了帝国统一的刑事诉讼法，并实行统一的国家司法考试制度，凡法官、检察官、律师、公证人等法律人员必须通过国家司法考试获取从业资格。法官的招录由州司法部负责。行政人员、司法辅助人员的招录由州高等法院负责。而律师作为自由职业者，其活动既不受政府控制，也不需要像公务员那样对国家效忠。

德国法律职业工作者的培养主要依托大学的法学院，德国的法学教

---

① 弗·鲍尔生：《德国教育史》，滕大春、滕大生译，北京：人民教育出版社,1986年版，第82页。

育本身就是一种大学的职业教育，强调理论和实践相结合。法学院属于历史上大学一产生就设置的四个学院之一。德国的法律教育以本科教育为主，本科教育属于通才教育，即侧重于知识传授本身，而实践能力通过司法研修来培养和提升。因而，德国的法律职业教育可以简单表示为：法律本科教育（基础训练）＋司法研修（实践能力训练）。德国的司法考试实际上应被称为"州法律考试"。换句话说，德国并没有全国统一的司法考试制度，这是因为德国实行联邦制，而联邦法律规定，教育（包括法学教育在内）属于各州的事务，因此各州有权制定自己的司法考试制度。当然联邦法律对司法考试也有原则性的要求，以防止各州的司法考试差距太大。一般来说，德国报名参加司法考试人员应具备的条件是：大学法律专业毕业或至少4个学期在德国大学学习法律，获得大学法学专业单科（民法、刑法、公法三门必修课）结业证书。德国规定只有正式的法学院学生，达到最低报考条件，才能报名参加第一次司法考试。通过第一次考试后，必须经过两年的司法研修，才能参加第二次司法考试。德国司法部只允许通过国家司法考试者中15%的成绩优秀者成为检察官和法官人选。根据本人申请，按照择优的原则，将后备人选指派到法院、检察院试用，申请者以实习法官、检察官的身份，在资深法官、检察官指导下工作，接受考察。最终只有5%左右的实习法官、检察官被任命。由于法官、检察官职位有限，所以第二次司法考试合格人员大部分成为律师。

德国社会学家马克斯·韦伯指出，职业性的法律教育主要有两种方式：一种是经验性的法律教育，即由实务家来进行的"工匠式"训练，具有代表性的就是英国交由律师来训练的工会式的法教育；一种是理论性的大学的专门法律教育，它是通过传授具有抽象规范的性格的概念完成的。

三、大陆法系法律职业教育模式对我国的影响

1910年，中国举办了历史上第一次法官考试，确立了非考试合格者不能出任法官的原则。民国建立后，基本沿袭大陆法系国家法律职业制度，将法官和检察官选任与律师制度构建区分开来。1912年9月16日，北洋政府颁布了《律师暂行章程》。1915年6月，北洋政府的《修正暂行法院编制法》出炉，明确规定推事（法官旧称）及检察官需经考试合格方可任用。

上海律师公会成立于1912年12月，是我国近现代史上人数最多且影响最大的律师同业组织，这一时期涌现出董康、沈钧儒、史良、张志让、章士钊等著名律师。

史良于1927年毕业于上海法科大学（今华东政法大学），是我国近代著名律师董康的得意门生。1931年，史良在上海正式开始了律师职业生涯，在董康设立的一家律师事务所工作。

董康历任清朝刑部主事、郎中，深受中国传统文化的熏陶。1902年，修订法律馆成立后，董康先后任法律馆校理、编修、总纂、提调等职，为修律大臣沈家本的得力助手。自1906年起，他多次东渡，调查日本司法改革及监狱制度、裁判所制度等，聘请日本法律家来华讲学、帮助清政府修律等。在沈家本的主持下，董康等人共同起草了作为《钦定大清刑律》过渡之用的《大清现行刑律》，完成了对传统法典《大清律例》的修订。辛亥革命爆发后，董康再次东渡日本留学，专攻法律。民国成立后，董康回国，于1914年任大理院院长，他与另一位法律人章宗祥在《大清新刑律》的基础上，合纂《暂行新刑律》。1918年，董康与王宠惠共同修订《第二次刑法修正案》。他认为《第一次刑法修正案》理想色彩严重，应当注重本国现实。[1]

① 华友根：《中国近代立法大家：董康的法制活动与思想》，上海：上海书店出版社，2011年版，第96—106页。

同为修订法律馆一系的江庸早年也留学日本，1906年毕业于日本早稻田大学法制经济科，归国后授法政科举人，曾任满清政府大理院推事、北洋政府京师高等审判厅厅长、司法总长及政法大学校长、朝阳大学校长等职。1926年，江庸迁居上海从事律师业务。

除了日本，法国、德国的法律职业教育也对中国法制近现代发展产生了很大影响。例如，郑毓秀是中国近代革命家和女权运动倡导者。1915年，她进入了巴黎大学的前身索邦大学学习，1924年获得巴黎大学法学博士学位，成为中国女性中第一位获此殊荣者。1926年回国后，她在上海创办了律师事务所，成为中国第一位女律师。除了第一位法学女博士、女律师之外，她又开创了诸多第一。她曾经是民国政府时期第一位省级女性政务官、第一位地方法院女性院长与审检两厅厅长、第一位非官方女性外交特使。

四、我国法律职业教育面临的困境

从职业教育传统来看，大陆法系在律师和法官职业教育方面突出理性主义的法学教育，所以自古罗马以来就有"法学家"的称号。而英美法系的法律职业教育注重处理案件的实际能力，比如律师的职业教育主要通过协会进行，被称为"师徒关系式"教育。大陆法系倾向于职权主义，即法官在诉讼中起积极的作用；英美法系倾向于当事人主义，即控辩双方对抗式辩论，法官的作用是消极中立的。尤其在美国，法律职业流动性大，法官尤其是联邦法院的法官一般来自律师，而且律师在政治上非常活跃，社会地位也比大陆法系高。

从两个法系的不同特点来看，法律职业教育更多地和国家文化有关。由于英美法系属于不成文法，所以比较注重法律工作者运用审判先例解决问题的能力，法律职业教育注重实务性操作。在美国，律师的职业教育主要通过协会进行。英国则不存在司法考试，也不存在律师资格考试，而是采用一种层层淘汰的选拔制度来培养法律人才。英美法系侧重培养从事实务工作的法律职业人才，而不是法学研究者或法学家，更注重判例经验在实务中的运用，法律工作者的司法实践发挥很大的作用。而大陆法系有明确的法律法规文本，法学教育一般是在法律法规的基础之上进行解释，较为注重培养学生理解运用现有法律法规的能力。

新中国成立以来，法学专业教育实际上就是素质教育和专业教育基础上的职业教育。改革开放后，法学教育迎来了前所未有的发展机遇。1999年大学扩招，法科大学毕业生成倍数增长，法学院如雨后春笋遍布全国各地。法学教育者尝试着从各个方面改进我国的法学教育，以满足法律职业乃至整个社会的需求：社会需要专才，我们就把法学专业拆分为数个小专业，实行"对口教育"；社会要求学科交叉型人才，我们又把拆分的专业合并，以培养复合型应用人才为目标。

1996年5月15日，第八届全国人民代表大会常务委员会第十九次会议通过《中华人民共和国职业教育法》，此职业教育是狭义的职业教育，仅指各级各类职业学校教育和各种形式的职业培训。国家机关实施的对国家机关工作人员的专门培训由法律、行政法规另行规定，将法律职业教育从职业教育法中分离出来。这说明我国的法律职业教育模式主要是借鉴大陆法系，尤其是德国的经验，而不是英美法系的经验。

法律作为一门社会科学，培养法律人才的目的是服务社会。不同国家的法律文化造就形式各异的职业教育体制，法律就业前景差异颇大。英美法系重视经验，工作时间越长的律师越会受到人们的尊敬，能获取案子的范围也就越广。大陆法系的律师接案以事务所为主，实习律师往往只要经过一年的实习期就可以成为执业律师，这导致许多年轻律师的社会知识并不丰富。我国对高等院校的教育体制进行了改革，高等院校可直接根据教育市场对自己的学科发展进行定位，以适应未来全球竞争环境和国家用人环境的要求。自1999年高校法律类专业扩招以来，我国的法律人才呈现增长趋势。

法律专业大学生就业难一直以来都是法学教育讨论的热点问题，法律专业毕业生的就业情况在一定程度上也反映了我国法学教育存在的问题。我国的高等法学教育，目前主要是一种通识教育，不仅为司法机关培养人才，还为其他国家机关培养人才，不是单纯的职业教育。法学专业大学生在就业过程中往往面临两项重要考试：一是公务员考试，一是司法考试。前者是职业准入考试，后者是资格考试。两种考试的科目不同，而且通过率较低，这就使得部分法学专业大学生常常忙于考试而忽略了实践能力的锻炼和提升。但是，如果把法学教育局限在法律职业范围之内，显然不符合中国的实际情况。

法学专业大学生就业困难并不是高校法学教育造成的。目前我国法学教育与职业教育尚未形成有效衔接，大学生毕业后缺少就业缓冲阶段，即职业培训过程，这是造成法学专业学生就业困难的体制因素。因此，法学教育应承担一部分培养学生职业技能的任务。在高校法学专业大学生没有接受职业教育的背景下，为应对就业难题，高校法学教育应为学生提供一些社会实践以及创业培训的机会，规范职业教育，构建法学教育与职业教育的协调机制。2023年，中共中央办公厅、国务院办公厅印发了《关于加强新时代法学教育和法学理论研究的意见》，提出要做好法律职业和法学教育之间的有机衔接，加强文化法学、教育法学等学科建设，探索法学专业学生担任实习法官检察官助理，推动法学院校与法治工作部门在人才培养方案制定、课程建设、教材建设、学生实习实训等环节深度衔接。

第四节　走中国式现代化法律职业教育道路

习近平总书记强调，"我们有我们的历史文化，有我们的体制机制，有我们的国情，我们的国家治理有其他国家不可比拟的特殊性和复杂性，也有我们自己长期积累的经验和优势"[1]。法学是治国平天下的学

---

[1] 习近平：《论坚持全面依法治国》，北京：中央文献出版社，2020年版，第176页。

问，在坚持党的领导，全面依法治国的背景下，走中国式现代化法律职业教育道路具有重要意义。

一、坚持理论与实践相结合

法律文化的形成与发展离不开法律职业工作者这一社会实践的主体，也离不开高校的法律教育。目前，我国大部分高校都设有法学专业，但仅仅依靠课堂学习还不够，需要理论与实践结合起来学习法律职业技能。

法学就是研究法治的学问。自20世纪以来，接受了现代西式法学教育的法律从业者逐渐上场，中国法学的学术面貌也随之发生了变化。法学是科学，董必武说："法是人搞的，没什么神秘，但法是科学。"[1]董必武将法学和法律作为科学看待，体现了中国共产党作为执政党对法治的科学态度。

从我国法律教育的发展历程来看，我国推行的是法律职业精英化、法律教育大众化教育。1995年颁布的《中华人民共和国法官法》将原本的法院审判人员改称"法官"。随着我国法制体系的不断完善，我国的法律职业不断增多，我们把这些职业根据领域的不同归为三类：立法、执法、司法。这三类职位都是为了更好地保证我国社会的正常运行。我国从事法律职业的人员基本上都是社会中的法律精英，在我国法治建设的过程中，这些法律精英起到了至关重要的作用。

在西方教育史上，赫尔巴特是传统教学理论的代表，他强调学校教育的重要性，提出学生以学习间接知识为主，注重书本知识的学习。但是，学生学习不是为了学校，而是为了生活。这种学校教学理论有助于教师传授系统知识和提高课堂教学效果，重视法律职业工作的理论性和科学知识的系统性，但忽视了学生作为受教育主体的作用，与职业训练和实践教学存在一定距离。目前，一些高校的法学教育与法律职业的经

---

① 董必武：《董必武法学文集》，北京：法律出版社，2001年版，第419页。

验教育仍未有效衔接。法学本科生在学校接受的法学教育大多是书本知识，了解法律条文，而对法官、律师等的实际职业生活了解甚少。因此，法学专业大学生到法院、检察院去实习，成为一种理论和实践相结合的体验式教学方法。这种体验式教学法能够帮助学生迅速而准确地理解所学内容，并学会像立法者、律师、法官等一样思考问题。

高校法治教育应致力于培养具有社会使命感的大学生。在法治中国建设中，探讨法学学术研究与法律职业技能之间的关系不仅是理论问题，更是实践问题。法律职业理论教育主要是评述，法律职业实践教育主要是怎样做，两者不能相互替代但应相互补充。为了打通大学法学教育与司法实践部门之间的教育隔阂，中国政府从2013年开始实施"双千计划"，建立高等学校与法律实务部门人员互聘制度，旨在优化法学教育结构，推动中国法治建设。要使法学理论工作者与法律实践者之间的交流常态化，就需要改善我国的法律职业教育制度，树立理论与实践相结合的教育理念。

党的十八大以来，习近平总书记多次强调要构建中国特色哲学社会科学的话语体系及话语权的重要性。中共中央发布的《关于加快构建中国特色哲学社会科学的意见》中指出，哲学社会科学体系是由经济学体系、法学体系、哲学体系等分支学科的体系构成的，反映了新时代中共中央对法学作为一门科学的高度重视。习近平总书记指出："国外哲学社会科学的资源，包括世界所有国家哲学社会科学取得的积极成果，这可以成为中国特色哲学社会科学的有益滋养。"[1]中国式现代化法律职业教育，应该以马克思主义为指导，坚持理论与实践相结合。高校哲学社会科学研究要走出"书斋"，做到既"顶天"又"立地"。高校哲学社会科学研究要突出自身优势和特色，坚持立足改革发展实践，努力做好服务中央和地方重大决策部署和地方经济社会发展重大需求研究，把提升原创能力和研究质量作为关键点和着力点，切实承担起理论创新、思想

---

[1]《习近平谈治国理政》(第二卷)，北京：外文出版社，2017年版，第339页。

引领和价值创造的重任。

二、终身学习视域下法律职业教育的价值导向

在西方法治教育和教育法律体系中，法学教育一直属于大学精英教育，并不属于普通职业教育。我国并不对各种职业区分对待，但法学作为一门科学，法律职业准入显然存在一定门槛，这就需要理顺法律职业教育与狭义职业教育的关系。为了贯彻党的十九届五中全会提出的"增强职业技术教育适应性"精神，教育部设立了一类本科层次职业教育的普通高等学校，并授予这些学校学士学位授予权，表明我国职业教育与普通高等教育在国家层面得到同样的重视。进入20世纪后，构建服务全民终身学习的教育体系成为我国社会和教育发展的一项重要战略。高等教育不仅是终身教育体系的重要组成部分，其功能也日益凸显，成为构建服务全民终身学习教育体系的重要推动力量。在终身教育理念的指导下，我国的学位制度需要进行调整，对职业教育和继续教育应有所关照。

国家在启动教育法法典化的过程中，需要解决狭义职业教育与普通教育之间的结构矛盾。应增设职业教育和继续教育学位制度，有利于促进高质量的、服务全民终身学习的教育体系建构。杜威的"教育即生活"教育理论产生于19世纪90年代，是现代教育理论的代表，打破了人们对职业教育和继续教育的认识误区。在杜威看来，职业实际上也是一种教育，职业教育与大学教育不能绝对区分。他认为，学校是社会完成的机构。[1]不过，杜威强调的是普通职业技术的学校教育，不是法律职业教育。只有用终身学习和终身教育的理念来指导法律职业教育，大学法学教育与法律职业工作者的继续教育之间的隔阂才能真正得以解除。

----

① 杜威：《民主主义与教育》，王承绪译，北京：人民教育出版社，2001年版，第27页。

三、构建法律职业互换制度

法律职业共同体是以法官、检察官、律师、法学家为核心的法律职业人员所组成的社会群体。法律职业者需要具备高水平的专业素质，为推动法律职业共同体的形成，还应构建法律职业互换制度。

在英美法系中，法官不在行政科层的管理之下，几乎没有公务员的属性。检察官主要负责提起公诉，在诉讼中与辩护律师地位相同。英美法系的检察官一般是从具有若干实践经验的从业律师中选任。与法官、检察官相比，律师是一种自由职业。尤其在美国，各种法律职业之间的流动性比英国更大。与英美法系不同，大陆法系国家的法律职业多受制于行政科层，法官、检察官、律师之间更是相互独立。检察官任职资格和社会地位与法官大体相同，法国称检察官为"站着的法官"，职权比英美法系检察官更为广泛。律师受司法行政部门管理，角色功能不仅为维护当事人利益，也为维护法律秩序，法律职业流动性相对英美法系低。大陆法系的法官、检察官或司法部门的法律官员之间进行人员交换有严格条件限制。

我国现在实行的是统一的法律职业教育和考试制度，但在实际工作中，各种法律职业的准入制度、培训制度是有明确区分的。2016年，中共中央办公厅印发《从律师和法学专家中公开选拔立法工作者、法官、检察官办法》，规定公开选拔主要采取考察考核而非考试的方式进行。此外，在选拔程序中专门设置了律师协会或法学会出具评估意见，法官、检察官遴选委员会等进行专业把关的环节。

综上所述，法律职业教育是一个漫长的过程。习近平总书记在党的二十大报告中指出：青年强，则国家强，当代中国青年生逢其时，施展才干的舞台无比广阔，实现梦想的前景无比光明。要用党的科学理论武装青年，用党的初心使命感召青年。广大青年要坚定不移听党话、跟党走，怀抱梦想又脚踏实地，敢想敢为又善作善成，立志做有理想、敢担当、能吃苦、肯奋斗的新时代好青年，让青春在全面建设社会主义现代化国家的火热实践中绽放绚丽之花。[①]当代年轻人生活在一个美好的时代，应该不负时代、不负人民，努力提升法律文化水平，为在法治轨道上全面建设社会主义现代化国家作出积极贡献。

①习近平：《高举中国特色社会主义伟大旗帜 为全面建设社会主义现代化国家而团结奋斗：在中国共产党第二十次全国代表大会上的报告》，北京：人民出版社，2022年版，第71页。

主要参考文献

一、专著类

［1］容闳：《西学东渐记》，徐凤石、恽铁樵等译，钟叔河导读、标点，北京：生活·读书·新知三联书店，2011年版。

［2］高平叔：《蔡元培全集（第三卷）》，北京：中华书局，1989年版。

［3］何勤华：《法学群星闪耀时：50位外国法学家的故事》，北京：中国法制出版社，2020年版。

［4］李贵忠：《张君劢年谱长编》，北京：中国社会科学出版社，2016年版。

［5］李明德、金锵：《教育名著评介（外国卷）》，福州：福建教育出版社，2008年版。

［6］刘新科、栗洪武主编：《中外教育名著选读》，北京：中国人民大学出版社，2008年版。

［7］钱穆：《文化与教育》，北京：生活·读书·新知三联书店，2021年版。

［8］陶行知：《陶行知全集》（第1卷），成都：四川教育出版社，

1991年版。

[9] 王伦信：《清末民国时期中学教育研究》，上海：华东师范大学出版社，2002年版。

[10] 王伟：《中国近代留洋法学博士考（1905—1950）》，上海：上海人民出版社，2012年版。

[11] 薛毅：《王世杰传》，武汉：武汉大学出版社，2010年版。

[12] 翟志勇主编：《罗斯科·庞德：法律与社会 生平、著述及思想》，桂林：广西师范大学出版社，2004年版。

[13] 周洪宇、陈竞蓉主编：《民主主义与教育：杜威在华演讲录》，合肥：安徽教育出版社，2013年版。

[14] 汉斯-尤尔根·格尔茨：《歌德传》，伊德、赵其昌、任立译，北京：商务印书馆，1982年版。

[15] 福禄培尔：《人的教育》，孙祖复译，北京：人民教育出版社，1991年版。

[16] 黑格尔：《法哲学原理》，范扬、张企泰译，北京：商务印书馆，1961年版。

[17] 马克斯·韦伯：《学术与政治》，李菲译，成都：四川人民出版社，2020年版。

[18] 尤尔根·哈贝马斯：《交往行为理论（第1卷）》，曹卫东译，上海：上海人民出版社，2018年版。

[19] 哈罗德·J·伯尔曼：《法律与宗教》，梁治平译，北京：生活·读书·新知三联书店，1991年版。

[20] 保罗·朗格让：《终身教育导论》，滕星等译，北京：华夏出版社，1988年版。

[21] 卢梭：《爱弥儿·论教育》（上卷），李平沤译，北京：人民教育出版社，1985年版。

[22] 孟德斯鸠：《论法的精神：全2册》，祝晓辉、刘宇飞、卢晓菲

译，北京：北京理工大学出版社，2018年版。

　　〔23〕柏拉图：《理想国》，王铮译，重庆：重庆出版社，2016年版。

　　〔24〕亚里士多德：《政治学》，郭仲德译，西安：西北大学出版社，2016年版。

　　〔25〕夸美纽斯：《大教学论》，傅任敢译，北京：人民教育出版社，1984年版。

　　〔26〕弗里德曼：《法律制度：从社会科学角度观察》，李琼英、林欣译，北京：中国政法大学出版社，1994年版。

　　〔27〕富勒：《法律的道德性》，郑戈译，北京：商务印书馆，2005年版。

　　〔28〕杜威等：《杜威传》（修订版），单中惠编译，合肥：安徽教育出版社，2009年版。

　　〔29〕万俊人、陈亚军编选：《詹姆斯集》，上海：上海远东出版社，2004年版。

　　〔30〕裴斯泰洛齐：《裴斯泰洛齐教育论著选》，夏之莲等译，北京：人民教育出版社，2001年版。

　　〔31〕玛利亚·蒙台梭利：《童年的秘密》，单中惠译，武汉：长江文艺出版社，2021年版。

　　〔32〕罗素：《教育与美好生活》，杨汉麟译，石家庄：河北人民出版社，2001年版。

　　〔33〕洛克：《教育漫话》（第3版），徐大建译，上海：上海人民出版社，2014年版。

　　〔34〕斯宾塞：《斯宾塞教育论著选》，胡毅、王承绪译，北京：人民教育出版社，1997年版。

二、期刊类

[1] 陈新宇：《近代清华法政教育研究（1909—1937）》，《政法论坛》2009年第4期。

[2] 程钢：《从〈教育过程〉到〈教育文化〉：布鲁纳教育文化观述评》，《中国大学教学》2005年第5期。

[3] 丁智勇：《法兰克福与德国社会学的发展》，《国外社会科学》1995年第2期。

[4] 龚向和、李安琪：《教育法法典化的国际实践与启示》，《湖南师范大学教育科学学报》2022年第2期。

[5] 顾培东：《当代中国法治话语体系的构建》，《法学研究》2012年第3期。

[6] 韩大元：《苏俄宪法在中国的传播及其当代意义》，《法学研究》2018年第5期。

[7] 何勤华：《法国行政法学的形成、发展及其特点》，《比较法研究》1995年第2期。

[8] 李静、侯小富：《冯特民族心理学思想及其当代意义》，《西南民族大学学报（人文社会科学版）》2022年第8期。

[9] 李丽：《英国"文化—文明"传统的教育学解读：以F.R.利维斯为中心》，《全球教育展望》2021年第4期。

[10] 李双元、蒋新苗、蒋茂凝：《中国法律理念的现代化》，《法学研究》1996年第3期。

[11] 庞朴：《文化结构与近代中国》，《中国社会科学》1986年第5期。

[12] 钱雨：《教育福利视角下英国学前教育立法经验分析》，《教育发展研究》2022年第6期。

〔13〕 秦惠民、王俊：《比较法视野下教育法学定位与学科体系》，《华东师范大学学报（教育科学版）》2021年第12期。

〔14〕 屈书杰：《迈克尔·萨德勒对美、德教育的研究》，《河北大学学报（哲学社会科学版）》2010年第4期。

〔15〕 舒国滢：《赫伯特·L·A·哈特：一代法哲学大师的陨落》，《比较法研究》1996年第4期。

〔16〕 王坤庆：《论康德对教育学的贡献》，《教育研究与实验》2001年第4期。

〔17〕 武欣：《法国学前三年纳入义务教育：多此一举还是另有他意?》，《基础教育》2019年第5期。

〔18〕 杨代雄：《萨维尼早期法学方法论中的三条基本原则》，《中德私法研究》2009年总第5卷。

〔19〕 杨振山：《中国法学教育沿革之研究》，《政法论坛（中国政法大学学报）》2000年第4期。

〔20〕 张文显：《法律文化的释义》，《法学研究》1992年第5期。

〔21〕 朱明哲：《法学知识的跨国旅行：马建忠和19世纪末的法国法学》，《政法论坛》2020年第1期。